Horst Bosetzky/Jan Eik • Das Berlin-Lexikon

Horst Bosetzky/Jan Eik

Das Berlin-Lexikon

Was man wirklich über die Hauptstadt
wissen muß

Von Allex bis Zimtzicke

Mit Cartoons von Erich Rauschenbach
und einem Vorwort von Heinz Knobloch

Jaron Verlag

Originalausgabe
1. Auflage 1998

Umschlaggestaltung: Atelier Kattner, Berlin
Satz: LVD GmbH, Berlin
Druck und Bindung: Clausen & Bosse, Leck
Printed in Germany

ISBN 3-932202-57-0

Inhalt

Heinz Knobloch: Zum Geleit

Wir haben es mit einem sehr ungewöhnlichen Vorgang zu tun. Zwei Leute verfassen ein Berlin-Lexikon – und beide sind tatsächlich geborene Berliner. Und leben hier. Mehr noch, der eine repräsentiert den Berliner Osten, der andere ebenso sachkundig den Westen. Beide sind erfolgreiche Krimiautoren, also engste Berufskonkurrenten, und dennoch miteinander gut Freund. Alle beide besitzen die bei Schriftstellern heutzutage selten gewordene Eigenschaft, darüber zu wachen, daß in ihren Büchern die Fakten stimmen, die Zahlen, die Namen und Ortsangaben.

Auf den naheliegenden Einfall, gemeinsam ein Berlin-Lexikon zu verfassen, sind Bosetzky und Eik allerdings verblüffenderweise nicht von selbst gekommen. Diese Idee stammt vom Verleger. Und der lebte und arbeitete vor fünf Jahren noch im deutschen Südwesten. Manches in Berlin muß man den Eingeborenen eben verordnen.

»Das Berlin-Lexikon« erscheint im rechten Moment. Derzeit dringen immer mehr Auswärtige – womit nicht nur die Beamten des so genannten Amtes, auch nicht nur all die anderen Bonner gemeint sind – mit Kind und Kegel in die Bundeshauptstadt. Und wer sagt, daß sie wie vor über dreihundert Jahren die Hugenotten Fleiß, Weißbrot und gutes Benehmen mitbringen?

Zwar wird die zweite Generation der heutigen Neuberliner schon aus geborenen Berlinern bestehen, doch bis dahin müssen Elementarkenntnisse vermittelt worden sein. Als nämlich seit 1990 aus fernen Rhein-, Elbe- und Donaustädten Journalisten einfielen in die wiedervereinigte Stadt, brachten sie eigene Unkenntnis mit und verschoben z. B. das »Scheunenviertel« in die Große Hamburger Straße, wo es nie Scheunen gab und geben konnte. Da einer vom anderen abschreibt, hält sich dieser und anderer Unsinn hartnäckig. Also ist »Das Berlin-Lexikon« ein wichtiges Nachhilfewerk. Auch für Berliner!

Nichts gegen Zugereiste. Das Französische Gymnasium hat seit über dreihundert Jahren jeden dritten seiner Absolventen in Lexika befördert. Nicht weniger bedeutsam der geistige Einfluß der jüdischen Bevölkerung seit 1672. Auf den Vers »Kille kille Pankow« reagierte Alfred Kerr um 1900: »Jedes Wort ein Gehirnschlag!« Und so soll es bleiben in Berlin.

Vorneweg

Bei unserem ersten Dreiertreffen in einer Berliner Pizzeria dachte unser Verleger an die möglichst lockere Erläuterung von etwa 150 typisch Berlinischen Begriffen wie »Alexanderplatz« oder »Zimtzicke«. Wir beiden Verfasser, vor etlichen Jahrzehnten in Berlin geboren und mit ausreichender Phantasie und Erinnerungen behaftet, stellten uns das fast so leicht vor wie er und stimmten zu. Als wir aber das erste Mal unsere abzuarbeitenden Listen verglichen, hatten wir über 900 berlintypische Wörter, Wendungen und Örtlichkeiten aufgeschrieben, darunter auch etliche vor unserem »Allex« (vom Verleger anfangs in grober Unkenntnis als »Alex« bezeichnet) und hinter »Zimtzicke«, und ein Ende war nicht in Sicht. Wir entschlossen uns, keine Vollständigkeit anzustreben, sondern uns auf genau 1000 Stichwörter zu beschränken, also keinen neuen Baedeker, kein biografisches Nachschlagewerk und kein Berliner Wörterbuch zu schreiben. Bei den mit der Stadt verbundenen Persönlichkeiten belassen wir es bei den wenigen, die uns ganz besonders wichtig erscheinen und die wir mögen. Die Nichtgenannten werden es uns danken. Unter diesem Aspekt war es beispielsweise auch nicht möglich, *alle* bedeutsamen Gebäude und Straßen und *sämtliche* Berlinerischen Begriffe für Essen und Trinken, Schlagen und Streiten, Lärm und Geschlechtsverkehr aufzulisten. Erstaunlich übrigens, wieviel Berlinisches bereits Allgemeingut der deutschen Sprache geworden ist. Im Zweifelsfall verzichteten wir deshalb auf Wörter, die im Duden stehen, und vertrauten im übrigen unseren Erinnerungen. Denn darum ging es in erster Linie: um die Erhaltung und Weitergabe dessen, was wir in der Kindheit und Jugend noch von unseren in Berlin gebürtigen Eltern und Großeltern vernommen haben und was uns sonst so im Laufe unseres Lebens zugeflogen ist und wichtig erscheint. Auch die Schreibweise entspricht unseren eigenen Vorstellungen. Wir sind uns durchaus bewußt, daß Berlinerisch eine lebendige und überdies in jeder Ecke Berlins zu jeder Zeit anders gesprochene Sprache ist. Vielleicht haben Sie dennoch Spaß daran. Und noch ein Hinweis: Legen Sie bitte nicht jedes Wort auf die Goldwaage, das eine oder andere könnte ironisch oder einfach nur spaßig gemeint sein. Es gilt der alte Berliner Satz: »Übelnehmen jildet nich!«

H. B. und J. E.

A

aalen tut sich der Berliner jerne uff sein' Balkong oder am Strand: sich faul in der Sonne rekeln.

Aas. In Berlin auch nur ein Mensch: »Dir Aas kenn ick!« Hingegen ist »een Aas uff de Baßjeije« einer, der das Instrument wirklich beherrscht, von Unkundigen für ein *As* gehalten.

aasen heißt verschwenden.

Abend, Der. Bis zum 23. Januar 1981, wo er sein Erscheinen einstellen mußte, war der A. ein Begriff gehobener West-Berliner Lebensart. Freischwebend und froh fühlten sich diejenigen, die das Privileg genießen konnten, zur Mittagszeit, wenn der gemeine Mensch noch fremdbestimmt malochen mußte, frei im Café oder Restaurant zu sitzen und den A. zu lesen, der trotz seines Namens schon gegen halb zwölf im Handel war. Zwar wußte man fast alles schon aus seiner Morgenzeitung, aber hier war es noch einmal leicht wie Zabaione aufbereitet, so daß man's recht genießen konnte. Ein Hauch des alten »Romanischen Cafés« wehte einen an, zumindest aber von Bistro, Wiener Kaffeehaus und Siesta à la España, eben die Leichtigkeit des Seins, die Berlin letzthin erst wieder bei der Reichstagsverhüllung durch Christo erleben durfte.

Abgeordnetenhaus. Bezeichnung des Berliner Landesparlaments, das im ehemaligen Preußischen Landtag in der Niederkirchnerstraße zu Hause ist und es derart schwer hat, vom Volke überhaupt wahrgenommen zu werden, daß man den Sitzungssaal schon zum Theater umfunktioniert hat und – wenn auch mit äußerst mäßigem Publikumserfolg – tragikomische Stücke wie »Die Große Koalition« von Böger und Landowsky und »Der Sparhaushalt« von Fugmann-Heesing spielt.

abhalten meint, die Entsorgung von Stoffwechselprodukten, die bei bereits windelfreien Kleinkindern noch nicht ohne Hilfe der Eltern oder anderer dazu geeigneter Bezugspersonen möglich ist, dadurch sicherzustellen, daß man das dringend mal müssende kleine Wesen nach erfolgtem Herabziehen des Ober- wie des Unterhöschens in Kniehöhe so hält, daß es seine Notdurft verrichten kann, ohne dabei die Schuhe des Haltenden zu beschmutzen, also etwas von sich ab.

abnippeln kommt vom Hebräischen *nawol* (welken), und wenn man sagt, einer sei abgenippelt, dann umschreibt das leicht euphemistisch, daß er halt gestorben ist.

Abreibung. Hat nichts mit dem Abgeriebenen (einem Kuchen) zu tun, sondern bedeutet: eine Tracht Prügel, auch Keile, Senge oder ↑Wucht genannt.

Abriß. Von alters her beliebte Form architektonischer Gestaltung in Berlin, in der durchschlagenden Wirkung nur selten von Einstürzen und Explosionen, im 20. Jahrhundert jedoch durch Kriegseinwirkungen übertroffen. Dennoch ist das Abreißen historischer Bauwerke die größte Passion der Berliner Planer und Politiker seit 1945 in Ost wie in West, so daß eigentlich statt des Bären eine Abrißbirne ins Stadtwappen gehört. Hier eine kleine Auswahl dessen, was Sie nicht mehr sehen können: das Stadtschloß, den Sportpalast, die Schinkel'sche Bauakademie, das Stadion der Weltjugend, das »Haus Vaterland«, die Mauer (als Denkmal) und eine Reihe wunderschöner Bahnhöfe, auch »Kathedralen der Technik« genannt – den Anhalter, den Stettiner, den Potsdamer und den Lehrter Bahnhof. Zum alsbaldigen Abriß stehen derzeit an: die ↑Deutschlandhalle, das ↑Olympiastadion und der ↑Palast der Republik.

Abtei. Eine Spreeinsel in Treptow, der Halbinsel Stralau gegenüber. Anläßlich der Gewerbeausstellung 1896 wurde darauf ein als Klosterruine getarntes Restaurant errichtet. Sehens- und begehenswert ist die Abteibrücke mit ihren beiden Brückentürmen, eine Gußeisenbetonkonstruktion mit 76 Meter Spannweite aus den Anfangsjahren der Stahlbetonbauweise.

abtrimó ist eine Aufforderung, sich eiligst zu entfernen. Ob sie etwas mit dem Trumeau, einem aufgesetzten Spiegel, zu tun hat, ist unklar.

acheln ist, neben trinken, eine Lieblingsbeschäftigung der Berliner: essen.

achtkantig. Eine Berliner Steigerungsform: »Dir Aas schmeiß ick achtkantich raus!«

Ackerstraße. Erste beste Adresse im Norden (Mitte/Wedding) mit besonders scheußlichen Mietskasernen. Schon seit 1755, als hier die ersten Doppelhäuser für sächsische Kolonisten errichtet wurden (Neu-Voigtland), keine gute Gegend zum Wohnen; heute im südlichen Teil eine für die Szene. Sehenswert: »Chokoladen Zar«, eine Szene-Kneipe mit dem Charme einer bewirtschafteten Nachkriegsruine. Auf dem Gartenplatz im nördlichen Teil der A. fand 1837 die letzte öffentliche Hinrichtung in Berlin statt, und an der Bernauer Straße befindet sich die Mauergedenkstätte mit einem Stück echt nachgebauter ↑Mauer. Die Ackerhalle ist eine der alten Berliner Markthallen von 1886 in moderner Verunstaltung.

Adenauerdamm. Eine Straße, die Sie in Berlin vergeblich suchen werden, denn die (West-) Berliner haben den ersten Kanzler der Bundesrepublik so wenig geliebt, daß sie sich mit Worten und Taten vehement dagegen gewehrt haben, als nach seinem Tode aus ihrer guten alten Bismarckstraße der Adenauerdamm werden sollte. So hat »der Alte aus Rhöndorf« an der Kreuzung Kurfürstendamm, Brandenburgische und Lewishamstraße nur einen Platz bekommen, der recht eigentlich gar keiner ist. Mehrheitlich sieht man Adenauer auch heute noch als einen Mann, der Berlin geopfert hat, siehe Mauerbau, um die Westintegration Deutschlands voranzutreiben.

Adlergestell. Überlange Ausfallstraße in Richtung Adlershof, Grünau, Karolinenhof, Schmöckwitz, auch Südostradiale genannt. Wie der Name sagt, früher ein unbefestigter Gestellweg durch den Forst, heute eine der beliebtesten Berliner Bau- und Staustellen.

Adlershof. 1753 vom Berliner Lampenkommissar und Entrepreneur Sieweke gegründetes Erbzinsgut in der Nähe des Adlergestells. Zweihundert Jahre später Synonym für zwei DDR-spezifische Rausch- und Beruhigungsmittel: (a) Adlershofer Wodka, ein Kartoffelschnaps minderer Sorte; (b) Adlershofer Fernsehen (gelegentlich auch Royal Television genannt), staatliches, im wesentlichen der Hofberichterstattung und der Unterhaltung dienendes DDR-Fernsehen, dessen Ausflüge in Kunst und Kriminalität noch heute die lokalen öffentlich-rechtlichen Programme bereichern. Daneben ist A. seit den fünfziger Jahren ein bedeutender Wissenschaftsstandort.

Adlon. Berühmte Berliner Nobelherberge am Pariser Platz, 1906 für Lorenz Adlon erbaut, 1945 ausgebrannt und danach bis auf einen Flügel abgerissen. Im Juni 1997 wiedereröffnet.

Affe. Wie überall in der Welt ein vielseitig verwendbares (Schimpf-) Wort. Der Lackaffe beispielsweise jibt an wie 'ne Lore Affen. »Ick denk, mir laust der Affe« ist ein Ausdruck der Überraschung. Een Affen hat sich auch der Betrunkene aufgeladen.

Ägyptisches Museum. Während der Teilung der Stadt zweimal vorhandener Aufbewahrungsort von zahlreichen Mumien und sonstigen in Ägypten nicht immer auf rechtmäßige Weise erworbenen Kunstschätzen, darunter die einäugige Kalksteinbüste der Königin Nefertiti, eingedeutscht Nofretete.

Akademie der Künste. Liegt – 1960 erbaut – am Rande des Hansaviertels und gilt bei allen Kulturbeflissenen als Legende, nicht zuletzt durch die »Liegende«, eine Bronzefigur von Henry Moore, die sich vor dem Hauptgebäude streckt.

Akazienbuchhandlung. Verkauft, in der Schöneberger Akazienstraße gelegen, nicht nur Bücher über Akazien *(Acacia homalophylla)*, sondern jede Art gedruckten Kulturgutes.

Alba. Meint in der Hauptsache nicht etwa den spanischen Her-

Jedesmal, wenn ich mit 'nem Affen nach Hause komm', macht meine Alte Zirkus.

Affe

zog und Feldherrn (1507–1582), auch Generalkapitän der Niederlande, oder die erfolgreiche Abfallbeseitigungsfirma gleichen Namens, sondern den von ihr gesponserten zweimaligen deutschen Basketballmeister »Alba Berlin«, zu Hause in der ↑Max-Schmeling-Halle, der schon das ist, was die ganze Stadt einmal werden möchte: europäische Spitze.

Allex. (Von Unkundigen auch Alex genannt). Einst vor dem Georgen-Tor gelegener Ochsen- und Viehmarkt, der zu Ehren des russischen Zaren Alexander 1805 in Alexanderplatz umbenannt wurde und sich zu einem der verkehrsreichsten Plätze der Stadt entwickelte. Kreuzungspunkt dreier U-Bahn-Linien; Regional- und S-Bahnhof. Handelszentrum des östlichen Berlin. Nur von Zuwanderern (↑Rucksackberliner), Modera-Toren und -Törinnen »Ahlex« ausgesprochen. Der Berliner fuhr früher mit der Hand übern Allex, für die Berliner Halb- und Unterwelt war er bis 1945 Synonym für das zwischen Alexander- und Dircksenstraße gelegene Polizeipräsidium. Der aus Stettin gebürtige Neurologe Alfred Döblin (1878–1957) setzte dem A. – auch als Baustelle – ein unvergängliches literarisches Denkmal (↑Biberkopf, Franz). Architektonisch dominieren die von Peter Behrens 1930–32 errichteten Alexander- und Berolina-Häuser, ein Warenhaus (einstmals stand etwa an dieser Stelle Hermann Tietz) und DDR-Plattenbauten den Platz. Pläne für einen neuerlichen Umbau samt wesentlicher Verschlimmerung der Skyline sind vorhanden. Im Umfeld des A. gibt es zahlreiche weitere Bauten, die meist nur durch ihre Größe herausragen: z. B. das ehemalige Haus des Lehrers mit einem 125 Meter langen Bilderfries (Bauchbinde) und der kreisrunden Kuppel der Kongreßhalle (Lehrerzirkus), wesentliche Teile eines 1929/30 von Alfred Grenander für die BVG errichteten Verwaltungsgebäudes an der Ecke Rosa-Luxemburg-Straße und das von Klaus Bläsing u. a. stammende Neubauviertel Neu-Deli, benannt nach den ehemals dort beheimateten volkseigenen Deli(katess)läden.

als ist für den Berliner eine der schwierigsten Konjunktionen. Sie wird selbst von Regierungsmitgliedern selten richtig verwendet und ist vor allem in der Verdopplung geläufig: »Als wie Icke?« »Als« wird im Berlinischen üblicherweise durch »wie« ersetzt.

Altes Museum. Schinkels klassizistisches Meisterwerk, 1823–30 als nördlicher Abschluß des ↑Lustgartens errichtet, im Zweiten Weltkrieg zerstört und seit 1958 wiederaufgebaut. Die ursprünglich für die von korinthischen Säulen umstellte Rotunde im Museum gedachte Granitschale, von den Berlinern liebevoll »Suppenschüssel« getauft, hat der Baumeister Cantian vorsichtshalber so dimensioniert (fast sieben Meter Durchmesser, Gewicht 80 Tonnen), daß sie nicht in das A. hineinpaßte und neben allerlei nackten Bronzen *vor* dem Bau Aufstellung finden mußte. Die polierte Schale wurde aus dem ehemals Großen Markgrafenstein, einem der größten Findlinge in der Mark, angefertigt und wechselte zweimal den Standplatz. Daß »Sie, altet Museum, aussteijen!«, an eine ältere Dame gerichtet, nicht nur als ein Hinweis auf das Erreichen der gewünschten Bushaltestelle verstanden werden kann, ist einer der Lieblingswitze alter (Museums-) Berliner.

Amerika-Gedenk-Bibliothek. Mit etwa einer Million Büchern ist sie – 1954 mit amerikanischen Spendengeldern erbaut und am Halleschen Tor gelegen – ein gefundenes Fressen für alle entsprechenden Würmer. Sie ist die ausleihstärkste Bibliothek Europas und war, so liest man, auch die erste Freihand-Ausleihe, was aber in meinem Falle nicht funktioniert hat. »Könnte ich mir bitte einmal eine freie Hand ausleihen?« – »Tut mir leid: Das Arbeitsamt ist ein Stückchen weiter in der Charlottenstraße.«

Angströhre. So hieß bei unseren Vorfahren der Zylinderhut, die schwarze Röhre uff'n Kopp. Vielleicht aus der Angst heraus, sie könnte herunterfallen, wahrscheinlich aber, weil man fürchtete, sich bei den Anlässen, wo man sie zu tragen hatte, daneben zu benehmen und dann out zu sein.

Anhalter Bahnhof. Sie verstehen immer nur Bahnhof? Richtig, von hier geht schon lange kein Zug mehr nach (Sachsen-) Anhalt, und wer per Anhalter verreisen möchte, wird hier ebenso vergeblich warten. (Nur die S-Bahn mit ihrem unterirdischen Bahnhof gibt es noch.) Berlins einst prominentester Fernbahnhof ist 1874–80 nach Plänen von Franz Schwechten errichtet worden. Er tat dies, obwohl es ja schon in der Bibel heißt: »Errichte nicht, auf daß du nicht gerichtet wirst.« Wurde er auch nicht, denn der Bahnhof war schön, und an seiner Hallenkonstruktion hat Heinrich Seidel (1842–1906) mitgeschöpft, dem wir aber vor allem den Roman »Leberecht Hühnchen« verdanken, eine köstliche Idylle aus dem alten Berlin. Im Krieg erheblich beschädigt, aber durchaus noch rekonstruierbar, wurde der A. B. von der DDR-Reichsbahn 1952 stillgelegt und später von den West-Berlinern bis auf einen kleinen Portalrest dem Erdboden gleichgemacht. In Rom, Athen und anderswo sind es ja auch Ruinenreste, die der Stadt ihr Flair verleihen, und insofern ist es falsch, wenn wir immer von den Berliner Abrißbarbaren sprechen, denn so etwas ist eben doch Hochkultur pur.

Animus, auch Ahnimus. Die Berlinerische Variante einer Vorahnung: »Ick hab son Ahnimus, det der olle Sack heute noch uff't Maul fällt.«

anjeduselt oder anjesäuselt ist man in Berlin gelegentlich: angetrunken.

Aquarium. Einrichtung, um genervte Eltern im Winter am Selbstmord zu hindern, wenn die Brut am Sonntagmorgen wieder einmal quengelt: »Wohin geh'n wir'n heute?« und man verhindern möchte, daß sie vor dem Fernseher zum Serienmörder ausgebildet wird. Mit dem Zählen und Bestaunen der 6200 Tiere läßt sich jeder Vormittag mühelos ausfüllen. Für die Entsorgung nicht mehr verwendungsfähiger Partner/innen ist die große Krokodilhalle bestens geeignet; bei Phobikern (Spinnen, Schlangen, Quallen und dergleichen) ist es jedoch klüger, sie vor den entsprechenden Schaukästen für eine gewisse Zeit unauffällig zu fixieren.

Archenhold-Sternwarte. Auf der Berliner Gewerbeausstellung im Jahr 1896 im Treptower Park war das Riesen-Fernrohr von 21 Metern Länge eine besondere Sehenswürdigkeit. 1908/1909 baute man eine Volkssternwarte dazu, die 1949 den Namen ihres Gründers und langjährigen Direktors erhielt. Dieses längste Linsenfernrohr der Welt ist seit 1983 wieder in Betrieb und zu besichtigen.

Architektur. In Berlin nur sporadisch als Kunstform ausgeübt, obwohl von Schlüter über Langhans, Knobelsdorff und Schinkel bis Poelzig, Bruno und Max Taut, Mies van der Rohe, Gropius, Scharoun, Piano und Libeskind allerlei Koryphäen ihre steinernen bzw. Beton-Spuren in der Stadt hinterlassen haben. (↑Abriß)

Aschinger. Legendäre Berliner Restaurationsbetriebe mit der Spezialität Erbsensuppe (Löffelerbsen) mit Speck, wozu es kostenlos Brötchen gab. Das derbere Volk rülpste so, daß es am Ende ein langgezogenes »A ...« ergab, an das man dann das »... schinger Brötchen gefällig?« fügte. Die Gebrüder Carl und August Aschinger aus Württemberg hatten ihre erste »Bierquelle« 1882 in der Neuen Roßstraße eröffnet.

Ast ist der Buckel: »Ick lach ma 'n Ast!« Und asten meint das Ächzen unter einer schweren Last: »Ick aste mir hier een ab, und du trächst nischt weita wie det bißken Vaantwortung.«

Atze. Eigentlich ein Synonym für Bruder (»Wat macht 'n deine Atze?«), wird es fast immer auch mit dem Namen Brauner in Verbindung gebracht: Atze = Artur Brauner (*1918 in Lodz), Filmproduzent in Spandau, dem wir u. a. Filme wie »Die Ratten« (1955), »Liebe, Jazz und 1000 Schlager« (1955), »Vor Sonnenuntergang« (1956), »Die Nibelungen« (1966), »Scotland Yard jagt Dr. Mabuse« (1961), »Old Shatterhand« (1963) und »Hitlerjunge Salomon« (1990) verdanken.

Aule, vornehmer auch Auster. Ergebnis einer notwendigen Schleimhautreinigung. (Synonym: ↑Charlottenburger)

ausbaldowern meint das Herausfinden begünstigender Umstände für eine Straftat.

ausfressen heißt etwas Unerlaubtes oder gar Strafbares tun. Mutters Frage »Wat hast'n wieda ausjefressen?« bezieht sich also nicht auf die Plünderung des Kühlschranks, sondern auf eine anderweitige Untat des Sprößlings.

ausjebufft oder ausjekocht ist ein besonders durchtriebener, gerissener Mensch.

ausjemistet ist jemand ohne Geld.

»**Ausländer**«. Für den Berliner jeder, der nicht im Umkreis von maximal hundert Kilometern um seine Stadt geboren oder aufgewachsen ist oder sich wenigstens in mehr oder weniger dürftigem Berlinerisch zu ihr bekennt.

Ausländische Mitbürger. Der Ausländeranteil in den 23 Berliner Bezirken bewegte sich 1998 zwischen 34,4 Prozent in Kreuzberg und 2,4 Prozent in Hellersdorf, wobei die West-Berliner Bezirke die ersten zwölf Rangplätze einnehmen und die Ost-Berliner die letzten elf. Die große Frage ist: Integration der Ausländer, so lange bis sie echte Deutsche geworden sind (sonst raus!) – oder multikulturelles Neben- und Miteinander von Ethnien, die ihre eigene Identität (Sprache, Werte, Sitten, Bräuche) bewahren und nach New Yorker Vorbild in eigenen Stadtteilen leben (das Ghetto als Gefahr und/oder Chance)? Das ist es, worum sich die Linken und die Rechten derzeit streiten, ohne immer an das zu denken, was not tut: die Affektkontrolle. Von den Völkern der Welt, die nicht nur auf Berlin geschaut haben, sondern auch hergezogen sind (440 247 Menschen), dominieren (Stand: 31. 12. 1997) die Türken mit 137 109 Köpfen (31,1 Prozent), gefolgt von den Jugoslawen (37 626) und den Po-

Ausländische Mitbürger

len (28 089). Es folgen laut Melderegister die Mitbürger/innen aus Bosnien-Herzegowina (17 874), Italien (12 890), Kroatien (12 715), Griechenland (10 745), der ehemaligen Sowjetunion (9983), den USA (9739), Großbritannien (8530), Österreich (7389), der russischen Föderation (7388), Vietnam (7137), Portugal (6764), dem Libanon (6806) und dem Iran (6745). Na, is det nich ↑multi?!

Avus. Wurde 1921 als »Automobil-Verkehrs- und Übungsstraße« eröffnet und gab 1937 dem berühmten Rennfahrer Bernd Rosemeyer Gelegenheit, auf Auto-Union mit 276,4 Stundenkilometern einen Rundrekord für alle Ewigkeiten aufzustellen – denn seit dem Frühjahr 1998 gibt es hier keine Rennen mehr. Das Schönste an der A., die steile Nordkurve, ist sowieso schon 1967 abgebrochen worden. Heute ist sie nur noch ein ganz normales Stück Autobahn, reizt aber wegen der langen Geraden geschwindigkeitsberauschte junge Menschen immer wieder dazu, sich langsam an Rudolf Caracciolas Rekord heranzutasten – und der liegt bei fast 400 Stundenkilometern. Aus der parallel verlaufenden S-Bahn lassen sich solche Selbstmordversuche genüßlich verfolgen.

B

Babylon. Nicht etwa ein Synonym für Berlin (wegen seines babylonischen Sprachengewirrs oder der im Vorderasiatischen Museum aufgestellten Funde aus der gleichnamigen Stadt), sondern ein ordinäres, wenn auch originäres (und zur Zeit wegen Baufälligkeit gesperrtes) Kino im 1928–30 von Hans Poelzig sanierten ↑Scheunenviertel am heutigen Rosa-Luxemburg-Platz.

Badewanne. Wenn in den Zeiten, da die Verfasser dieses Buches noch jung waren, jemand sagte, er ginge in die B., war damit keineswegs nur die Einleitung eines notwendig gewordenen Reinigungsvorganges gemeint, zumal mindestens die Hälfte der Berliner gar kein Bad mit Wanne hatte, sondern der Besuch in einem stadtbekannten Tanzschuppen, gelegen in der Nürnberger Straße (50–52). Von Jazz, Rock 'n' Roll, zwei sich ständig abwechselnden Kapellen, Whisky und gefährdeten Trommelfellen ist in »Berlin bei Nacht« aus dem Jahre 1961 zu lesen – und: »Zuckende Glieder um uns her.« Das ging also auch schon ohne Viagra. »Es war das Sichverschwenden der Jugend – das zwecklose Aufschreien gegen jede Art von Fessel.«

Bagage. Kein englisch ausgesprochenes Gepäck, sondern auf gut Berlino-Franzeeserisch (↑Hugenotten) eine unangenehme Gesellschaft oder Verwandschaft: »Der kann ma mal de Bolln lecken mit seine janze Bagasche!«

Bahnhof Zoo. Am 7. Februar 1882 eröffneter Fern- und S-Bahnhof südlich des Zoologischen Gartens, zur Zeit der Spaltung Hauptbahnhof West-Berlins. Die große Uhr an seiner Front am Hardenbergplatz über der Drogerie von Dr. F. Kuhlmann und unter der Persil-Reklame war lange Zeit der beliebteste Treffpunkt paarungs- oder wenigstens paarbildungsbereiter Menschen, ansonsten war der Bahnhof Zoo das Synonym für Schmutz, Kriminalität, Strichertum und Drogenkonsum. Nach der Wende hat die Deutsche Bahn alles schön modernisiert und die Bahnhofshalle zu einem Shopping-Center gemacht, so daß alles so ist wie in Leipzig, Hamburg oder Stuttgart, nur zehnmal kleiner. Sind die Bäume licht und blätterlos, kann man beim Warten auf seinen ICE nicht nur die Gedächtniskirche erblicken, sondern auch schon mal ein Nashorn oder einen Elefanten unten in den Freigehegen des Zoos.

Bahnhöfe. »Wie viele haben Sie davon in Berlin?« – »Na, 'ne janze Menge.« Es sind im Tarifbereich Berlin und Umland fast 350 Stück, was die S-, U-, Fern- und Regionalbahn betrifft – von Adenauerplatz bis Zwickauer Damm (beide U 7). Die meisten Umsteigemöglichkeiten (nämlich neun) zwischen U- und S-Bahn bietet Friedrichstraße vor Alexanderplatz und Ostkreuz (je acht); nimmt man aber die Regionallinien hinzu, liegt Schöneweide an der Spitze.

Bammel. »Wovor hast'n am meisten Bammel?« – »Vorm Zahnarzt.« Bammel ist also die Angst vor einem Ereignis. Und so heißt auch eine Landzunge bei ↑Grünau, den Müggelbergen gegenüber, Bammelecke, weil dort in der Dahme früher viel ertrunken wurde.

Bar jeder Vernunft. Ein genialer Name! Varieté, Kabarett und Shows gibt es in der Schaperstraße 24 in Wilmersdorf, und über die Neuauflage des »Weißen Rössl« hat sich tout Berlin amüsiert.

Baumschulenweg. Unauffälliger südöstlicher Teil von Treptow, der nicht im Baedeker vorkommt, obwohl sich hier seit 1874 die Späthsche Baumschule befindet und seit 1913 auch eines der drei Berliner Krematorien, das gerade durch einen komfortablen Neubau ersetzt worden ist.

Baustelle. Normalzustand des Berliner Straßenverkehrs.

behumpsen oder berumpsen läßt sich nicht jeder: betrügen.

bekaspern heißt etwas beraten.

belatschern meint jemanden überreden, ihm »wat beibiejen« oder »ihn breetschlagen«.

belemmert ist für den selten zum Optimismus neigenden Berliner so ziemlich alles im Leben, einschließlich der Rechtschreibreform, die daraus *belämmert* machen will: einfach unangenehm. Kommt entgegen landläufiger Meinung übrigens weder von Lamm noch von dem Politiker Ernst Lemmer, sowenig wie belummern (laut Wörterbuch: begaunern, übervorteilen) von Heinrich Lummer kommt.

Bellevue. Meint nicht die Aufforderung eines der zahlreichen in Berlin ihre Restaurants betreibenden Chinesen an seinen pekinesischen Hund, Laut zu geben (»Belle, Wü!«), sondern das Schloß nordöstlich der Siegessäule, in dem der Bundespräsident amtlich einsitzt.

Bendlerblock. Sitz des ehemaligen Oberkommandos der Wehrmacht an der Bendler-, inzwischen Stauffenbergstraße. Im B. findet sich heute die Gedenkstätte für den deutschen Widerstand gegen Hitler und die Opfer des 20. Juli 1944, die hier standrechtlich erschossen wurden (u. a. Oberst Graf von Stauffenberg und Generaloberst Beck).

Berber. Nennen sich – nach den stolzen Bewohnern des marokkanischen Atlasgebirges – jene Stadtstreicher, die dieses Leben bewußt gewählt haben, um frei von allen Rollenzwängen der bürgerlichen Gesellschaft zu sein.

Berge. B. sind für Berliner alle Erhebungen über vierzig Meter (so der Reiherberg im Tegeler Forst, der ganze 42 Meter aufweist), wobei aber anzumerken ist, daß die Stadt als Ganzes eh schon dreißig bis vierzig Meter über NN liegt. Am bekanntesten sind die ↑Müggelberge (mehrere natürliche Huckel mit maximal 108,6 Meter Höhe), der ↑Kreuzberg (66 Meter, mit Schinkels Denkmal für die Befreiungskriege), der Karlsberg (78 Meter, mit dem Grunewaldturm, als ein Teil der Havelberge) und fünf nach 1945 aus Trümmern angehäufte Hügel:

der ↑Teufelsberg (120 Meter), der ↑Insulaner (75 Meter, mit Planetarium und Wilhelm-Foerster-Sternwarte), die Humboldthöhe (85 Meter, mit einem Hochbunker, der als unsprengbar gilt), der Große Bunkerberg im ↑Friedrichshain (78 Meter) und die Rixdorfer Höhe (67,9 Meter, in der ↑Hasenheide gelegen und mit dem Trümmerfrauendenkmal an ihrem Fuße). Hoch sind sie also nicht, die Berliner B., aber … Weilt ein Berliner Junge im Rahmen der Aktion »Ein Platz an der Sonne« in Garmisch-Partenkirchen. Sagt ein Bayer beim Anblick der Zugspitze (2962 Meter) lachend zu ihm, daß man so hohe Berge in Berlin nicht habe. Kommt die Antwort: »Wenn wir aber Berge hätten, dann wären sie viel höher.« Seh'n Se, det is Berlin …

Berlin. Das im Verlauf von acht Jahrhunderten flächen- und bedeutungsmäßig stark aufgequollene Herz der norddeutschen Tiefebene (»Mutta, wat sind tiefe Beene?« – »Ruhe, der Onkel erklärt gerade was!«); eine von gelegentlichen Grünflächen unterbrochene Häuseransammlung zwischen (im Uhrzeigersinn) Oranienburg, Bernau, Erkner, Königswusterhausen und Potsdam. B. wurde ursprünglich auf schwankendem Boden in der Spreeniederung erbaut und 1307 zum ersten Mal mit der südwestlichen Schwesternstadt ↑Cölln vereint, 1709 abermals und endgültig mit Cölln und weiteren Randbebauungen zur preußischen Residenz B. vereinigt und stieg schließlich zur deutschen Hauptstadt und Hauptstadt der Mietskasernen auf. Im Zweiten Weltkrieg weitgehend zerstört, geviertteilt und der Geschichte zum Fraß hingeworfen, erhob sich die Stadt – nur noch zweigeteilt, aber dafür richtig – wie der bekannte Vogel Felix aus der Asche und vereinte sich nach einem Ereignis, das die einen als friedliche Revolution, andere als Wende bezeichnen, zur umstrittenen neuen deutschen Hauptstadt inmitten blühender Landschaften (auch Speckgürtel genannt).

Berlinale. Name für die seit 1951 alljährlich im Winter stattfindenden Filmfestspiele mit dem »Goldenen Bären« als Hauptpreis.

Berliner. Weltweit verbreiteter Begriff für Pfannkuchen. Im weiteren Sinne auch der für seine vornehme Zurückhaltung, seinen überwältigenden Charme, seine korrekte Aussprache und feinfühlige Ausdrucksweise bekannte Menschenschlag aus ↑Berlin. B. wird man, indem man sich länger als drei Tage und/oder Nächte ununterbrochen in der Stadt aufhält und dann behauptet, einer zu sein. Echte oder gebürtige B., noch dazu aus den Bezirken der Innenstadt, sind eine selten anzutreffende Spezies und haben zumeist einen türkischen Paß.

Berliner Abendschau. Eine regionale Fernsehsendung des ↑SFB (B 1) mit Kultcharakter, Tag für Tag von 19 Uhr 25 bis 19 Uhr 40 anzuschauen. Von den Kids als miefig verschrien, gilt sie den älteren (West-) Berlinern als tröstlicher Beweis dafür, daß es in dieser Welt Dinge gibt, die sich nie verändern.

Berliner Ballade. Kultfilm aus der Nachkriegszeit (1948, Buch Günter Neumann, Regie Robert A. Stemmle) mit dem damals noch spindeldürren Gert Fröbe als Otto Normalverbraucher, der aus der Kriegsgefangenschaft heimkehrt und alles erlebt, was es mit Heiratsvermittlern, Schiebern, Bürokraten und Alliierten in dieser Zeit so zu erleben gibt. Die B. B. gilt als meisterhafte ironisch-witzige Geschichtslektion.

Berliner Bär. Woher die beiden Bären neben dem Adler auf dem Siegel von 1280 kommen, haben die Historiker noch nicht herausgefunden. Wir vermuten: aus dem Wald in der Berliner Umgebung. Im Stadtsiegel von 1338 läuft der Bär und zieht den Adler; dem Berliner Unwillen entsprechend krallt sich der Adler später in das Fell des Bären, der eher einem Hund ähnelt. (Welch tiefe Symbolik!) Ab 1839 taucht die Berliner Mauerkrone auf, 1875 verliert der Bär endlich sein Halsband, und 1920 verschwindet der Adler aus dem Wappen. Im Bärenzwinger am Köllnischen Park finden sich einige Exemplare des Wappentieres. Sollte jemand diese Tiere jemals steppen sehen, so tun sie dies vermutlich auf Veranlassung von zugereisten Politikern. Zum Tanzen brachte man Bären schon früher nur durch brutale Quälerei.

Berliner Ensemble. 1949 von Bertolt ↑Brecht und seiner Frau, der Wiener Schauspielerin Helene Weigel (Mutter Courage), gegründetes Theaterensemble, das unter Weigels Leitung erst im ↑Deutschen Theater, ab 1954 im ehemaligen Theater am Schiffbauerdamm spielte. Das BE verwandelte sich nach dem Tode des Herrn und Meisters zusehends in ein Museum unter dem Diktat der Brecht-Erben und -Schüler, woran auch Ruth Berghaus als Intendantin (1971–77) wenig zu ändern vermochte. Nach dem Tode Heiner Müllers, der dem Theater immerhin neues Leben einzuhauchen wußte, entwickelte sich der Streit um die Herrschaft im Hause zu einer dauerhaften Kabarettvorstellung, an der ein weiterer deutscher Dramatiker als Grundstücksbesitzer lebhaften Anteil nahm. Im Augenblick warten Ensemble und Publikum auf das Erscheinen des Deus ex Machina Klaus Peymann. Im BE waren eine Reihe hervorragender Brecht-Schauspieler tätig: Erwin Geschonneck, Therese Giehse, Gisela May, Käthe Reichelt, Wolf Kaiser und Brechts Schwiegersohn Ekkehard Schall.

Berlinerisch. Angeblich kein Dialekt, sondern eine Mundart, die »sich seit der zweiten Hälfte des vorigen Jahrhunderts von einer städtischen zu einer großlandschaftlichen Umgangssprache entwickelt« hat (Joachim Wiese); in Wahrheit aber auch eine Geisteshaltung und schon deshalb in besseren Kreisen verpönt. Im Berlinischen, wie es korrekt heißt, finden sich die Spuren aller Einheimischen und Zuwanderer, angefangen vom Sorbisch der alten Wenden (»Was wissen Sie von den alten Wenden?« – »Det der Putz abfällt.«), dem märkischen Platt samt seinen flämischen Einflüssen, dem Französisch der Hugenotten und des Hofes, dem preußischen Militärjargon, Wörtern und Begriffen aus dem Polnischen, Tschechischen und Jiddisch-Hebräischen. Nach 1945 setzte sich auch (und gerade) in Berlin der massive

Einfluß des Amerikanischen durch, während das Russische kaum drei Wörter für die Volkssprache hergab: ↑Sputnik, ↑Datsche und Soljanka, eine in der Ukraine weitgehend unbekannte ukrainische Nationalsuppe aus (deutschen) Wurstresten und (Spreewälder) Gurken. Auf die Frage nach den drei für die DDR wichtigsten sowjetischen Genossen gab der gebildete Ost-Berliner zur Antwort: Abrassimow (Botschafter und Generalgouverneur der UdSSR in der DDR), Lunikoff (eine billige Wodkasorte) und Bungalow. In Berlin (West) schleppten die in Scharen zuwandernden Bundies (ursprünglich auch als Wessis bezeichnet) ihr ätzendes »halt« und »eh« ein; im Osten veränderte die fünfte Besatzungsmacht aus Sachsen (worunter der Berliner alle südlich einer Linie Magdeburg-Cottbus gelegenen Landesteile versteht) die Sprache, aber auch Sitten und Gebräuche. Seitdem werden z. B. Einschulungen mit dem Aufwand von Bauernhochzeiten begangen, und zu Weihnachten gehört ein dauerbeleuchteter Schwibbogen in jedes Fenster.

Berliner Kindl. Einheimische Biersorte aus Neukölln mit einer Werbung, auf der ein blondes Kind aus einem Bierhumpen schaut.

Berliner Originale. Die Liste derselben ist lang und beginnt unweigerlich mit Glaßbrenners Eckensteher Nante, dessen Urform von dem Theaterdirektor und Possenfabrikanten Carl Holtei stammt. In das 18. und 19. Jahrhundert gehört die französischstämmige Madame Dutitre (oder du Titre), von der allerlei muntere Sprüche kolportiert werden. Auch der alte ↑Schadow, die Harfenjule Luise Nordmann, der Arzt Ernst Ludwig Heim und der Maler ↑Liebermann galten mit Recht als B. O. Im 20. Jahrhundert teilten sich Kabarettisten und Sänger wie Claire ↑Waldoff, Fredy Sieg oder Helga Hahnemann den Ruhm mit »echten« Originalen wie ↑Krücke oder Strohhut-Emil.

Berliner Pflanze. Ausdruck für einen temporären Partner, mit dem man eine Beziehung unterhält, ohne aber gleich an Liebe zu denken: »Denkste denn, denkste denn, du Berliner Pflanze, denkste denn, ick liebe dir, wenn ick mit dir tanze ...«

Berliner Schnauze. Häufig beschönigend in die Kombination »Berliner Herz und/mit Schnauze« verpackt. Typisches Beispiel ist Madame Dutitre (↑Berliner Originale), die auf den Wunsch ihres sterbenden Gatten, sie noch einmal zu sehen, derweil sie schon beim Kuchenbacken für die Beerdigungsgesellschaft war, geäußert haben soll: »Jott, Dutiter, wat soll denn det. Du weeßt doch, dat ick keene Padden un Doten nich sehen kann!«

Berliner Unwille. Aufstand der Berliner gegen den Kurfürsten Friedrich II. (genannt »Eisenzahn«) im Juni 1448, (a) weil sie fürchteten, vordem ohne Einwilligung des Landesherrn erworbenes Land entschädigungslos wieder hergeben zu müssen, (b) weil ihnen die Hohenzollern eine Zwingburg vor die Nase setzen wollen und (c) weil ihnen Rechte im Hinblick auf die Zusammensetzung des Rates der gerade wiedervereinigten Städte Berlin und Cölln beschnitten werden sollen. Seither gelten die Berliner als schwierige Untertanen – was dazu beitragen mag, daß die Bonner so ungern nach Berlin kommen.

Berliner Weiße. Von den ↑Hugenotten eingeführtes Erfrischungsgetränk bierähnlicher Konsistenz, dessen säuerlicher Geschmack mit Strippe (einem Korn) oder Schuß (Waldmeisteraroma oder Himbeersirup) erfolgreich übertönt wird. Schon wegen seines geringen Alkoholgehalts ist die B. W. seit längerem kein wirkliches Nationalgetränk der Berliner mehr.

Berliner Zeitung. Erste Berliner Tageszeitung nach der bedingungslosen Kapitulation 1945. Erschien unter sowjetischer Lizenz und stieg zum Organ der Bezirksleitung der SED auf, bevor sie, von Gruner + Jahr übernommen, den Drahtseilakt begann, mit neuen Redakteuren den alten Lesern Dinge nahezubringen, die diese nur begrenzt interessieren.

Berlin Museum. Nun kann man zwar sagen, ganz Berlin sei ohnehin ein Museum mit den Dauerausstellungen »Rauh, aber schmerzlich« und »Das Prinzip Häßlichkeit«, aber nichtsdestotrotz gibt es ein eigenes Museum in einem wunderschönen Barockbau, der, 1734/35 von Philipp Gerlach erbaut, die Lindenstraße ziert, die am Mehringplatz. Das Königlich Preußische Kammergericht war hier untergebracht und sah in seinen Mauern so illustre Staatsdiener wie E. T. A. Hoffmann (»Hoffmanns Erzählungen« und »Die Elixiere des Teufels«) und Willibald Alexis (»Der Roland von Berlin« und »Die Hosen des Herrn von Bredow«), bis daß der Krieg es zerstörte. 1967–69 wurde das Gebäude detailgetreu wiederaufgebaut und mit Exponaten zur Geschichte Berlins und Brandenburgs angefüllt. Gleich nebenan, getrennt und dennoch irgendwie ein Teil von ihm, findet sich das Jüdische Museum, dessen genialen Grundriß sich Daniel Libeskind ausgedacht hat. (O Schreck: Haben wir das jetzt richtig formuliert, oder wird uns der bewährte Zorn der Herren Bubis, Friedman, Kanal und Nachama deswegen treffen? Und die Lea Rosh, die legt dann vielleicht auch noch los …)

Bernau. Von den Berlinern seit alters her geliebte nordöstliche Nachbarstadt, bekannt für gutes Bier und intensive Fremdenfreundlichkeit (»Bernauer Bier und heißer Brei machten die Mark hussitenfrei!«). Die Berliner revanchierten sich bereits 1324 oder 1325, indem sie Nikolaus, Probst von Bernau, vor der Marienkirche erschlugen und dafür vom Papst mit dem Bann belegt wurden. An das Ereignis erinnert noch heute ein unauffälliges Sühnekreuz aus Kalkstein an der Bernauer Kirchenmauer.

Berolina. Eine dicke Dame aus Kupferblech, 1895 von Emil Hundrieser (der Mann hieß wirklich so) nach dem Geschmack der damaligen Zeit geschaffen und vor dem späteren Kaufhaus Tietz am ↑Allex aufgestellt. Wie es sich für Berlin gehört, mußte die B. beim ständigen Umbau des Allex ihren Platz wechseln und stand bis 1944 in der Gegend der heutigen Weltzeituhr, bevor sie, wie viele Berliner Denkmäler, zu Geschoßhülsen verarbeitet wurde.

Besatzungsmächte. Hat Berlin im Verlauf seiner fast achthundertjährigen Geschichte (die Zeit davor ist im sumpfigen Untergrund verlorengegangen) und auf Grund der notorischen deutschen Friedensliebe mehrfach ertragen: anfangs die künftigen Berliner selber, die als kriegerische Wirtschaftsflüchtlinge das wendische Gebiet besetzten, im Dreißigjährigen Krieg die Schweden, im Siebenjährigen Krieg 1756–63 österreichische Husaren und russische Kosaken, ab 1806 Napoleons Truppen, die nur zu einem geringen Teil aus Franzosen bestanden, im April/Mai 1945 abermals die Russen, denen sich ab Juli 1945 Amerikaner und Briten und im August die Franzosen zugesellten. Die letzteren drei mutierten anläßlich der russischen Blokkade gegen den Westteil der Stadt schnell zu Schutzmächten. In Ost-Berlin, wo die Präsenz der sowjetischen Truppen öffentlich wenig spürbar war, bezeichnete man die Landsleute des großen Gelehrten WU (Walter Ulbricht aus Leipzig) als die fünfte Besatzungsmacht.

bescheiden zu sein bringt in Berlin nicht viel, denn: »Bescheidenheit ist eine Zier, doch weiter kommt man ohne ihr.« »Mir jeht et bescheiden«, sagt der vornehme Berliner und meint: beschissen.

bescheuert meint geistig beschränkt: »Selig sind die Bescheuerten, denn sie brauchen keinen Lappen mehr!«

besengt ist einer, der nicht ganz richtig im Kopf zu sein scheint: »Beeil dir mit die Pizza, aba fahr nich wieda wien Besengta!«

Beton. Im Berliner Wohnungsbau seit 1872 verwendeter Baustoff. Die Berliner Cementbau Aktiengesellschaft errichtete bis 1875 in der Rummelsburger Victoriastadt 60 Häuser aus Eisenbeton, die im Volksmund nach dem Zuschlagstoff »Schlackehäuser« hießen und von denen einige noch heute stehen.

Betteldiplom. Kann man unter der Regie der Berliner Obdachlosenzeitschrift ↑»Straßenfeger« für 180 Mark erwerben, wenn man die folgenden vier Disziplinen erfolgreich absolviert: 1. Verkauf der Zeitschrift, 2. Sitzung abhalten, d. h. mit Hut oder Becher in der Hand auf der Straße sitzen und betteln, 3. Kirchenstich, d. h. Anbetteln eines Pfarrers – und 4. in Müllcontainern nach Pfandflaschen suchen.

Bewag. Ist der Berliner Stromversorgungsmonopolist (Berliner Kraft- und Licht-Aktiengesellschaft).

Bezirksgebietsreform. Um der Bewegungsarmut insbesondere der älteren Bürgerinnen und Bürger der Hauptstadt entgegenzuwirken, hat der Senat das Abgeordnetenhaus beschließen lassen, die Anmarschwege zu den Rathäusern drastisch zu verlängern, indem man aus 23 alten Bezirken zwölf neue macht. Das soll zwischen 191 und 229 Millionen Mark einsparen, wie eine jüngere Sachbearbeiterin vom Milchhandel pfenniggenau ausgerechnet hat. Die vielen Millionen, die es kostet, zentrale Bürgerämter einzurichten, ganze Beamtenhorden umziehen zu lassen und den Führungskräften, die ja nun mehr Mitarbeiter/innen haben werden, höhere Gehälter zu zahlen, werden lieber verschwiegen. Ist auch egal, ob das Ganze schiefgeht oder nicht, es trägt ja eh keiner mehr die Verantwortung dafür. Seh'n Se, det is Berlin … Spandau, Neukölln und Reinickendorf bleiben selbständig, ansonsten werden zusammengelegt: Wedding, Tiergarten und Mitte zum »Hauptstadtbezirk«, Marzahn mit Hellersdorf (zu Hellerzahn?), Schöneberg mit Tempelhof, Kreuzberg mit Friedrichshain, Prenzlauer Berg mit Pankow und Weißensee, Zehlendorf mit Steglitz, Treptow mit Köpenick, Charlottenburg mit Wilmersdorf und Lichtenberg mit Hohenschönhausen. Das entspricht zwar nicht der organisationswissenschaftlichen Grundweisheit *small is beautiful*, aber Daimler und Chrysler schließen sich ja auch zusammen, und schließlich müssen die Berliner des Jahres 2020 wieder etwas zu re-reformieren haben.

Biberkopf, Franz. Einarmiger Held des Romans »Berlin Alexanderplatz« (1929) von Alfred Döblin. Die Romanfigur wurde in der Verfilmung durch Piel Jutzi (1931) von Heinrich George, in der von R. W. Fassbinder (1979/80) von Günther Lamprecht verkörpert.

Bierpinsel. Kein Gegenstand, um ein Bier zu pflegen, obwohl ein »gepflegtes Bier« durchaus zum Vokabular eines Berliner Kneipengängers gehört, sondern ein 1976 erbautes Turmrestaurant in der Steglitzer Schloßstraße mit origineller und an einen Pinsel erinnernder Form.

Big Eden. Disco am Kudamm, die als Synonym für praktizierten Hedonismus gilt.

Billett. So hieß bis zur Einführung des Tickets eine Eintritts- oder Fahrkarte.

Bimbam. Stadtheiliger von Berlin: »Ach du heiljer Bimbam!« ist ein Ausruf des (unangenehmen) Erstaunens.

Bismarcks letzter Husten. Synonym für Lungenhaschee (vom französischen *hachée*, gehacktes Fleisch), ein den Verfassern aus ihrer Jugendzeit noch sehr vertrautes Gericht, das nicht eben sehr geschätzt war, wie die abwertende Wendung deutlich macht. Mit ihr wollte man sich als Kind aber weniger das Essen verderben als die Widerstandskraft der anderen vor Ekelgefühlen testen.

BKA. Meint nicht das Bundeskriminalamt, das bekanntlich da sitzt, wo das Verbrechen nicht gerade tobt, in Wiesbaden nämlich, sondern die Berliner Kabarett Anstalt, die, vom Kulturforum vertrieben, nun überall einen neuen Platz für seine Zelte sucht.

Bleistreustraße. So heißt im Mund des Volkes die Bleibtreustraße, die den Kudamm kreuzt, weil sich hier vor Jahrzehnten zwei Banden, die eine deutsch und mit Klaus Speer an der Spitze, die andere iranisch, einen filmreifen Schußwechsel geliefert haben. Am 27. Juni 1970 geschah es, und zwar vor dem Lokal »Bukarest«, Hausnummer 45. Deutscherseits wurden aus der Maschinenpistole Modell 40, Para Nr. 131 C, mit vier Feuerstößen 22 Schuß abgegeben. Der Namensgeber Bleibtreu, Karl (1859–1928), stellte im übrigen nur per Schrift und nicht mit Bleikugeln seinen Feinden nach.

Blockade. Vom 24. Juni 1948 bis zum 12. Mai 1949 dauernder und vor allem wegen der Luftbrücke gescheiterter Versuch der UdSSR, die West-Berliner durch Abriegelung aller Zugangswege zu den amerikanischen, britischen und französischen Besatzungszonen zu Land und zu Wasser auf kleiner Flamme gar zu kochen und dem kommunistischen Herrschaftsbereich einzuverleiben.

Blumenbretter. Hängen (a) vor den Fenstern jener Mietskasernenbewohner, die sich keine Wohnung mit Balkon geschweige denn eine Laube leisten können, und gewähren einen schnellen Zugriff auf Blumentöpfe, die man gern als Wurfgeschosse gegen Menschen einsetzt, die unten auf der Straße lärmen. Und sind (b) an den Kleinprofilzügen der Berliner U-Bahn angebracht gewesen, wie sie in Ost-Berlin auf der Linie E über zwanzig Jahre lang gefahren sind. Mit bohlenförmigen Brettern mußte im Großprofil der Abstand zwischen den zu schmalen AI-Zügen und der Bahnsteigkante überbrückt werden, weil es sonst »abbe Füße« gegeben hätte.

blümerant wurde den Berlinern schon lange vor Norbert Blüm und den Seehoferschen Gesundheitsreformen. Es bedeutet: unwohl oder flau im Magen. Kommt aus dem Französischen *bleu mourant* (blaßblau).

Blutblase. War früher die rote Mütze der Bahnhofsaufsicht. (»Sagt doch heute keiner mehr!« Wir nehmen den Einwand der Cool-und-ätzend-Generation mit einem lakonischen »Na und!?« gern zur Kenntnis. Schwer vorstellbar, Junge, det dit vor deine Jeburt ooch schon 'ne Welt jejehm hat, aba so issit, ehrlich du!)

Bockmist. Begriff der zeitgenössischen Politik, bedeutet: Unsinn oder Fehler.

Bockwurst. Berliner Nationalspeise bis zur Erfindung der als ↑Currywurst bekannt gewordenen Gekröserolle und der Einführung von Döner und Schnellfraß (neudeutsch: Fast Food). Wurde auf altdeutsche Weise mit Mostrich (berlinerisch für Senf) gegessen.

Bolle. Kann in Berlin allerlei bedeuten: (a) eine große Zwiebel, (b) ein Loch im Strumpf und (c) die Meierei, die von Carl Bolle 1881 gegründet wurde (seine legendären Fuhrwerke versorgten die Berliner jahrzehntelang mit frischer Milch, und man sang dazu: »Wenn die Bollemeechen uff de Treppen seechen, und die Pennebacken in die Ecken kacken – dann is Frühling in Berlin«), (d) eine stadtbekannte Persönlichkeit namens Bolle, von der in einem mehrstrophigen Lied behauptet wird, sie hätte sich köstlich amüsiert. (e) schließlich: »Leck ma mal de Bollen« ist keine Aufforderung, sich mit der Zunge Zwiebeln oder Löchern in den Strümpfen zu nähern. (Wer unbedingt Genaueres hierüber erfahren möchte, der sei auf das Stichwort »Bollenjuste« in Heinrich Zilles graphischem Zyklus »Hurengespräche« hingewiesen.)

bongforzionös ist mehr als großartig oder auffallend und stammt sicherlich von dem französischen *bon* (gut).

Bonje. Steht für Kopp … äh, Kopf. Interessant ist der sorbische Stamm der Wortes: *banja* bedeutet bauchiges Gefäß, Krug, Kanne, auch Kürbis.

Bonnies Ranch. Volkstümliche Bezeichnung für die Karl-Bonhoeffer-Nervenklinik (KBoN), 1877–80 als »Städtische Irrenanstalt zu Dalldorf« erbaut. Dalldorf, das übrigens nicht nach dem »Blödelbarden« Karl Dall benannt worden ist, hat sich zur Imageaufbesserung alsbald in Wittenau umbenannt. Sinnigerweise gab es einmal eine Straßenbahn, die Linie 68, die Dalldorf mit Herzberge verband, der im Bezirk Lichtenberg gelegenen ehemals zweiten Irrenanstalt Großberlins.

Borsig. Etwas, das Sie nur noch in der Erinnerung der Berliner, in den Annalen, in dem gerade erschienenen Buch »Die Borsigwerke in Tegel« und im Stadtplan (Borsigwalde) finden. August Borsig (1804–1854) gründete 1837 in der Chausseestraße 1 im Norden Berlins eine Maschinenbauanstalt und Eisengießerei, zog später nach ↑Tegel um und wurde Deutschlands »Lokomotiven-König«. Die Berliner reimten: »Wer noch nicht war bei Siemens, AEG und Borsich,/der hat das größte Elend noch vor sich.«

Botanischer Garten. Ist nicht die Nische, die der ehemalige südafrikanische Premierminister und Staatspräsident Pieter Willem Botha in Berlin besitzt, sondern eine Ansammlung von 18 000 Pflanzenarten im Bezirk Steglitz, die man zumeist in echt nachgestellter heimischer Landschaft bewundern kann. Wenn im Großen Tropenhaus eine besondere Seerose blüht, pilgert halb Berlin dorthin. Die legendäre Schmöckwitzer Oma des einen Verfassers dieses Buches hat sich hier immer die Samen für ihren heimischen Garten »stibitzt« (veraltet für: geklaut).

Boxhagen. Ursprünglich Buckshagen, ein Vorwerk, später eine Kolonie südlich der Frankfurter Linden. B. wurde 1889 mit Rummelsburg zu einer Landgemeinde vereint und 1912 zur Stadt Lichtenberg geschlagen. Seitdem ist der ehemalige Stadtteil Berlins in Vergessenheit geraten und findet heute nur noch in den Straßenbezeichnungen Boxhagener Straße und Boxhagener Platz Erwähnung.

Brandenburger Tor. Das 1789–91 von Langhans errichtete Berliner Wahrzeichen am Quarré oder Viereck, dem westlichen Ende der Prachtstraße Unter den Linden, ist mit der Quadriga, von ↑Schadow geschaffene Siegesgöttin auf vierspännigem Wagen, geschmückt, die – entgegen anderslautenden Gerüchten – seit 1793 stets in die gleiche Richtung fuhr: gen Osten. Napoleon interessierte sich für die Dame samt Gespann und ließ sie 1806 nach Paris entführen, von wo sie 1814 im Triumph zurückkehrte.

Die heutige Quadriga ist eine mehrfach restaurierte Kopie aus den Jahren 1956–58. Nach 1945 wurde das (von 1951 bis 1958 quadrigalose) Tor zum Symbol der Teilung der Stadt: Die Grenze, ab 1961 die Mauer, verlief unmittelbar westlich über den Platz vor dem Brandenburger Tor. Die Öffnung der Mauer war erst mit der Wiedereröffnung des B. T. am 22. Dezember 1989 wirklich vollzogen. Seitdem dient das solide Bauwerk den Lokalpolitikern als Diskussionsgrundlage für eine undurchsichtige Verkehrskonzeption und als Kulisse für allerlei Schikimicki-Veranstaltungen. Die sieben Säulenpaare – deren mittlere Öffnung einst den Hohenzollern vorbehalten war – bieten sich als Vergleich für mancherlei an: »Kiek ma, der hat Zähne wiet Brandenburjer Tor!«

Brandt, Willy. Zu Zeiten Friedrichs hätten die (West-) Berliner ihn »Willy den Großen« genannt, und manche sagen, ganz Berlin sei recht eigentlich eine Brandtstiftung, denn ohne seine Ostpolitik wären wir noch immer geteilt. Verehrt wie ein Heiliger, war er von 1957 bis 1966 Regierender Bürgermeister im Schöneberger Rathaus.

Brauereien. Das Bierbrauen war in alten Zeiten anscheinend der Haupterwerbszweig der Berliner Industrie. Verstreut auf den Hügeln rings um die ganze Stadt lagen die Großbrauereien Aktienbrau, Bötzow, Bürgerbräu, Groterjahn, Löwen-Böhmisch, Kindl, Patzenhofer, Schulheiß und noch etliche andere. Die alten, zumeist stillgelegten B. mit ihren tiefen Kellern sind heute beliebte Standorte für kulturelle Aktivitäten. (↑KulturBrauerei)

Braunbier mit Spucke. Erscheint Ihr Gesicht einem älteren Berliner krank und käsig, bekommen Sie zu hören: »Du siehst ja aus wie Braunbier mit Spucke.« Überhaupt gehört es hierzulande, wo jeder dem anderen über sein möchte, zur subtilen psychologischen Kriegsführung, seine Bekannten und Verwandten freudig mit der Bemerkung »Du siehst aber schlecht aus heute!« zu begrüßen.

Brecht, Bert(olt). 1923 aus dem Bajuwarischen zugewanderter Dichter und Dramatiker, der dank der ihm angeborenen Bescheidenheit und Zurückhaltung in Berlin schnell zu Ansehen und Ruhm aufstieg, sich – wie das bei Söhnen reicher Bürger häufiger vorkam – dem Kommunismus zuwandte und 1933 von den Nazis ins Exil vertrieben wurde. Er kehrte 1948 ins zerstörte Ost-Berlin zurück und erhielt ein eigenes Theater (↑Berliner Ensemble). Als er 1956 starb, hinterließ er neben zahlreichen Witwen und bleibendem Einfluß auf Herrenmode und Haartracht ein umfangreiches Werk, dessen vollständige Herausgabe noch nicht abgeschlossen ist. Seit seinem Tod entstanden in der Chausseestraße nahe seinem Grab ein B.-Museum nebst Archiv und nachträglich installierter Kneipe. B. bietet bis heute Stoff für zahllose Anekdoten und Doktorarbeiten sowie rund 150 Kilometer wissenschaftlicher Sekundärliteratur – Tendenz steigend.

Bredouille. Bedeutet auf Berliner Französisch »Schwierigkeit«: »Ick bin janz schön inne Bredullje.«

Breite Straße. Ehemalige Hauptstraße von Alt-Cölln zwischen dem Köllnischen Fischmarkt und dem Schloß. Heute stehen nur noch auf der Ostseite restaurierte Reste der alten Bebauung: der Alte Marstall von 1670, der einzige frühbarocke Bau Berlins, und der einzige Spätrenaissance-Bau der Stadt, das Ribbeck-Haus, das 1625 aus der Zusammenlegung von zwei älteren Gebäuden entstanden ist. Die Westseite der B. S. wurde im Zuge der autogerechten Straßenverbreiterung abgerissen und durch häßliche Plattenbauten verschandelt.

brejenklüterig wird von dem Begriff »Brejen« (Gehirn) abgeleitet und meint verwirrt oder benommen.

Brennholz für Kartoffelschalen. Form des Naturaltauschs, wie er in Notzeiten, insbesondere nach Ende des Zweiten Weltkriegs, in Berlin üblich war, als Bauern aus der Umgebung, aber auch Betreiber innerstädtischer Ställe mit ihren Pferdewagen durch die Stadt zogen, mit einer Glocke in der Hand an den Straßenecken standen und auf die Innenhöfe liefen, lauthals »Brennholz für Kartoffelschalen!« riefen und dann auf die mit ihren gefüllten Eimern heraneilenden Bürgerinnen und Bürger warteten.

Britz. Ortsteil im Bezirk Neukölln mit Dorfkirche, Gutshaus, Park und Parkfriedhof, Windmühle und der ↑Hufeisensiedlung, die 1925–27 nach Plänen von Bruno Taut und Martin Wagner erbaut worden ist. Von den beiden 147 Meter hohen Britzer Sendetürmen des RIAS drang die »Freie Stimme der Freien Welt« im Kalten Krieg weit in den Osten hinein. Und solange es dem West-Berliner verwehrt war, sich in Werder am Obstwein zu berauschen, tat er dies beim Britzer Baumblütenfest.

Brotfabrik. 1953 als Fabrikationsstätte zur Herstellung eines aus gemahlenem Getreide hergestellten Grundnahrungsmittels geschlossen worden, ist sie heute ein »Kunst- & Kulturzentrum« mit eingebautem Kino am Anfang der Prenzlauer Promenade.

Brücken. Gibt es in Berlin mehr als in Venedig, nämlich weit über tausend, von denen allerdings nicht alle über die Spree führen. Die berühmtesten sind die Lange Brücke in Köpenick (an der besonders lange gebaut und umgebaut worden ist), die Oberbaumbrücke, 1895 in märkischem Backstein als einzige (!) Verbindung zwischen den nunmehr zusammengelegten Bezirken Friedrichshain und Kreuzberg errichtet, wo früher mittels ↑Oberbaum die Stadtgrenze und später mittels Mauer die angebliche Staatsgrenze gesichert wurde und über die seit 1902 Berlins älteste U-Bahnlinie als Hochbahn verkehrt, die Schloßbrücke von ↑Schinkel sowie die Weidendammer Brücke in der Friedrichstraße mit Biermanns Preußischem Ikarus aus Gußeisen.

Brunnen. Davon sind zahlreiche über das Stadtgebiet verstreut, die dann tröpfeln, wenn Geld vorhanden ist oder sich ein Sponsor findet. Neben dem zum Fernsehturm versetzten Neptun-Brunnen von Begas, der bis 1950 vor dem Schloß stand und an dem vier wohlbeleibte Damen den Rand halten, sind der Mär-

Oranienburger Str.
rstr.
Nee, Nuttenbrosche is hier nich. Die is am Allex.
BERLIN

Brunnen

chenbrunnen im Friedrichshain, der Feuerwehrbrunnen in Kreuzberg und der Musikantenbrunnen im Wedding sehenswert. Brunnen schmücken auch den ↑Allex (angeblich Brunnen der Völkerfreundschaft geheißen, im Volksmund als Nuttenbrosche bekannt), den ↑Strausberger Platz und den wenig attraktiv gestalteten Ernst-Reuter-Platz (Weltkugelbrunnen).

Brüsche. Meint eine Beule (am Kopf): »Da loof ick mir siem Brüschn, un du sitzt hia bloß rum!«

BSR. Die Berliner Stadtreinigung, über die fast ebensoviel geschimpft wird wie über die ↑BVG.

Bubi. Während B. im allgemeinen einen etwas weichlichen Jüngling meint, auch Milchreisbubi genannt, assoziiert der Berliner damit sofort männliche Härte und unbedingten Siegeswillen, denn schlagartig denkt er an Gustav oder besser: Bubi Scholz, den größten Boxheroen seiner Stadt, denn Max Schmeling gilt ja trotz seines ehemaligen Wohnsitzes am nahen Scharmützelsee nicht so recht als Berliner. Bubi Scholz (* 1930), später durch die Tötung seiner Frau in die Schlagzeilen gekommen, wurde am 4. Oktober 1958 Europameister im Mittelgewicht, als er vor 30 000 Zuschauern in der Ostkurve des Olympiastadions Charles Humez schlug.

Buch. Davon besitzen die meisten Berliner bis zu fünf Stück – so viel Bände haben nämlich Telefonbuch und Gelbe Seiten. Das Dorf B., weit im Nordosten Richtung Bernau gelegen und von Fontane besucht, ist mit seinen zahlreichen Kliniken seit 1899 einer der wichtigsten Krankenhaus- und Wissenschaftsstandorte der Stadt.

Buchholz. Ist ein Wort, das in Berlin jeden aufhorchen läßt und zumindest an dreierlei erinnert: (a) an den Pankower Ortsteil, 1242 zum ersten Mal urkundlich erwähnt, (b) an den Romanzyklus »Die Familie Buchholz« von Julius Stinde (1841–1905), der im Berlin der Kaiserzeit angesiedelt ist und auch heute noch ein Muß für alle ist, die wissen wollen, wo die Wurzeln des hiesigen Kleinbürgertums zu finden sind, und (c) an den Schauspieler Horst Buchholz (*4. 12. 1933 in Berlin), den die Berliner seit »Himmel ohne Sterne« (Helmut Käutner, 1955), »Die Halbstarken« (Georg Tressler, 1956), »Monpti« (Helmut Käutner, 1957) und »Endstation Liebe« (Georg Tressler, 1958) in ihr Herz geschlossen haben.

Buddhatempel. Hat nichts mit den »Buttafahrten« zu tun, die es auf dem Berliner Wannsee so auch nie gegeben hat, sondern meint das »Buddhistische Haus«, das 1924 nach einer Idee des Berliner Arztes Paul Dahlke (1865–1928) im nordberliner Ortsteil Frohnau errichtet worden ist. Mit Buddhas »Komm und sieh!« wird man begrüßt und kann dann, sofern man noch kann, 73 Stufen hinaufsteigen.

Budike. Abendlicher Treffpunkt – meist männlicher – Berliner, während Frauen eher die heutzutage ebenso zahlreichen Boutiquen heimsuchen. Beide Wörter entstammen dem gleichlautenden französischen Begriff für Lebensmittelladen, *boutique*. Der Budiker schenkte beinahe ausschließlich das Lebensmittel Bier aus, eventuell ergänzt durch Korn in flüssiger Form: »Ne Molle und 'n Korn.«

Buga. Eine Bundesgartenschau hat es in Berlin auch schon gegeben, und zwar im Jahre 1985. Sie ist heute im Britzer Garten aufgegangen, dessen »Café am See« mit seiner sogenannten Erdarchitektur für doppeltes Hinsehen sorgt.

Bulette. Vornehmer: Boulette. Ist die noch vor Eisbein, Döner, Bock- und Currywurst rangierende Nationalspeise der Berliner. Anderenorts als Frikadelle bekanntes, gebratenes Gemisch aus Hackfleisch, Gewürzen und (Weiß-) Brot, wird die B. in Berlin auch als Chansonettenbrüstchen oder verzaubertes Brötchen bezeichnet. Als Nebenprodukt des immerwährenden Kampfes zwischen Bäcker und Schlächter (Fleischer) wird sie in mancherlei Redewendungen verewigt: »Laß doch det Kind die Bulette!« oder »Ranjehn wie Hektor anne Buletten«.

Also, ich glaube, ich nehme die Fleischbällchen an Erdapfelstäbchen.
Sehr gute Wahl, mein Herr!
Einmal Buletten mit Pommes...

Bulette

Bulle. In Berlin ist mit B. nicht nur der (Kriminal-) Polizist gemeint, sondern auch ein kräftiger Mann und die Elektrolok im einstigen Oberschöneweider Industriegebiet.

Bulljong. »Siem Fund Rindfleesch jehm ne jute Bulljong.« B. ist eine kräftige Rindfleischbrühe. In dem Begriff »Bulljonkopp« auch als Schimpfwort gebräuchlich.

Bumskeule. Eine Bumskeule ist nicht die Sauerei, die Sie endlich auch in diesem Buch erwarten dürfen, sondern ein Synonym für Schmakeduzjen. Wat is'n dit nun schon wieda? Das sind diese braunen Rohrkolben oben auf dem Schilf, die sich so wunderbar sammetweich anfassen und vor Einführung der elektrischen Beleuchtung gern benutzt wurden, um die Zylinder der Petroleumlampen zu reinigen, wozu man dann sang: »Lampenputzer ist mein Vater/im Berliner Stadttheater ...«

Bundesdruckerei. In Kreuzberg gelegen (Linden-, Ecke Oranienstraße), werden hier u. a. Briefmarken, Banknoten, Pässe, Personalausweise, Kfz-Briefe, Aktien und Sparbücher gefertigt. Doch es lohnt sich nicht, eine Besichtigung ins Auge zu fassen, da sie verboten ist, so daß man sich seine Hundertmarkscheine leider weiterhin selber zu Hause herstellen muß, und sei es mit einem Kostenaufwand von 123 Mark 45.

Bunker. Davon sind in Berlin noch zahlreiche aus glorreicher Zeit erhalten. Während die im Friedrichs- und Humboldthain mit Trümmern überschüttet zu ↑Mont Klamotts aufstiegen, stehen an der Schöneberger Pallasstraße, neben dem Funkhaus in der Masurenallee und neben dem Deutschen Theater in der Albrechtstraße noch wahrhaft abschreckende Prachtexemplare von Hochbunkern aus den vierziger Jahren.

BVG. Steht für Berliner Verkehrsbetriebe, die Betreiberin von U- und Straßenbahn sowie auch Bussen. Sie dient vielen als Sündenbock für alles Böse, was ihnen widerfährt. Das mag damit zu tun haben, daß der Berliner an sich immer zusammenfährt, wenn einer einen fahren läßt.

BZ am Abend. Erschien zum ersten Mal am 15. Juli 1949 in Ost-Berlin und galt als Konkurrenzblatt zum eher unpolitischen ↑»Nachtexpreß«. Später – bis 1991 – war sie die einzige und volkstümliche Nachmittagszeitung im Osten; sie lebt angeblich im »Berliner Kurier« fort.

BZ. Eine Boulevardzeitung aus dem Hause Springer für jene Lesergruppe, die »Bild« zu anspruchslos und die »Berliner Morgenpost« zu anspruchsvoll findet.

C

Café Keese. Legendäres Eheanbahnungs- und Partnerfindungsinstitut in der Nähe des Ernst-Reuter-Platzes (Bismarckstraße 108), wo es bevorzugt Damenwahl gab. Hat nüscht mit dem Berliner Ausruf »Allet Keese« zu tun. Ein deutlich artikuliertes »ä« spricht man nicht, so daß es hierzustadt auch ein Tier mit Namen Beer gibt (nicht zu verwechseln mit Erich Beer von Hertha BSC) und einen schußpotenten Waidmann mit der Bezeichnung Jeega. Nebenbei: Wenn in früheren Zeiten ein Taxifahrer in Berlin umherirrte, dann hieß es sofort: »Mann, det is ja Keeses Rundfahrt!« Das bezog sich dann aber nicht auf das C. K., sondern auf ein Unternehmen, das in offenen Omnibussen Stadtrundfahrten veranstaltete.

Capitals. In der Eissporthalle an der Jafféstraße gleich unterm Funkturm beheimateter Eishockeyverein, der regelmäßig seinen Namen ändert (↑Preußen, ↑Devils). Direkt nach der Wende, als man haushoch überlegen war, hatten die Kämpfe gegen die Ost-Berliner Mannschaft (Dynamo bzw. Eisbären) bürgerkriegsähnlichen Charakter. Heute hat sich das weithin verloren, da die Eisbären erheblich besser sind und in beiden Teams fast nur noch Kanadier, US-Amerikaner, Schweden, Finnen und andere Nicht-Inländer den Schläger schwingen und den Puck jagen (nicht den aus dem »Sommernachtstraum«).

Chamäleon. Vielfarbig schimmerndes Varieté in einem der alten Säle in den ↑Hackeschen Höfen.

Charité. Aus dem von Friedrich I. 1710 begründeten Pesthaus entstandenes Krankenhaus der Humboldt-Universität. Die heutigen Gebäude wurden zwischen 1837 und 1981 errichtet. An der C. arbeiteten so bedeutende Ärzte und Wissenschaftler wie Christoph Wilhelm Hufeland, Robert Koch, Rudolf Virchow, Ferdinand Sauerbruch und der Augenarzt Albrecht von Graefe, die – bis auf Sauerbruch – rings um das weitläufige Gelände mit Denkmälern bedacht worden sind.

Charlottenburg. Sagt man zu einem (älteren) Charlottenburger, er sei einer, dann kann es passieren, daß man arg negativ sanktioniert wird (wegen er Verwechslung mit dem ↑Charlottenburger). Dabei ist C., lange Zeit eigene Stadt, ein stolzer Bezirk mit etwa 180 000 Einwohnern, einschließlich der Villenviertel Westend und Heerstraße und den Siedlungen Eichkamp und Ruhleben. Und auf der Charlottenburger Gemarkung liegt so einiges, das Berlin erst recht eigentlich ausmacht – so zum Beispiel die Kaiser-Wilhelm-Gedächtniskirche, das Europa-Center, der ↑Kudamm, die ↑Technische Universität (TU), die ↑Hochschule der Künste (HdK), der Ernst-Reuter-Platz, die ↑KPM, das ↑Schillertheater, die ↑Deutsche Oper Berlin, das ↑Charlottenburger Schloß, das Museum für Vor- und Frühgeschichte, das Antikenmuseum, das Ägyptische Museum, das ↑ICC, der ↑Funkturm, das Haus der Rundfunks (SFB), das ↑Olympiastadion, das Georg-Kolbe-Museum und das ↑Corbusier-Haus. Da das offenbar viel zuwenig ist für einen eigenständigen Bezirk, wird C. nun mit Wilmersdorf zusammengelegt. (Merke: Wo Berlin ist, ist stets auch der Wahnsinn!)

Charlottenburger. Ein C. ist bei älteren Berlinern nicht nur der Einwohner eines der früheren 23 Berliner Bezirke, sondern auch jener Akt der taschentuchlosen Entschleimung der Nase, bei dem das grüngelbe Sekret (berlinisch: Rotz) durch Zusammenpressen der Nasenflügel mittels Daumen und Zeigefinger und erdwärts gerichteter Schleuderbewegung mit einiger Wucht auf das Straßenpflaster befördert wird, wo es Kleinkindern als natürliches Spielzeug gute Dienste leistet und überdies im Rahmen der Reinlichkeitsdressur (»Das ist pfui!) eine wichtige Funktion hat.

Charlottenburger Schloß. Die Berliner zog et schon imma hinaus in't Jrüne, und wat für die normale Berlinerin der Traum von'na eijenen Laube oda Datsche ist, det war früha für 'ne richtije Fürstin ihr Schloß, und so beschloß denn auch der Kurfürst Friedrich III. anno 1695, für seine Gemahlin Sophie Charlotte draußen in Lietzenburg etwas Passendes hinsetzen zu lassen. »Wenn's geht, Barock bitte.« Die Sache zog sich eine Weile hin, so daß sich in der Reihe der beteiligten Baumeister viele große Namen finden: Johann Arnold Nering, Eosander von Göthe (kein Schreibfehler, da nicht verwandt mit Johann Wolfgang), Georg Wenzeslaus von ↑Knobelsdorff (Sie wissen: ein Spezi des Alten Fritzen aus Rheinsberger Tagen und nicht zu verwechseln mit dem Erfinder der preußischen Knobelbecher), Carl Gotthard Langhans und Georg Friedrich Boumann. Vor dem Schloß reitet uns der Große Kurfürst entgegen, in Bronze, obwohl schon einer anderen Zeit als dieser angehörend, 1697 modelliert von Andreas Schlüter und von italienischen Vorbildern (Donatello, Verrocchio) abgebronzt, Quatsch: abgekupfert, und im Schlosse selber, sofern Sie sich zu einem Besuche entschlossen haben, erfreuen Sie Gemälde (Pesne u. a.), Wandteppiche, Möbel und allerlei von dem, was Fürstens so an Hausrat hatten. Im weitläufigen Park können Sie sich dann die Füße vertreten, aber bitte nicht den Knöchel, das Belvedere bewundern (einen Teepavillon nahe der Spree, wobei Sie bitte gleich auch auf Sprayer achten!) und ins Mausoleum gelangen, wo u. a. auch Königin Luise (»Ach, Luise, kein Mädchen war wie diese!«) ruht, von Christian Daniel Rauch in Marmor nachgestaltet.

Checkpoint Charlie. Kontrollpunkt C (wie Charlie) der US-Amerikaner in der Friedrichstraße, wo öfter DDR-Deutsche zu flüchten versuchten und sich 1958 russische und amerikanischer Panzer Rohr an Rohr gegenüber standen. Heute gibt es im »Haus am Checkpoint Charlie« eine ständige Ausstellung über die Mauer.

Chez nous. Cabaret in der Marburger Straße mit berühmter Transvestiten-Show: »Die Herren Damen lassen bitten.«

Christiane F. 1978 weitete sich die Drogenszene in Berlin immer weiter aus, 1977 wurden hier 84 Herointote registriert. Der »Stern« berichtete darüber unter dem Titel »Wir Kinder vom Bahnhof Zoo«. Die 16jährige C. F. gab dabei eine anschauliche und authentische Beschreibung von ihrer Drogensucht, von Ein- und Ausstieg, von Prostitution und Beschaffungskriminalität, und der Buchtitel wurde das gängige Kürzel für das Elend jugendlicher Drogenabhängiger.

City. Davon besitzt Berlin mehrere: eine Ost-City, eine West-City und demnächst eine um den Potsdamer Platz. Aussprechen kann der Berliner das schwierige und von ihm selten gebrauchte Wort dennoch nicht, er sagt Zitty und fährt zum Zoo oder Allex – einfach inne Stadt.

Cölln. Die ältere der beiden Schwesternstädte ↑Berlin und Cölln, 1237 zum ersten Mal erwähnt, war ursprünglich eine Ansiedlung slawischer Fischer auf einer per Fuhrt zu erreichenden Spreeinsel, deren südöstlicher Teil noch immer Fischerinsel heißt, jedoch von jeglicher Alt-Cöllnischer Bebauung gereinigt wurde. Lediglich in der Gegend um die Breite- und die Brüderstraße finden sich heute kümmerliche Reste der Vergangenheit. Das Berliner Schloß stand in Wahrheit auf Cöllnischem Gebiet; der Name C. blieb im Köllnischen Fischmarkt und im Straßennamen Am Köllnischen Park erhalten, dieser allerdings im einstigen Stadtteil Neukölln am Wasser auf dem Friedrichswerder gelegen. Die Landgemeinde ↑Rixdorf, 1874 aus der Vereinigung von Böhmisch- und Deutsch-Rixdorf hervorgegangen, wurde im Januar 1912 in ↑Neukölln umgetauft.

Corbusier-Haus. Bunte Wohnmaschine mit 17 Stockwerken in der Nähe des Olympiastadions, nach Plänen des französischen Stararchitekten Le Corbusier nach der Idee der *Unité d'habitation* 1956–58 errichtet und von den West-Berlinern zur Kultstätte erhoben, weil es die so heiß ersehnte Weltläufigkeit signalisierte. Sensationell war, daß man im C. zweigeschossige Mietwoh-

'N bißjen Beeilung bitte mit Ihre Currywurscht – oder könn'se nich lesen ?!
SCHNELLIMBISS

Currywurst

nungen beziehen konnte (»Zum Schlafen jehste nach oben«) – ein unvorstellbarer Luxus, da zu dieser Zeit noch erhebliche Teile der Stadt in Schutt und Asche lagen.

Currywurst. Erfunden am 4. September 1949 von der Wurstbudeninhaberin Herta Heuwer am Stuttgarter Platz (Berlin-Charlottenburg), besteht sie aus einer in Stücke geschnittenen Dampfwurst, die mit Ketchup übergossen und mit Worcestersoße sowie Curry- und Paprikapulver gewürzt wird. Jeder Wichtigtuer weiß, wo es in Berlin die beste Currywurst gibt.

D

Daffke. »Der wollte mir die Bescheinigung nich jehm, und da hab ick aus Daffke bei da Bild-Zeitung anjerufen, damit die ihm ma Feua unterm Arsch machen.« Daffke steht also für Trotz.

Dahlem. Begann seine Karriere im 13. Jahrhundert als Dörflein, ist heute als »Landhauskolonie« eine allererste Wohnadresse und genießt mit seinen Instituten (FU und TU), der Max-Planck-Gesellschaft und seinen Museen (Gemälde- und Skulpturengalerie, Kupferstichkabinett, Museen für Islamische, Indische und Ostasiatische Kunst sowie Deutsche Volkskunst) Weltgeltung, was Kunst, Kultur und Wissenschaft betrifft. Wie in Dahlem ansässige Wissenschaftler im Auftrage der Deutschen Forschungsgemeinschaft (DFG) jüngst herausgefunden haben, rührt der Name des Ortes von dem Ausruf eines slawischen Sklaven bzw. sklavischen Slawen her, der sich im Troß Albrecht des Bären befunden hat: »Da Lehm!« – meint also eine Besonderheit des hiesigen Bodens und bezieht sich nicht, wie Radu & Dunski (1984, S. 12) nachzuweisen versuchen, auf den polnischen Satiriker und Science-Fiction-Autor Stanislaw Lem, weil es dann ja auch Dalem bzw. Stalem heißen müßte.

Dahme. Wenn ein Berliner sagt, er habe stundenlang auf der D. gelegen, so ist das nicht als große Protzerei zu werten, sondern lediglich als Sachinformation im Hinblick auf das Vor-Anker-Gehen mit seinem Segelboot oder den Gebrauch seiner Luftmatratze, denn gemeint ist der kleine Fluß, der hinter der Stadt Dahme im brandenburgischen Landkreis Elbe-Elster entspringt, bei Rauchfangswerder Berlin erreicht, sich erst zum Zeuthener See und dann hinter Schmöckwitz zum Langen See aufbläht, bei Grünau genügend Raum zur Austragung sogar olympischer Regatten bietet und bei Köpenick schließlich in die

Spree einmündet. Danke sehr, meine sehr verehrte D.! Dies sei besonders unterstrichen, denn du bist das Aschenputtel unter den Berliner Flüssen, verschwindest total hinter Spree und Havel und stehst nicht einmal in Meyers Großem Taschenlexikon in 24 Bänden.

dalli hat es vor dem Quizmaster Hans (Hänschen) Rosenthal (* 1925 in Berlin, † 1987 ebenfalls in Berlin), nach dem auch der Platz vor dem RIAS (Deutschlandsender/Deutschlandradio) benannt worden ist, geheißen: »Nu mach' ma 'n bißchen dalli!«, also schleunigst, fix oder schnell. Nach ihm aber rufen alle, wenn sie dasselbe ausdrücken wollen, nur noch: »Dalli-dalli!«

Dämel. Bescheinigt man einem jungen Poeten, er sei »ein Dehmel«, dann wird man geküßt, denn Dehmel (Richard, 1863 bis 1920) war ein hochgeachteter Dichter, den manche sogar für einen der Wegbereiter des regionalen Bahnverkehrs halten, wenn sie lesen, daß er ein *Express*ionist gewesen sei. Bei »Du Dämel du!« hingegen läuft man Gefahr, geohrfeigt zu werden, denn D. ist eine wenig scherzhafte Bezeichnung für einen Dummkopf, meist Kindern gegenüber gebraucht.

Damm. In Berlin bedeutet D. die Fahrbahn einer Straße: »Paß obacht, wenn de über'n Damm jehst!« – »Wieda uff'n Damm« ist jemand, dem es nach überstandener Krankheit wieder besser geht.

Dampfer. Das sind mit Dieselmotoren betriebene Ausflugsschiffe, bei denen die Berlinerinnen und Berliner aller Altersgruppen hartnäckig so tun, als würden ihre Kessel noch immer mit Kohle beheizt und sie wie zu Kaisers Zeiten mit Schraube oder Rad über Seen und Flüsse dampfen. Schon am 2. Oktober 1816 hat das erste Dampfschiff die Wasser der Havel zerteilt: die »Prinzessin Charlotte«, erbaut vom Engländer John Bernett Humphreys (nein, nicht der von den Les Humphreys-Singers). 1997 wurden in Berlin und Potsdam über 125 D. gezählt, darunter so stadtbekannte wie die »Deutschland«, die »Spreenixe«, die »Heinrich Zille«, die »Havelqueen« (ein nachgebauter Raddampfer im Mississippi-Stil), die »Moby Dick« (die die Form eines Wales hat), die »Feengrotte« und die »Ernst Reuter«. Dampferfahren gehört zum Berlinersein wie die Lederhosen zum Bayern oder das Spätzleessen zum Schwaben. Ist man nicht mindestens einmal im Jahr zu einer Dampferfahrt gestartet, hat man nicht eigentlich gelebt. Besonders aufregend sind die Schiffe, die so hoch gebaut sind, daß man auf dem Oberdeck nicht aufstehen darf, wenn man unter bestimmten Brücken hindurchfährt. Sonst Kopf ab! Vom kleinen Horst Bo. wird überliefert, daß er zur Unterscheidung zwischen Schleppdampfern und Ausflugsschiffen immer »Menschendampfer« gesagt hat.

Datsche. Kommt von dem russischen *datscha* und bedeutet Landhaus, Sommerfrische. Um den gelegentlich auftretenden sommerlichen Temperaturen Berlins zu entkommen, flüchten sich viele (Ost-) Berliner auf Grundstücke in den Randbezirken bzw. im Umland, deren Eigentumsverhältnisse mitunter unklar waren bzw. noch heute sind. In Verbindung mit den darauf errichteten Baulichkeiten handelt es sich um sogenannte Datschen, nachdem sich Begriffe wie Grundstück, Klitsche, Hacienda oder Kolchose nicht durchsetzen konnten. ↑Laubenpieperei wird von Datschenbesitzern oder -pächtern nicht als gleichwertig anerkannt.

Demse. Ein neueres Wort für stickige, schwül-warme Luft.

Denkmäler. Sind in Berlin trotz des Hanges zur Denkmalstürmerei reichlich vorhanden. Sie bieten häufig Anlaß zu Spott und dienen als Diskussionsgrundlage für politisch motivierte Auseinandersetzungen. Die Liste der unumstrittenen D. reicht vom witzigen Kreuzberger Admiralsdenkmal und dem Brieftaubendenkmal in Spandau über die Mahnmale an den Kampf gegen den Nationalsozialismus bis zu den D. preußischer Militärs und Potentaten sowie der um Kunst, Kultur und Wissenschaft verdienten Persönlichkeiten von Albrecht der Bär bis Heinrich Zille. Zu den umstrittenen D. gehören z. B. der überdimensionale Thälmann-Kopf am gleichnamigen Park, aber auch die großen sowjetischen ↑Ehrenmale in Tiergarten, für deren Erhalt ohnehin kein Geld da ist.

Destille. Ein anderes Wort für Budike, Glasbiergeschäft, Kneipe, Piesel, Stampe oder wie immer man ein Lokal bezeichnen will. Der Begriff D. (von Destillation, früher auch Groß-Destillation genannt) besitzt den Vorteil, sich auf den Namen eines Lieblingsbesuchers solcher Berliner Lokalitäten zu reimen: Heinrich Zille.

Deutsch-Französisches Volksfest. Findet auch nach Abzug der französischen Besatzungs-/Schutzmacht jedes Jahr am Reinikkendorfer Kurt-Schumacher-Damm hinterm Flugplatz Tegel statt und hat am 14. Juli seinen Höhepunkt. Feste feiert da das Volk auf diesem Rummel der ganz besonderen Art.

Deutsche Oper Berlin. Ist das künstlerisch wertvolle Singetheater an der West-Berliner Bismarckstraße, dessen Intendant immer mehr Millionen verbraucht, als der Kultursenator ihm bewilligen will. 1912 hatte sich die damals noch selbständige Stadt Charlottenburg nach Plänen von Heinrich Seeling ein stolzes Opernhaus errichten lassen, dann hatte es dreißig Jahre später kräftig gewagnert, so richtig mit Brand- und Sprengbomben, und Fritz Bornemann damit die Chance gegeben, 1956–61 aus den Ruinen etwas Neues auferstehen zu lassen. Um den Berlinern wie den Besuchern ihrer Stadt die Unterscheidung von der eigentlichen Oper, der Knobelsdorff'schen Unter den Linden, ein wenig zu erleichtern, hat er sich gesagt: Wenn die dort mit einer vielgestaltigen Fassade und einem wunderschönen Säulenportikus unpreußisch protzen, dann bestelle ich mir einfach im Baumarkt eine siebzig Meter lange und viele Meter hohe Platte aus Waschbeton und lasse sie als Vorderfront an meine Oper schrauben. Gesagt, getan. So hört man drinnen nicht den Lärm von draußen – und umgekehrt.

Deutsches Theater. Seit 1883 Bezeichnung für den in der Schumannstraße gelegenen mehrfach umgebauten und erneuerten

Theaterbau von 1850, in dem unter Adolph L'Arronge und Otto Brahm Berlins Theaterleben aufzublühen begann. Unter Max Reinhardts Intendanz entwickelte sich das DT zur führenden deutschen Schauspielbühne, zu der seit 1906 die in einem ehemaligen Casino eingerichteten Kammerspiele gehören. 1933–45 leitete Heinz Hilpert das DT, nach 1945 waren Gustav von Wangenheim, Wolfgang Langhoff und Wolfgang Heinz Intendanten des jetzt von Thomas Langhoff geleiteten DT. Als Schauspieler standen u. a. Eduard von Winterstein, Willy A. Kleinau, Herwart Große, Rudolf Wessely, Fred Düren und Rolf Ludwig auf der Bühne.

Deutschlandhalle. Eigentlich müßte es ja heißen: Halle/Deutschland, aber na schön, solche Schreibfehler passieren nun mal, und außerdem ist es auch Quatsch, denn wie sollte ganz Deutschland mit seinen achtzig Millionen Menschen in eine einzige Halle hineinpassen. Also ist es schon logisch, daß man die Deutschlandhalle jetzt abreißen will, weil: Sie soll unrentabel sein. Wenn das ein Kriterium ist, müßte man ja .... (bitte selber ergänzen) erst recht abreißen. Erbaut hat man die D. jedenfalls 1935 – und zwar kubisch (wer hier »kubanisch« liest, sollte schnellstmöglich einen Augenarzt aufsuchen). 140 Meter lang und 120 Meter breit ist der Klotz, 14 000 Zuschauer gehen rein – wie viele auch wieder raus, ist nirgends nachzulesen. Philosophen und Publizisten aller Länder, vereinigt euch bei der Beantwortung der Frage, wie denn das möglich sei, daß seit über sechzig Jahren die Menschen immer nur in diese Halle *hinein*gehen bzw. hineingegangen sinnt (kein Druckfehler, sondern absichtlich so geschrieben, weil uns das bestimmt den mit 1,22 Mark dotierten Preis der Literaturfabrik Rummelsburg einbringt). Ja, wo sind sie geblieben? Der Berliner Senat bezuschußt diesen Kongreß garantiert mit einer sechsstelligen Summe, denn für hochjubelbares Gelabere ist immer noch etwas in der ansonsten leeren Kasse. Tagen sollte man natürlich in der D. Politik gibt es und gab es hier, Sport (insbesondere Reit- und Spring-

und Tanzturniere), Konzerte (immer Rock und niemals Hose) und Shows (»Menschen – Tiere – Sensationen«). Kurzer Rede, langer Sinn: Habt ihr sie noch alle, laßt sie stehen diese Halle!

Dez. Kopf: »Paß uff, sonst kriegste wat vor'n Dez jedonnert!«

dicke tut sich mancher in Berlin: Er spielt sich auf. Die Berliner haben »so eenen bald dicke« – über nämlich, es sei denn, sie sind dicke Freund mit ihm, also eng befreundet. »So dicke hab ick et ooch nich«, sagt der Berliner, der nicht reich ist. »Aba für 'ne Molle langt et dicke.« – »Ach du dicka Vata, is det 'n dicka Hund!« ist ein Ausdruck größten Erstaunens.

Dietrich, Marlene. Als Maria Magdalena von Losch 1900 in Berlin geboren und nach ihrem Tode (1992 in Paris) auf dem 3. Städtischen Friedhof in Friedenau, Stubenrauchstraße 43–45 (Bezirk Schöneberg) begraben, ist sie ein Stück Berlin. Am 1. April 1930 wurde »Der blaue Engel« im Berliner Ufa-Palast uraufgeführt. Im Mai 1960 trat sie nach 31 Jahren erstmals wieder in ihrer Geburtsstadt auf.

Dings. Ist ein unentbehrlicher und vielfach einsetzbarer Begriff: »Jib doch ma det Dings da rüber, det Dingsbums von den Dingsda, den Dingskirchen! Na, det is'n Ding. Aba nu mach keene Dinga, sonst krist'n Ding, du frechet Ding du!«

Divan. Kein Schreibfehler (Ivan oder Diwan), sondern eine Buchhandlung in der Reichsstraße nahe Theodor-Heuss-Platz.

Dohle. Meint einen (Damen-) Hut, manchmal auch die Trägerin: »Olle Dohle!«

Dollbrägen. Ist die hochdeutsche Fassung von Dollbrejen, wobei Brejen in Berlin das Hirn meint. Im Gegensatz zum Trauerkloß ist D. einer, der seine Ausgelassenheit nicht bremsen kann oder will.

Dom. Ein 1894 bis 1905 anstelle der friderizianischen Domkirche von 1750 errichteter Hohenzollern-Bau im Lustgarten, bei dessen Anblick die Geschmacksnerven des Betrachters von jeher versagen. Im Krieg schwer beschädigt, wurde der Berliner

D. mit vereinfachtem Zierat wiederaufgebaut und ist immer noch sehr prächtig. In der Domgruft befinden sich die Prunksarkophage von etwa 90 Hohenzollern. – Zwei weitere, wenn auch unechte Exemplare stehen auf dem Gendarmenmarkt: der Deutsche und der Französische D. Sie sind 1780–85 auf Wunsch des Alten Fritzen von Gontard vorgenommene monumentale Anbauten an vorhandene Kirchen. Im Französischen D., dessen 70 Meter hohen Kuppelturm man besteigen kann und in dem sich eine Weinstube befindet, ist das Hugenottenmuseum zu besichtigen. Die Französische Kirche, 1701–05 als verkleinerter Nachbau der 1685 zerstörten Hugenottenkirche von Charenton bei Paris erbaut, ist noch heute die Hauptkirche der Französisch-Reformierten Gemeinde zu Berlin.

Domäne Dahlem. Ist nicht etwa die Vorherrschaft ↑Dahlems über irgend etwas, sondern meint das mittelalterliche Lehns- und Rittergut des Kreiskommissars Cuno Hans von Willmerstorff mit seinem 1680 errichteten Gutshaus, das heute u. a. einem kleinen Museum Platz bietet, wo man sich über die Geschichte der Domäne informieren kann. Eine feste Größe im Berliner »Da mußte ma' hin«-Kalender ist das alljährliche Erntedankfest mit nachgestelltem bäuerlichem Leben pur: »Guck mal: die Muhkuh da und das Hottehüh. Das kannste auch ma' streicheln.«

Doppeldecker. Kein besonders zeugungskräftiger Berliner mit zwei Kindern, wie ja auch dem Manndecker beim Fußball keine entsprechende Funktion zukommt, sondern ein doppelstöckiger Bus der Berliner Verkehrsbetriebe, von dessen Oberdeck aus – 1. Rang, 1. Reihe – man Berlin ganz besonders gut genießen kann, sofern dies nicht der berühmte Widerspruch in sich selber ist. Die ersten D. fuhren schon 1870, damals allerdings oben noch ohne Dach, also als reine »Decksitzwagen«, und von Pferden gezogen. Unter Brücken und Straßenbahnoberleitungen durfte nicht aufgestanden werden. Erst seit 1925 gibt es D. mit geschlossenem Oberdeck.

Dörfer. Davon sind in Berlin mehr vorhanden, als man auf den ersten Blick meint. Bei der Bildung von Groß-Berlin im April 1920 vereinigten sich acht Städte (von denen nur Spandau und Köpenick keine ehemaligen Dörfer waren) mit 59 Landgemeinden (von Adlershof bis Zehlendorf) und 27 Gutsbezirken (Berlin-Schloß bis Wuhlheide). Die meisten der alten Dorfkerne sind noch heute (z. T. mit Resten der dörflichen Bebauung) im Stadtgebiet aufzuspüren; selbst in den Städten Lichtenberg, Charlottenburg (ehemals Lietzow) und Wilmersdorf blieben die Dorfanger erhalten.

Dorotheenstadt. 1764 vom Großen Kurfürsten Friedrich Wilhelm gegründete Stadt außerhalb der Berliner Stadtbefestigungen, nördlich der Linden(plantage) der Kurfürstin Dorothea (also zwischen dem Straßenzug Unter den Linden und der S-Bahn). Die D. wurde 1709/10 zusammen mit Berlin, dem Friedrichswerder, der Friedrichstadt und Cölln zur preußischen Residenz Berlin vereinigt.

Dorotheenstädtische Buchhandlung. Liegt in der Moabiter Turmstraße direkt gegenüber dem Kriminalgericht.

Dorotheenstädtischer Friedhof. An der Chausseestraße gelegen, mit den Gräbern u. a. von Hegel, Fichte, ↑Schinkel, Borsig, ↑Schadow und Hufeland. Der D. F. befindet sich hinter dem alten Französischen Friedhof (mit den Gräbern Daniel Chodowieckis und der Madame Dutitre) und neben Brechts letzter Wohnung. Seit 1945 wird er als Prominentenfriedhof genutzt; hier findet man die Gräber von Heinrich und Nelly Mann, Bertolt ↑Brecht, Johannes R. Becher, Arnold Zweig, John Heartfield, Hanns Eisler, Helene Weigel, Anna Seghers und Heiner Müller.

Dreikäsehoch. Kleiner Junge, eben nicht viel größer als drei übereinander gelegte Harzer.

Dresche. Bedeutet Keile, Prügel oder Senge.

Droschkenkutscher. »Der flucht ja wie 'n Droschenkutscher«, pflegte man zu sagen, als Vertreter dieses Berufsstandes noch

Ich bin endlich wieder solo - ich finde, ich hab' 'nen ziemlichen Dusel.
Ich bin immer noch verheiratet - ich finde, ich hab' 'nen ziemlichen Dussel.

Dusel

Pferde- oder Kraftdroschken lenkten. 1893 – vor Aufkommen der elektrisch betriebenen Straßen-, U- und Hochbahnen und der Automobile – waren an die zehntausend offene Gefährte, Droschken erster und zweiter Klasse, Pferdeomnibusse, Pferdebahnwagen, Torwagen und Kremser zu lenken.

drusseln meint vor sich hin schlummern.

dufte steht für gut, großartig, schön: »Det is 'n dufta Typ.«

dun meint betrunken.

dunnemals liegt lange zurück: damals war's.

Düppel. Eigentlich ein Dorf in Dänemark am nordschleswigschen Alsensund. Da aber die preußischen Truppen im deutsch-dänischen Krieg von 1864 mit der Erstürmung der Düppeler Schanzen ihren entscheidenden Sieg errungen hatten, durfte der verdiente Prinz Friedrich Karl ein Jahr später auf der Teltower Feldmark ein Rittergut dieses Namens gründen. Heute gehört D. zum Bezirk Zehlendorf und ist als Museumsdorf stadtbekannt geworden. Hier am Krummen Fenn bekommt man vorgeführt, wie unsere Ahnen um 1200 gelebt und gearbeitet haben.

Dusel. Nicht zu verwechseln mit »Dussel«. Im Dusel ist man benommen oder besoffen, oder man hat Dusel, nämlich Glück. Das kann selbst einem Dussel (Dummkopf) gelegentlich passieren.

Dussmann. Haus in der Friedrichstraße, in dem man Kultur kiloweise kaufen kann. »Darf's zehn Gramm Grass mehr sein?« – »Ja, aber nur in eckigen Klammern.« Wie? (Mann, det is bei die uff jede Werbung druff.)

Dynamo. Eine Maschine zur Stromerzeugung, vor allem an Fahrrädern. Aus dem Russischen als Vereinsbezeichnung in den Sportbetrieb der DDR eingedrungen. Besonders geförderter (um nicht zu sagen: gedopter) Sportclub des Ministeriums des Innern und des Ministeriums für Staatssicherheit der DDR unter dem Patronat des unvergessenen Polizisten-Mörders und Volks-Liebhabers Erich Mielke.

E

East-Side-Gallery. Nicht alles, was nach Graffiti-Schmiererei aussieht, ist auch welche, manches ist auch Kunst und wird staatlich bejaht, wenn auch nicht immer ausreichend bezuschußt, so ein 1,3 Kilometer langer Rest der Mauer am nördlichen Ufer der Spree (Mühlenstraße zwischen Ostbahnhof und Oberbaumbrücke), der in der Wendezeit von 118 Künstlern aus Ost und West gestaltet worden ist. Am meisten fotografieren die Leute den Bruderkuß zwischen Breschnew und Honecker.

Een Kiek und een Ei. Meint, daß zwei Menschen so eng zusammenhängen wie ein Küken und ein Ei.

Ehrenmale. Sowjetische E. befinden sich im Treptower Park, in Wilhelmsruh und im Tiergarten. (↑Denkmäler)

Eierbatz. Ist keine Speise wie etwa Rührei, Eierkuchen oder Eierreis, sondern die Bezeichnung für einen Menschen, der irgendwie Mist gebaut und/oder einen geärgert hat, mit dessen Kopf also dasselbe geschehen sein sollte wie mit einem Ei: »Du Eierbatz du!«

Eierfahrt. Hat nichts zu tun mit (a) einer Tour in einem Gefährt, dessen Räder unrund sind (»Mann, die eiern aba!«), oder (b) einer Reise zwecks Verbesserung des Leistungsstandards bestimmter männlicher Organe, sondern (c) mit dem Treptower ↑Eierhäuschen und dem hier wie in anderen Ausflugslokalen an Spree und Dahme einstmals geübten Brauch, die Ruderer, die beim alljährlichen Anrudern im Frühling mit ihrem Boot als erste am Steg anlegten, mit einer Mandel Eier zu belohnen (1 Mandel = 15 Stück).

Eierhäuschen. Vor 1831 am Treptower Ufer der Spree begründetes Etablissement mit Milch- und Eierausschank. Neben dem erhaltenen Alten E. gab es auch ein Großes und ein Kleines Eierhaus, beide in der Nähe des heutigen ↑Spreeparks gelegen.

Eierschale. Legendärer Jazz- und Tanzschuppen der Generation, die heute ihrer Pensionierung und Berentung freudig entgegensieht, in der Podbielskiallee gelegen (Nr. 50), geadelt durch Louis Armstrong, Ella Fitzgerald und Errol Garner.

Einen fahren lassen bezieht sich nicht auf einen lieben Menschen, von dem man Abschied nehmen muß, sondern einen Magenwind, den man entfleuchen läßt.

Eisbären. Finden sich nicht nur in Tierpark und Zoo, sondern auch im Hohenschönhausener »Wellblechpalast«, wo sie inzwischen unter der Bezeichnung EHC von einer Lachnummer zu einem der stärksten deutschen Eishockeyteams herangewachsen sind. Von etlichen (alkoholnahen) Ost-Berliner Jugendlichen werden sie als Kampftruppe gegen alles Westliche ge- bzw. mißbraucht. Da schwingt man bei Lokalderbys gegen die Capitals (Devils, Preußen) aus dem Westbezirk Charlottenburg nicht nur alte DDR-Fahnen und feuert die eigene Mannschaft mit »Dynamo!«-Rufen an (wie der Club vormals hieß, als sein damaliger Hauptsponsor Erich Mielke ihn ganz besonders lieb hatte), sondern brüllt auch: »Schlagt den Preußen die Schädeldecke ein!« Obwohl diese Sportsfreunde das Wort »Ausländer« im allgemeinen mit dem Zusatz »raus!« verbinden, besteht ihre Mannschaft fast ausschließlich aus Ausländern, vornehmlich Schweden, Finnen und Kanadiern (wie das Management aus waschechten Wessis). Seh'n Se, det is Berlin – eine Stadt, die sich jewaschen hat …

Eisbein. Besonders kalorienarme Speise aus der Berliner Diätküche; sie wird mit Kartoffeln, Erbspüree und Sauerkohl serviert und mit reichlich Bier runtergespült. Eisbeene kricht man dabei eher selten.

Eisente. Eine E. ist ein altertümlicher Schlitten mit hohem Sitz und Metallkufen. Übertragen auch auf unsympathische ältere Damen angewendet: »Olle Eisente!«

Eiskeller. Ist kein zu Kühlzwecken hergerichteter Raum unterhalb eines zu Wohnzwecken erstellten Gebäudes, sondern Teil des (West-) Berliner Bezirkes Spandau, der früher in der DDR gelegen war, heute aber, wo die Durchreise durch den Kreis Havelland problemlos möglich sein sollte, in die Hauptstadt eingemeindet ist

Eisstadion Wilmersdorf. Direkt am Südteil seiner Stadtautobahn hat Berlin sein Alma Ata oder Inzell, wobei der meiste Andrang allerdings nicht bei den Eisschnelläufern herrscht, sondern bei den Motorradrennfahrern, wenn die hier beim Eisspeedway antreten. Hauptsächlich aber bevölkern Eislangsamläufer die 400 Meter, und wenn man seine 25 Runden gelaufen ist, hat man immerhin zehn Kilometer hinter sich gebracht – die Luftlinien-Entfernung vom Eisstadion zum Volkspark Friedrichshain, der noch ein Stückchen hinterm Allex liegt.

Elektrische. So hieß bei unseren Vorfahren die ↑Straßenbahn, wohl zur Unterscheidung von der Pferdebahn, und von unseren Großmüttern hörten wir es noch: »Bimm, bimm, die Elektrische kommt – mit dem Kontrolleur, und wer keinen Groschen hat, der läuft hinterher.« Heute, wo die rationalisierungswütigen Betriebswirte das Sagen haben, soll man statt Straßenbahn (elf Buchstaben) das für Berlin völlig atypische Wort ↑Tram (vier Buchstaben) benutzen.

Embiedel. Meint ein männliches Wesen: »Kiek ma, det is Shirley ihr Embiedel.«

Emil und die Detektive. Titel des 1929 erschienen Romans von Erich Kästner, von dem inzwischen die 142. Auflage käuflich zu erwerben ist und der noch immer den besten Weg darstellt, jungen Menschen vorzuführen, wie es damals war, als auf der Kaiserallee noch die Straßenbahn der Linie 177 fuhr. Emil Tischbein, aus der Provinz anreisend, wird im Zug das Geld geklaut – und nun jagen er und seine Detektive, u. a. der »Professor« und der kleine Dienstag, in der Gegend Bundesallee, Trautenaustraße, Prager und Nollendorfplatz einen Herrn im steifen Hut, der in einem Auto mit der klassischen Berliner Nummer IA 3733 zu fliehen versucht.

Erichs Lampenladen. Eine der freundlicheren Bezeichnungen für den ↑Palast der Republik, die sich von den zahlreichen traubenförmig herabhängenden Beleuchtungskörpern herleitet.

Ermler-Haus. Ursprünglich in der Breiten Straße 11 gelegenes und x-mal umgebautes Wohn- und Geschäftshaus aus dem späten 18. Jahrhundert, das nach seiner vorletzten gründlichen Restaurierung den Bau des Staatsratsgebäudes behinderte und deshalb abgerissen wurde. Am Märkischen Ufer wiederauf- und zur Nobelgaststätte mit angeblicher Raabe-Diele (↑Sperlingsgasse) umgebaut, wo man leicht ärmler und ärmler werden kann.

Essig. Meint einen Reinfall und ist die Verballhornung des jiddischen Wortes *hesek* (Verlust, Schaden). »Mit Kohle war't Essig« bedeutet: Es gab kein Geld.

Etablissement. Dem gehobenen Titel zum Trotz handelte es sich auch hierbei gewöhnlich um eine Kneipe, meist um eine Ausflugsgaststätte. Früher verkündeten Schilder dort: »Der alte Brauch wird nicht gebrochen, / hier könn' Familien Kaffee kochen.« Von den weniger traditionsbewußten Jüngeren wurde dies abgewandelt in: »Der alte Brauch wird nich jeknickt, bei Rejen wird im Saal jetanzt.«

etepetete ist jemand, der sich zimperlich oder langsam gebärdet. Über die Herkunft streiten sich selbst geborene Franzosen.

Europa-Center. Heute, wo jeder periphere Ort sein Center (gesprochen: Zenter) hat – nennen wir nur das ↑Ring-Center oder das ECE-Center-Gesundbrunnen –, fällt das E. an der Tauentzienstraße kaum noch auf. Bei seiner Eröffnung am 2. April 1965 allerdings war es *die* Sensation: Vor 1500 Ehrengästen übergab Willy Brandt die »Stadt in der Stadt« ihrer Bestimmung, und man sprach von einem neuen Wahrzeichen Berlins. Die Dachterrasse ist meist gesperrt, was gut so ist, denn von hier oben merkt man erst, wie häßlich Berlin recht eigentlich ist, und neigt verstärkt zum Selbstmord. Im Café »I-Punkt« sitzt man dagegen sicher und kann anschließend in der Spielbank Berlin (2. Etage) sein Geld verspielen. Vorher bitte noch die »Uhr der fließenden Zeit« in Augenschein nehmen. Im Keller gibt es eine Kultstätte aus alten West-Berliner Tagen: das Kabarett »Die Stachelschweine«, heute von der einheimischen Intelligenzija ebenso gemieden wie die Bild-Zeitung.

Exer(zierplätze). Gab es nach guter preußischer Tradition überall innerhalb und außerhalb der Stadt, was sich für spätere Bauvorhaben als günstig erwies. Auf einem der letzten E. wurde 1951 der Friedrich-Ludwig-Jahn-Sportpark errichtet; auch der ↑Pariser Platz, das Messegelände am Funkturm und der ↑Flughafen Tempelhof waren einmal E.

F

Fähren. Von sogenannten Übersetzern (nicht zu verwechseln mit Dolmetschern, die früher, als Interpreter gekennzeichnet, an Bahnhöfen gestanden haben sollen) zumeist mit Motorschiffen betriebene Überfahrtsmöglichkeiten ans jenseitige Ufer. Die Hugenotten riefen zu diesem Zweck nach *Monsieur le bootsmann*. Trotz der vielen Brücken im Berliner Stadtgebiet sind F. an vielen Stellen notwendig, z. B. zwischen Zeuthen und Rauchfangswerder, Grünau und Wendenschloß, Baumschulenweg und Oberschöneweide, Wannsee und Kladow, in Rahnsdorf, Spandau und zu den Havelinseln.

Falscher Fuffziger. Kein nachgemachtes Geldstück, sondern ein Heuchler.

Falscher Hase. Ein Hackbraten, der so geformt ist, daß er beim Servieren wie ein richtiger Hase aussieht.

fäßt – für faßt – ist ein gängiger Grammatikfehler autochthoner Berliner. Das geht mit der Oma los, die die Kinder ermahnt (»Das fäßt du nicht an!«), und setzt sich mit gedruckten Schildern etwa an Marktständen fort: »Was man anfäßt, muß man auch kaufen.« Wer's als Zugereister erfaßt hat, ist fast schon ein Berliner.

Fatzke. Ein dummer und arroganter Wichtigtuer: »Der Fatzke der!« Der Begriff ist aus der Verballhornung von Vasco (da Gama) entstanden. Der portugiesische Seefahrer war der Held einer beliebten Bühnenposse im 19. Jahrhundert.

Feez heißt Spaß, Vergnügen oder auch Unsinn: »Mach nich so'n Feez!«

Fernsehen. 1884 in Berlin erfundene und dort 1935 erstmals in einem regulären Programm an Menschen erprobte Technologie zur Fernübertragung bewegter Bilder, die seltsamerweise von Anfang an auch als Kunstform galt. Von 1952 bis zur Wiedervereinigung wurden in beiden Teilen der Stadt Fernsehprogramme ausgestrahlt. (↑Adlershof, ↑SFB)

Fernsehturm. Mit echt sozialistischer Zurückhaltung mitten im Stadtgebiet errichteter Betonturm von ursprünglich 365 Meter Höhe, einschließlich Aussichtsplattform und einem drehbaren Café in 207 Meter Höhe. Von den (Ost-) Berlinern angeblich liebevoll Telespargel getauft, eher als Protzkeule, Renommierpimmel oder wegen des vom Sonnenschein erzeugten Kreuzes als St. Walter (Ulbricht) bekannt.

FEZ. Ein von vielen Berlinern zu Unrecht mißachtetes Freizeit- und Erholungszentrum mitten in der Wuhlheide.

Film. Ebenso wie das Fernsehen in Berlin erfundene Möglichkeit, »lebende Bilder« aufzuzeichnen. 1895 führten die Brüder Max und Emil Skladanowsky im ↑Wintergarten zum ersten Mal das »Boxende Känguruh« vor. Um die Jahrhundertwende wurde Berlin schnell zur Filmstadt mit Ateliers u. a. in der Friedrich- und Chausseestraße, in Weißensee, später auch in Tempelhof, Johannisthal und Spandau. Die UFA-Ateliers befanden sich unmittelbar vor den Toren Berlins in Babelsberg, dem Standort der heutigen Film- und Medienstadt. Berlin ist noch heute geeigneter Schauplatz für Film- und Fernsehproduktionen sowie Sitz einer Synchronstätte.

Fimmel. Der Ausruf »Du hast ja 'n Fimmel!« meint, daß man ein wenig verrückt sei, also einen »Tick« habe.

Flabbe. »Zieh nich so 'ne Flabbe!« bedeutet, daß man nicht so weinerlich und mit trotzig verzogenem Mund herumlaufen solle.

Flitzpiepe. Abwertend für einen klein gewachsenen und überagilen, aber wenig effizienten Menschen.

Flohmärkte. Gibt es an den Wochenenden in Berlin an vielerlei Orten; der älteste und größte findet in der Straße des 17. Juni vor dem Ernst-Reuter-Haus am S-Bahnhof Tiergarten statt.

Flöz. Jazzlokal in der Nassauischen Straße, fast an der Ecke Berliner Straße (Wilmersdorf, U 7 Blisse- oder Berliner Straße).

Flughafen Johannisthal. Im Treptower Ortsteil Johannisthal, südlich der S-Bahn zwischen Schöneweide und Adlershof, hat es den ersten Flugplatz Deutschlands gegeben. Nachdem ein 150 Mann starkes Kommando der Schöneberger Eisenbahnpioniere den dortigen Wald mitsamt aller Stubben total beseitigt und das Gelände halbwegs planiert hatte, gab es hier am 26. September 1909 ein »Konkurrenz-Fliegen der ersten Aviatiker der Welt«. Als einziger Deutscher trat dabei Hermann Dorner an, war aber gegen die Weltelite mit Blériot, Rogier und Latham ohne Chance, wobei letzterer mit seinem Antoinette-Eindecker vom Tempelhofer Feld her eingeschwebt war und dafür wegen groben Unfugs von der Polizei bestraft wurde. 1912 gab es in Johannisthal, der »Geburtsstätte des deutschen Flugwesens«, schon 28 Flugzeugfabriken und Fliegerschulen, 40 Schuppen für 150 Flugzeuge und zwei große Luftschiffhallen. Heute dehnt sich dort ein Technologiepark, und das nahe gelegene Schönefeld mit der ILA hat das Erbe des F. J. angetreten.

Flughafen Schönefeld. Liegt schon jenseits der Stadtgrenze im Brandenburgischen und wird von den West-Berlinern noch immer emotional abgelehnt. Nicht nur, weil man ewig braucht, um da zu sein – an die 22 Kilometer sind es bis zur Mitte der Stadt –, sondern auch wegen der Erinnerung an alte DDR-Zeiten, wo man mit dem Transitbus vom Funkturm aus anreisen mußte, zehn Mark Visa-Gebühr zu zahlen hatte und sich bei der bewußt in die Länge gezogenen Kontrolle durch »die Organe« auch noch dumm und dämlich kommen lassen mußte. Der F. S. (SXA, Sierra Xray Foxtrott) soll in den nächsten Jahren zum Großflughafen ausgebaut werden und 2007 ans Netz gehen. Noch aber ist SXA so unbedeutend, daß er im ansonsten sehr hübschen ADAC-Reiseführer Berlin gar nicht extra erwähnt und dann auch noch mit Schöneberg verwechselt wird.

Flughafen Tegel. Das Gebäude sieht aus wie eine sechseckige Keksdose, gemessen an Frankfurt und München genießt man es aber wegen seiner Übersichtlichkeit. Früher gab es auf dem Areal der Start- und Landebahnen einen Exerzier- und Raketenschießplatz, und hier hat Wernher von Braun, der »Vater des Mondfluges«, als Student seine ersten Miniraketen abzischen lassen, und das nicht nur zu Silvester. 1948, als man zur Abwehr der sowjetischen Blockade nach Tempelhof, Gatow und der Havel einen weiteren Flughafen brauchte, haben 19 000 Berliner hohe Sanddünen planiert und diverse Bombenrichter zugeschüttet. Bis 1960 war Tegel ausschließlich französischer Militärflugplatz, dann nahm die Air France hier ihren Flugbetrieb auf – und der mondäne Berliner flog mit der »Caravelle«. 1975 wurde der heutige Großflughafen eingeweiht (Kürzel: TXL, Tango Xray Lima). Bis zum erhofften Luftkreuz hat er es allerdings nie gebracht, und nun soll er in Bälde zugunsten Schönefelds geschlossen werden, es sei denn, die Bundesregierung beharrt auf einem eigenen Regierungsflughafen. Die meisten Berlinerinnen und Berliner werden dies bedauern, denn erstens liegt der F. T. (offiziell »Otto Lilienthal«) fast mitten in der Stadt, und zweitens: »Ich hab' mich so an dich gewöhnt ...«

Flughafen Tempelhof. THF, Tango Hotel Foxtrott, ist die eigentliche Flughafenliebe der Berliner, und die alte Abflughalle sehen sie als ihre gute Stube an. (»Weeßte noch damals, als ...«) Auf dem Tempelhofer Feld hatte es bei Preußens schon im 18. Jahrhundert einen Exzerzier- und Paradeplatz gegeben, wie wir Berliner Kinder auch immer sangen: »Parademarsch, Parademarsch, Hauptmann hat 'n Loch im Arsch!« Am 4. September 1909 führten die Gebrüder Wright hier ihre Doppeldecker-Flugmaschine vor. 1923 begann in Tempelhof die deutsche Verkehrsfliegerei – mit einem Holzschuppen als Abflughalle –, und 1926 wurde hier die Lufthansa gegründet. Dann kamen die Nazis, und Ernst Sagebiel klotzte 1936–39 ein kamelfarbenes Flughafengebäude von 1230 Meter Länge hin, den deutschen Zentralflughafen. Der erlebte dann Krieg, Blockade, die Schließung für den Berlin-Verkehr zugunsten Tegels, eine ruhige Zeit als US-Air-Force-Basis und dann nach der Wende die Wiedereröffnung als kleiner Airport für den eiligen Geschäftsmann. In dem riesigen Komplex werden sogar Musicals aufgeführt, und auch der Polizeipräsident von Berlin – nicht der Mann, sondern seine Behörde – hat sich hier festgesetzt. Bald aber soll Schönefeld Tegel wie Tempelhof überflüssig machen und das Tempelhofer Feld »umgewidmet« werden. Die einen wollen die Freie Universität ins Flughafengebäude verlagern, die anderen das Areal zu einem riesigen Freizeit- und Vergnügungspark, berlinisch: Rummel, umgestalten.

Fontane, Theodor. Nicht Theodor von Tane, wie man immer wieder liest, denn in den Adelsstand erhoben hat man den Neuruppiner Apotheker (1819–1898) zu Kaisers Zeiten nicht, obwohl er es mit Romanen und Novellen wie »Vor dem Sturm«, »Irrungen Wirrungen«, »Stine«, »L'Adultera«, »Effi Briest«, »Cécile«, »Frau Jenny Treibel«, »Der Stechlin« und »Schach von Wuthenow« großmeisterlich verstanden hat, der Reichshauptstadt ein einmaliges Denkmal zu setzen. Hier hat er 1833 die Gewerbeschule K. F. Klödens besucht, sich 1848 ein klein wenig als Barrikadenkämpfer versucht, bis 1849 als Pharmazeut im Bethanienkrankenhaus gearbeitet und von 1872 bis zu seinem Lebensende in der Potsdamer Straße 134c gewohnt. Heute gibt es sechs Fontanestraßen und eine Fontanepromenade in Berlin, dazu das Fontane-Haus im ↑Märkischen Viertel. Viele Denkmäler sind ihm gesetzt worden, doch das originellste ist sicher das von Prof. Ferdinand Sauerbruch (1875–1951), dem großen Berliner Chirurgen, der die von Bindegewebe erfüllte Lücken (lat. *len*) zwischen Stirnbein und Scheitelbeinen bzw. Hinterhauptsbein nach ihm benannt hat: die Fontanellen.

Frankfurter Allee. Der Boulevard des Ostens, ursprünglich vom ↑Frankfurter Tor bis zur Ringbahn so genannt. Die nach Lichtenberg/Friedrichsfelde und von dort weiterführende Kunststraße nach Schlesien wurde als Frankfurter Linden, später als Frankfurter Chaussee bezeichnet. Nach der Pflasterung um die Jahrhundertwende erhielt der Straßenzug bis zur Lichtenberger Ortsgrenze den Namen F. A. 1950 wurde er zusammen mit der innerstädtischen Fortsetzung Große Frankfurter Straße in ↑Stalinallee umgetauft. Der Teil östlich des um einen Kilometer nach Osten versetzten Frankfurter Tors wurde 1961 rückbenannt und später mit Plattenbauten verschönt.

Frankfurter Tor. Das östliche Berliner Stadttor etwa an der Einmündung der Friedensstraße in die ↑Frankfurter Allee. Heute Berlins am häufigsten umbenannter U-Bahnhof, der zweimal Petersburger Straße, zwischendurch Bersarinstraße, Frankfurter Tor und Rathaus Friedrichshain hieß. Die gegenwärtige Bezeichnung entnehmen Sie bitte den BVG-Fahrplänen (ohne Gewähr).

Französisches Gymnasium. 1689 in der Stralauer Straße gegründetes Gymnasium für die Kinder der französischen Réfugiés, an dem u. a. der Philosoph Jean Sperlette lehrte, der Erfinder des Entschuldigungszettels. 1701 zog das F. G. in die Niederlagstraße, 1873 schließlich in ein neues Gebäude zwischen Dorotheenstraße und Reichstagufer. Heute befindet es sich in Tiergarten. Schüler waren u. a. der Publizist Maximilian Harden und Kurt Tucholsky.

Freie Universität. Im Kalten Krieg gegebene Antwort des Westens auf die Umwandlung der Humboldt-Universität zu Walter Ulbrichts Kaderschmiede mit dem Muß zum vierfachen »mus«: dem Sozialis-, dem Kommunis-, dem Leninis- und dem Stalinismus. Hier gab es nur ein »mus«, den Kapitalismus, als die FU am 4. Dezember 1948 im stinkvornehmen Dahlem gegründet wurde. Erster Rektor wurde der Historiker Friedrich Meinecke, und Profs wie Studierende genossen ihre akademische Freiheit. 1954 bekam man von den Amerikanern den Henry-Ford-Bau geschenkt, d. h. ein angemessenes Auditorium Maximum und die Universitätsbibliothek mitsamt Magazinturm. Wer in den fünfziger und sechziger Jahren an der FU studierte, verstand sich als Geistgeweihter, und mit der Apo und Rudi Dutschke schrieb man zumindest deutsche Geschichte. Dann kam die Massenuniversität, 60 000 Studierende waren es schließlich, und nach Wende und zunehmender Armut des Staates hängen dicke Gewitterwolken über dem Campus. Immerhin: Die FU lebt noch immer, während der RIAS schon lange tot ist.

Freie Volksbühne. 1890 von Sozialdemokraten als »Theater für Arbeiter« gegründet, mußte die FVB, weil das Stammhaus im sowjetischen Sektor gelegen war, 1947 in West-Berlin neu gegründet werden. Zuerst spielte man im Theater am Kurfürstendamm, bis dann 1963 der Kubenbau von Ernst Bornemann in der Schaperstraße bezogen werden konnte. Erwin Piscator inszenierte hier, und den Höhepunkt gab es wohl mit der Uraufführung von Rolf Hochhuths »Der Stellvertreter« am 20. Februar 1963. Von da an ging's bergab, und seit 1992 spielt hier mal dieser, mal jener, und man wartet auf eine neue Blütezeit.

Freiheitsglocke. Ist mit 10 200 Kilogramm die größte Glocke Berlins, hängt im Schöneberger Rathaus und trägt die Inschrift *»That this world under God shall have an new birth of freedom«*, in der deutschen Übersetzung etwa: Mit dem guten Shell wird diese Welt nie untergehen und der (Berliner) Dom seine Freiheit und Wiedergeburt erleben. Die *liberty bell* ist 1950 von General Clay den Berlinern übergeben worden und läutet jeden Mittag um zwölf Uhr, so daß die Schöneberger Bauern auf den Feldern und Wiesen ringsum genau wissen, wann *high noon* ist und Gary Cooper von Grace Kelly Abschied nimmt.

Fremdsprachen. Nützen einem in Berlin nicht sonderlich, da man unter Einheimischen oder bei Behörden selten auf jemanden trifft, der etwas anderes als seine Muttersprache beherrscht. Immerhin täuschen die Berliner durch zahlreiche fremdsprachliche Aufschriften (vornehmlich Englisch-Amerikanisch) Internationalität vor. Bemerkenswert ist besonders das falsche Apostroph, z. B. bei »Berni's Bratbude«. Lateinische Texte interpretierten die Berliner von jeher auf ihre Weise; die Inschrift einer Sonnenuhr im Krögel *Mors certa, hora incerta* (Der Tod ist gewiß, seine Stunde ungewiß) wurde mit »Todsicher geht die Uhr ungenau« übersetzt.

Fresse. Zärtliches Berlinerisch für Mund: »Halt die Fresse, Herzchen!« Möglich sind auch die Varianten »'ne jroße Fresse ham« oder »eens inne Fresse haun«, »den ha'ik jefressen wie siem Fund Schmierseefe« oder »Ach, du meine Fresse!«

Friedhöfe. Befanden sich meist außerhalb der Stadtgrenzen, weshalb sich die alten Berliner F. oft als einziges Grün rings um die Innenstadt erstrecken. Erhalten sind der Garnisonfriedhof in der Kleinen Rosenthaler Straße, F. am Prenzlauer Tor und in der Friedenstraße, am Südstern und am Blücherplatz und der sogenannte Musikerfriedhof in der Bergstraße. Vom Invalidenfriedhof mit den Gräbern preußischer Militärs, der auf dem Mauerstreifen in der Scharnhorststraße lag, blieb nur ein Rest erhalten. Todsicher die meisten Bekannten trifft man auf dem ↑Dorotheenstädtischen Friedhof. – Vom alten jüdischen Begräbnisplatz in der Großen Hamburger Straße (1672–1827) existieren nur noch die Umfassungsmauern und das mehrfach neugestaltete Grab Moses ↑Mendelssohns. Sehenswert ist der Jüdische Friedhof in der Schönhauser Allee u. a. mit den Gräbern von Meyerbeer, ↑Liebermann und Leopold Ullstein. Seit 1880 befindet sich der größte Jüdische Friedhof Deutschlands mit vielen imposanten Grabmälern in Weißensee, wo es auch einen Begräbnisplatz der orthodoxen Gemeinde Adass Jisroel gibt. – Der Mohammedanische Friedhof am Columbiadamm besteht seit 1866.

Friedrich(s)-. häufige, kurz gesprochene Vorsilben (»Friddrich«) in Berliner Ortsnamen und Straßenbezeichnungen, die auf unterschiedliche, von den Berlinern kaum unterschiedene F. zurückgehen. Während Friedrich der Schöne (1289–1330), Friedrich der Fette (1424–1463) und Friedrich Eisenzahn (1413–1471) keine besondere Bedeutung für die Stadt hatten, beginnt 1415 mit Friedrich VI. von Nürnberg die 500jährige Hohenzollernherrschaft. Spuren im Berliner Stadtbild hinterlassen haben vor allem Friedrich I., seit 1701 König in Preußen, und sein Enkel Friedrich II., König von Preußen, genannt der Große oder der Alte Fritz (1712–1786), auf den sich auch das Attribut friderizianisch bezieht und der nach neuerlicher Restaurierung wieder als Denkmal über die Linden reiten wird.

Friedrichsberg. 1771 vom Alten Fritzen gegründete Gärtner-Kolonie auf einer Wanderdüne an der Frankfurter Chaussee (Ecke Gürtelstraße), später der gesamte dichtbebaute Stadtteil um die Ringbahnstation F., seit 1897 ↑Frankfurter Allee. Die Bezeichnung F. ging nach der Erhebung Lichtenbergs zur Stadt verloren.

Friedrichsfelde. Bis 1699 Rosenfelde genanntes Dorf östlich von Lichtenberg mit einem Schloß (um 1695, 1719 vergrößert), das Friedrich I. seinem in Ungnade gefallenen Generaldirektor der Kurfürstlichen Marine als Eigenbedarf abknöpfte. Im ausgedehnten Schloßpark befindet sich der ↑Berliner Tierpark. Am Westrand des Dorfes liegt seit 1881 der Berliner Zentralfriedhof mit der Gedenkstätte für die Sozialisten und solche, die sich dafür hielten.

Friedrichsgracht. Nach holländischem Vorbild entstandene Straße am Ufer des Spreekanals, auch Cölln am Wasser genannt. Um 1964 von den erhaltenen Resten der alten Bebauung befreit, stark verkürzt und mit Plattenbauten verunziert.

Friedrichshagen. 1753 für hundert Spinnerfamilien gegründetes Dorf östlich von Köpenick. »Zweck der Gründung war die Seidenkultur, die aber nicht reüssierte«, berichtet der Chronist, »ich weiß nicht, wer daran schuld hatte, der Alte Fritz oder die Seidenraupen.« Der Kriegs- und Domänenrat von Pfeiffer jedenfalls, einer der Stammväter des Berliner Bau- und Grundstücksfilzes, verschaffte sich hier unrechtmäßig 108 Morgen Land und kam dafür als Gefangener auf die Festung Spandau. F. wurde als angebliches Dichterdomizil und als Ausflugsort bekannt. Seit 1889/93 existiert ein großes Berliner Wasserwerk und seit 1926/27 der einzige, acht Meter tiefe Tunnel unter der Spree, die man hier zu Fuß unterqueren kann.

Friedrichshain. Ursprünglich die 1846–48 von dem Lenné-Schüler Meyer angelegte städtische Parkanlage mit dem Friedhof der Märzgefallenen von 1848, einem Krankenhaus und dem Märchenbrunnen. Seit 1920 Name des östlichen Innenstadtbezirks, 1933–45 Horst-Wessel-Stadt geheißen und 1938 um Teile Lichtenbergs erweitert.

Friedrichstadt. Ab 1688 vom Kurfürsten Friedrich III., dem nachmaligen Preußenkönig Friedrich I. nach römischem Vorbild errichtete Stadterweiterung südlich der Linden. Von dessen Sohn und Nachfolger, der durch den Spruch bekannt wurde: »Der Kerl hat Geld, soll bauen!«, bis zum Rondell am Halleschen Tor, dem heutigen Mehringplatz, ausgedehnt.

Friedrichstadtpalast. In der ehemaligen Friedrich-Wilhelm-Stadt gelegenes größtes Varietéhaus Europas. 1867 auf einem heute verödeten Platz neben dem Berliner Ensemble als (auf Schinkel zurückgehende) dreischiffige Markthalle aus Gußstahl eröffnet, wurde sie nach der schnellen Pleite 1873 als Zirkus und nach der Jahrhundertwende von Max Reinhardt auch als Groß-Theater genutzt. Für ihn von Hans Poelzig 1919 in das durch seine eigenwillige Innenarchitektur (Tropfsteinhöhle) und imposante Inszenierungen bekannt gewordene Große Schauspielhaus umgebaut und von den Nazis zum Theater des Volkes umfunktioniert. Seit 1945 wurde er als Varieté, Box- und Konzertarena, aber auch zu Propagandazwecken genutzt und 1980 aufgrund des instabilen Baugrundes geschlossen und später abgerissen. 1984 wurde der F. auf dem Grundstück einer ehemaligen Kaserne in der Friedrichstraße mit moderner Bühnentechnik (Zirkusarena, Wasserbecken, Eislauffläche) wiedereröffnet.

Friedrichstraße. Straße zwischen dem Halleschen und dem Oranienburger Tor. In den ↑Goldenen Zwanzigern war sie Berlins Vergnügungsmeile mit zahllosen Hotels, Cafés, Kneipen und Vergnügungsstätten. Im Krieg weitgehend zerstört, kämpft die Straße nach ihrem noch nicht abgeschlossenen modernen Wiederaufbau (oder gerade deswegen?) um die Anerkennung als Geschäftsboulevard der vornehmen Welt. Besondere Vorsicht ist im (West-Berliner) Teil südlich des ↑Checkpoint Charlie geboten, wo sich die Füchse auch am Tage gute Nacht sagen. Der in der Nähe der Weidendammer Brücke gelegene Bahnhof F. mit dem Grenzübergang von Ost nach West galt von 1961 bis 1990 als Sinnbild für die Teilung der Stadt.

Friedrichswerder. Der Stadt Cölln westlich vorgelagerter sichelförmiger Teil der Befestigungsanlagen, etwa zwischen Zeughaus und Spittelmarkt. 1662 gründete Kurfürst Friedrich Wilhelm hier die neue Stadt F., in der sich zahlreiche Hugenotten ansiedelten, die hier auch ihr eigenes Rathaus hatten. Vom F. ist bis auf den Werderschen Markt mit Schinkels wiederaufgebauter Friedrichswerderscher Kirche wenig übriggeblieben ist.

Friedrich Wilhelm. Im Berlinischen eine eigenhändige Unterschrift. Geht zurück auf die Hohenzollernherrscher, die sich gelegentlich nur Friedrich oder Wilhelm nannten. F. W. war von 1640 bis 1688 der Große Kurfürst, sein Enkel F. W. I. wurde als bauwütiger Soldatenkönig und prügelnder Vater unrühmlich bekannt. Zwischen 1786 und 1861 herrschten drei weitere F. W., von denen F. W. II. der »dicke Wilhelm« genannt wurde. Über seinen wortkargen Sohn F. W. III. sagten die Berliner Schusterjungs nach der überstürzten Flucht im Jahre 1806: »Unser Dämel sitzt in Memel.« Als 1810 seine Gattin Louise starb, bemitleidete ihn Madame Dutitre: »For Ihnen is et ooch nich leicht.

Wer nimmt heutzutage schon 'nen ollen Witwer mit sieben kleene Kinderkens.«

Friedrich-Wilhelm-Stadt. Nördlich der Spree gelegene, in der ersten Hälfte des 19. Jahrhunderts entstandene Stadterweiterung mit so bemerkenswerten Bauten wie der ↑Charité, dem Leichenschauhaus, der Tierarzneischule und dem ausgedehnten Gelände des ehemaligen Französischen Hospitals an der Friedrichstraße. In der Schumann- und Marienstraße kann man die restaurierte Wohnbebauung aus den Jahren 1830–40 besichtigen.

Frikassee. Ein Gericht aus kleingeschnittenem Fleisch, in dem auch weniger edle Zutaten verarbeitet werden können, die man sonst in die Wurst hackt. Frikassieren ist aber auch ein Synonym für (blutig) schlagen. In einer Altberliner Kneipe, in der es einmal wöchentlich F. und anschließend regelmäßig eine Keilerei gab, hieß es fortan: »Frikassee mit Schemmelbeene.«

Frontstadt. Bezeichnung West-Berlins während des Kalten Krieges: die vorderste Front im Kampf der freien Welt gegen die planetare Bedrohung durch den Kommunismus, wie man das damals so ausdrückte.

Funkausstellung. Als Große Deutsche F. im Dezember 1924 erstmalig auf dem späteren Messegelände veranstaltete und bis 1939 jährlich wiederholte Leistungsschau der Funkindustrie, die ab 1961 wiederaufgenommen wurde und alle zwei Jahre das Neueste aus der Unterhaltungselektronik präsentiert.

Funkhaus. Davon besaß bzw. besitzt Berlin mehrere. Das 1923–31 von der Berliner Funkstunde genutzte Vox-Haus am Potsdamer Platz, in dem sich nach 1945 noch zwei Kinos befanden (Sondervorstellung für Ostbesucher für 25 Pfennige ab acht Uhr dreißig morgens), fiel 1971 dem Kahlschlag rings um das verödete Grenzgebiet zum Opfer. Das erste wirkliche deutsche Funkhaus wurde 1929–31 von Hans Poelzig an der Masurenallee in der Form eines Schiffsbugs gebaut und diente 1933–45 als Zentrale des Großdeutschen Rundfunks. Von 1945 bis zur britischen Blockade 1952 war es Sitz des sowjetisch lizensierten Berliner Rundfunks und des Deutschlandsenders; seit Oktober 1957 des Senders Freies Berlin, der vorher im ehemaligen Haus der Zahnärzte am Heidelberger Platz residierte. Der ↑RIAS bezog 1948 einen Verwaltungsbau an der Kufsteiner Straße (heute Hans-Rosenthal-Platz), der DDR-Rundfunk 1952 eine ehemalige Furnierfabrik in Oberschöneweide, die der Bauhaus-Architekt Franz Ehrlich ausbaute und 1953–56 um einen Studiokomplex erweiterte, der seit 1996 ungenutzt ist.

Funkturm. Auch Langer Lulatsch genannter Stahlgitterturm von 138 Meter Höhe. 1924–26 von Heinrich Straumer als Antennenträger auf Porzellanfüßen errichtet und zweckmäßigerweise in 55 Meter Höhe mit einem Restaurant versehen, das anläßlich der Funkausstellung 1935 einmal ausbrannte.

futschikato heißt weg oder kaputt sein. In Berlin ist erschreckend vieles futschikato.

Futterluke. Meint den Mund, insbesondere den von Kindern, den dieselben zum Behufe der Nahrungszufuhr partout nicht öffnen wollen: »Sperr endlich deine Futterluke auf!«

G

G. Ein Buchstabe, den es im Berlinerischen jah nich jibt, weshalb die foljenden Bejriffe vorne mit ein Jott jesprochen werden. In der Wortmitte wird »g« – abgesehen von Wörtern französischer Herkunft wie Garage oder Kledage – fast wie »r« gesprochen, weshalb »sagen« in Berlinischen Texten als »saren« oder »sajen« auftaucht. Ein »g« am Ende wird zu »ch« mit seinen unterschiedlichen Aussprachemöglichkeiten: »Weech« (Weg) oder »Tach« (Tag).

Gasag. Monopolistischer Berliner Gaslieferant, dessen erste »Anstalt« schon 1847 errichtet worden ist – von der englischen Imperial Continental Gas Association.

Gashahn. »Den Gashahn aufdrehen« meint: Selbstmord begehen. Mit dem heute gebräuchlichen Erdgas ist das nicht mehr möglich, mit ihm lassen sich nur noch ganze Wohnungen oder Häuser in die Luft sprengen.

Gasometer. Mit der Umstellung auf Erdgas aus dem Stadtbild verschwundene Riesenbehälter zur Aufbewahrung von Leuchtgas, teilweise mit Ziegelbauten umkleidet. Im Februar 1929 explodierte an der Müllerstraße ein G.: »Der ganze Gasometer war wie vom Erdboden weggefegt.« Die G. an der Greifswalder Straße wurden 1984 für den Bau des Thälmannparks gesprengt.

Gassenhauer. Hitparade oder Charts unserer Altvordern, nach 1820 mit den Volksstücken der Berliner Theater bekannt geworden. Die G. waren häufig Parodien auf bekannte Lieder oder Couplets: »Mutter, der Mann mit 'n Koks is da« nach Millöckers »Gasparone« oder »Denkste denn …« zum Armeemarsch Nr. 113.

gebumfidelt fühlt sich einer, dem man schmeichelt.

Gedächtniskirche. In der einschlägigen Werbung heißt es, die Berliner würden zu ihrer bekanntesten Kirche wegen ihres kriegsversehrten Turmes »hohler Zahn« sagen, doch ich habe noch keinen autochthonen Berliner dies tun hören – ganz abgesehen davon, daß man hierzulande nur eine Gedächniskirche kennt, ohne »t«. An sich heißt das Gebilde, äh, Gebäude Kaiser-Wilhelm-Gedächtniskirche, aber an den denkt man außerhalb des Hauses Hohenzollern nicht einmal mehr in fröhlicher Runde, denn wer singt schon noch: »Wir wollen unsern alten Kaiser Wilhelm wiederham, wir wollen unsern alten Kaiser Wilhelm wiederham, aba mit'm Bart, mit'm langen Bart ...« Ob damit Willem I. oder II. gemeint war, wird erst ein vom angesehenen Wissenschaftszentrum Berlin (WZB) angedachtes Forschungsprojekt herausfinden. Fakt ist aber, daß I. den Auftrag zum Kirchenbau gegeben hat, um II. zu ehren, und zwar möglichst repräsentativ. Heute hätte er, um seinem Ahnen ein Denkmal zu setzen, eher an Kirch, Leo, als an Kirche, evangelisch, gedacht. Na gut, er ließ also Schwechten, Franz, das Gotteshaus errichten – und der tat es neoromanisch mit hohem Turm und vier Ecktürmen ganz im Geiste Walt Disneys. 1943 zerstören dann die Alliierten mit ihren Bomben die KWG, und zwar am Totensonntag, was ein sicheres Stilgefühl beweist. Ganz kaputt war das Gemäuer nicht, aber zwölf Jahre nach Kriegsende wollten die Berliner Abrißbarbaren (↑Abriß) endlich wieder Tabula rasa machen, doch da begannen die Berliner zu rasen, retteten die Gedäch(t)niskirche und freuten sich über den An- und Neubau von Egon Eiermann (der Mann heißt wirklich so, wir schwören es!). Bläulich schimmert es nun durch den verglasten Beton seines flachen Oktogons, und das Ganze ist wirklich schön geworden.

Geisterbahnhöfe. Haben nichts mit Spuk und bösen Geistern zu tun, meinen auch nicht die Höfe, wo Geisterbahnen repariert werden, sondern die Stationen der Berliner U- und S-Bahn, die zu Mauerzeiten für die Ost-Berliner verschlossen und verboten waren, die aber von den westlichen Zügen durchfahren werden konnten, ohne Halt natürlich. Gespenstisch standen dort Wachposten herum, und gruselig war es schon. Wenn man als Westler in einem Zug saß, dann dachte man ganz automatisch: »Wat passiert denn nu, wenn wa hier liejenbleiben, werden wa da alle durch de Mangel jedreht?« Geheimnisträgern aus dem Westen war es daher verboten, auf den Transit-U- und S-Bahnlinien unter dem Osten hindurchzufahren. Solche G. waren: Stadion der Weltjugend, Nordbahnhof, Oranienburger Tor, Französische Straße und Stadtmitte auf der U 6, Bernauer Straße, Rosenthaler Platz, Weinmeisterstraße, Alexanderplatz (nicht für die beiden Ost-Berliner Linien), Jannowitzbrücke und Heinrich-Heine-Straße auf der U 8 sowie Nordbahnhof, Oranienburger Straße, Unter den Linden und Potsdamer Platz auf der Nord-Süd-S-Bahn. Da nicht angehalten wurde und kein Fahrgastfluß anfiel, waren die Fahrzeiten entsprechend kürzer als heute (der echte Berliner sagt allerdings: ↑als wie heute). So brauchte man von Alt-Tegel nach Alt-Mariendorf zu Zeiten der Geisterbahnhöfe auf der U 6 nur 37 Minuten, heute sind es hingegen 39. Na bitte: »Als wa die Maua noch hatten, war allet ville bessa hier.«

Gemäldegalerie. Berlins jüngstes und modernstes Museum mit Kupferstichkabinett und Kunstbibliothek, in dem endlich wieder die Kunstschätze aus Ost und West vereinigt sind. Die G. wurde 1991–98 von den Architekten Hilmer und Sattler im ↑Kulturforum am Kemperplatz gebaut.

Gendarmenmarkt. »Schandarmenmarkt« nicht etwa wegen der dort vorherrschenden Polizei, sondern nach dem Füsilier-Regiment Gens d'Arms benannt, dessen Pferdeställe den Friedrichstädtischen Markt umstanden. Die spätere Umbauung bzw. deren Rekonstruktion fiel zwar höher, aber nicht durchweg schöner als die Ställe aus. Dennoch vermag sie die prächtige Wirkung des Platzes mit dem ↑Schauspielhaus, dem Deutschen und dem Französischen ↑Dom kaum zu beeinträchtigen. Am

G. befand sich die legendäre Weinstube von Lutter und Wegener, in der E. T. A. Hoffmann mit seinen Freunden zu zechen pflegte.

Gerichte. Damit ist nicht die Berliner Küche gemeint, obwohl es auch da strafbar zugehen kann, sondern die Amts-, Arbeits-, Landes-, Sozial- und sonstigen Gerichtsgebäude, von denen es in Berlin in jedem Bezirk mindestens eines – oft verbunden mit einem Gefängnis – gibt. Aufgrund ihrer Stilmischung bemerkenswerte Gerichtsbauten befinden sich z. B. in Moabit (Kriminalgericht) und in der Littenstraße (Stadtgericht) nahe dem Allex. Im ehemaligen Kammergericht am Kleistpark war der Alliierte Kontrollrat tätig. Fast alle Gerichtsbauten stammen von Paul Thoemer und Rudolf Mönnich, dem man in Lichtenberg sogar eine Straße widmete, die eigenartigerweise Wönnichstraße heißt.

Gerichtslaube. Das älteste Berliner Gericht, früher an der Spandauer-, Ecke Rathausstraße gelegen und, wie es sich für einen historischen Bau in Berlin geziemt, mehrfach umgebaut und nach dem Bau des Roten Rathauses abgerissen. Im Park von Babelsberg wurde die G. wiederaufgebaut. Eine zweite Rekonstruktion wurde beim Bau des Nikolaiviertels errichtet und wird als Gaststätte genutzt.

Gertraudenbrücke. Eine der ältesten Berliner Brücken, der Heiligen Gertraude gewidmet und mit ihrem Denkmal geschmückt. Sie wird als Fußgängerbrücke genutzt.

Gesangsverein. »Mein lieber Herr Gesang(s)verein!« ist ein Ausruf, der höchstes Erstaunen zum Ausdruck bringen soll.

Geschonneck, Erwin. 1906 in Ostpreußen geborener und in der Berliner Ackerstraße aufgewachsener Schauspieler, den die Vertreibung durch die Nazis, Emigration und KZ nicht davon abbringen konnten, auf der Bühne des ↑Berliner Ensembles und in zahlreichen Filmen (u. a. »Karbid und Sauerampfer«, »Jakob der Lügner«) sein komisches Talent zu entfalten.

Geseire. Unnötiges, jammerndes Geschwätz: »Mach bloß nich so'n Jeseire!«

Gesundbrunnen. Name für eine eisenhaltige Quelle, die der Hofapotheker Dr. Heinrich Wilhelm Behm 1758 zum Kuren herrichtete, und zwar nicht an der Behmstraße, sondern auf dem heutigen Grundstück Badstraße 39. 1882 versiegte zwar der gesunde Brunnen, aber mit dem 1998 eröffneten Einkaufscenter am U- und S-Bahnhof Gesundbrunnen sprudelt seit neuem etwas anderes: der Geldsegen für seine Betreiber. Dichtebie (kein Druckfehler, sondern typisch berlinisch) stand früher der Hertha-Platz.

Getue. Etwas, das der Berliner gar nicht liebt, wie es auch in einem Lied der ↑Insulaner zum Ausdruck kommt: »Der Berliner verliert die Ruhe nicht/Der Berliner liebt keen Jetue nich ...« Eine filmreife Schickeria wie in Hamburg, München oder Düsseldorf wird hier nicht zu finden sein, man hat wat jejen Anjeba, gegen alles Prätentiöse. Dagegen ist man seit den kargen Preußenzeiten irgendwie immun.

Gladow-Bande. 1947–49 in ganz Berlin aktive Gangsterbande unter Führung des 17jährigen Werner Gladow, die mehrere Morde, Raubüberfälle und Einbrüche verübte. Zum Umfeld der Bande gehörte pikanterweise auch der damalige Berliner Scharfrichter Gustav Völpel. Gladow wurde, obwohl zum Zeitpunkt der Straftaten noch nicht volljährig, zum Tode verurteilt und 1950 hingerichtet.

Glaßbrenner, Adolf. Legendärer Journalist, Humorist und Satiriker, 1810 in Berlin geboren und 1876 auch hier, wie es sich gehört, gestorben. Hat meisterhaft Berliner Typen charakterisiert wie zum Beispiel die Markthökerin und den Droschkenkutscher, ist aber vor allem mit der Figur des Eckenstehers Nante in die Berliner Geschichte eingegangen.

Gleisdreieck. »Gleisdreieck« ist (a) ein Lyrikband von Günter Grass, 1960 erschienen, (b) eine dreieckförmige Gleisanlage, die das Wenden von Schienenfahrzeugen ohne Drehscheibe ermöglicht, und (c) ein herausgehobener Umsteigebahnhof im Berliner U-Bahnnetz. Die Linie 2 (rot in der Netzspinne) kommt als Hochbahn daher und die Linie 1 (grün) als Nochhöherbahn, so daß ihre Mittelbahnsteige rechtwinklig übereinander liegen und sich die Gleise zwar kreuzen, aber nicht berühren. Obwohl von den Jüngeren eigentlich keiner mehr weiß, daß es hier einmal ein spektakuläres Unglück gegeben hat, wird vielen beim Wort G. noch immer ein wenig mulmig; das muß irgendwie archetypisch im berühmten kollektiven Gedächtnis eingespeichert sein. Am 26. September 1908, als das G. noch kein Turmbahnhof war, sondern der Version (b) entsprach, geschah es, daß ein Hochbahnzug nach Überfahren eines Haltsignals einem anderen in die Flanke fuhr und ein Wagen in den Hof des Kraftwerks Trebbiner Straße hinunterstürzte. 18 Tote gab es zu beklagen, und im Anschluß daran wurde das G. umgebaut, so daß es jetzt kein Dreieck mehr ist, sondern ein Kreuz und damit eigentlich Gleiskreuz heißen müßte.

Glienicker Brücke. Verbindung zwischen Berlin (Ortsteil Wannsee bzw. Klein-Glienicke) und Potsdam (Berliner Vorstadt) bzw. bis 1989 Grenze zwischen DDR und West-Berlin. Sie spannt sich über die sehr schmale Havel hinweg, trug als Symbol der deutschen Teilung den zynischen Namen »Brücke der Einheit« und genoß immer dann weltweites Interesse, wenn Ost und West auf ihr die aufgeflogenen Spione austauschten.

Gloria-Palast. Gerade gestorbenes großes Kino am Anfang des Kurfürstendammes zwischen Gedächtniskirche und Joachimsthaler Straße, das nichts mit Preußens Gloria zu tun hatte.

Goldbroiler. Grillhähnchen, im Volksmund Gummiadler genannt. Nach der Wende neben Sättigungsbeilagen, Plasten und Elasten Lieblingssynonym für die untergehende DDR-Sprach- und Küchenkultur.

Goldelse. Die seit 1873 auf der ↑Siegessäule postierte weibliche

Figur. Die dralle Dame wiegt 35 Tonnen und stand bis 1938 auf dem heutigen ↑Platz der Republik. »Joldelse« hieß auch die Wirtin der (echten) Raabe-Diele in der ↑Sperlingsgasse.

Goldene Zwanziger. Vor allem von denen so genannt, die nicht dabei waren. Die Hoch-Zeit der Berliner Kultur und Subkultur, der Literatur und Presse, des Theaters, Kabaretts und was den Leuten sonst noch Spaß machte, wenn sie es sich leisten konnten.

Gontard, Carl von (1731–91). Berliner Baumeister, der die Königskolonnaden am ↑Allex (heute im Schöneberger Kleistpark) und die Domtürme auf dem ↑Gendarmenmarkt gebaut hat. Der berühmteste seiner elf Söhne war der Platzmajor Friedrich Carl Ludwig von Gontard, den die Preußen 1806 als einzigen Militär samt allen Waffen in der Stadt zurückließen, wofür man ihn 1829 zum Ehrenbürger Berlins ernannte.

Göre. Ein einzelnes Kind, auch »det Jöhr« genannt.

Graffiti. Sind in Berlin morgens überall da zu finden, wo es am Abend zuvor saubere Flächen gegeben hat. Die einen halten G. für Kunst und/oder für einen legitimen Protest deprivierter Jugendlicher gegen die Gesellschaft (»Macht dreckig, was euch wie den letzten Dreck behandelt!«), die anderen für kriminelle Schmierereien. Verstärkt tritt die Forderung auf, die Sprühersubkulturen hinter Gitter zu bringen, wenigstens aber in bewachten Arbeitseinsätzen alles wieder säubern zu lassen.

Grammatik. Ist dem echten Berliner ein Buch mit sieben Siegeln. Dennoch regiert nicht etwa der Zufall die Fälle; gewählt wird in Zweifelsfällen stets der falsche. Ob es wegen *des* Wetters oder wegen *dem* Wetter heißt, ficht den Berliner ohnehin nicht an. Er sagt: Wejen *dit* Wetter. Auch *ihm* und *ihn* mischt er auf seine Weise; *mir* und *mich* verwechselt er nicht etwa, sondern sagt konsequent *mir* (angeblich außer sonntags, wenn er vornehm tut und ausschließlich *mich* verwendet). »Paß uff, Onkel, der Hund beißt dir!« – »Dich, mein Junge, dich.« – »Mir nich. Mir kennta ja.« Aus »Pauls Schwester« wird in Berlin »Paul seine Schwester«, und sollte die ein Kind bekommen, fahndet man nach dem unbekannten Kindesvater: »Den, der die das jemacht hat, den kriejen wa ooch noch!« Findet sich indes ein anderer Liebhaber, rät man ihm: »Na, denn nimm se du se dir se doch.«

Grass, Günther. Deutschlands bekanntester und längst heilig gesprochener Schriftsteller (»Die Blechtrommel«) ist zwar 1927 in Danzig geboren worden, soll aber seit 1960 irgendwie in Berlin ansässig sein, und zwar in Friedenau, auch wenn er selten bis nie auf öffentlichen Straßen und Plätzen gesichtet wird. Da seine letzten, umfänglichen Werke für den Normalleser recht unverdaulich waren, führen viele ihre Grasstritis auf ihn zurück.

Graues Kloster. Ältestes und traditionsreiches Gymnasium der Stadt, 1574 im ehemaligen Franziskanerkloster eingerichtet. Schüler waren dort u. a. ↑Schadow, Schleiermacher, ↑Schinkel und Bismarck. Es wurde im Krieg zerstört und ist heute von der Grunerstraße überbaut. Bestand bis 1958 in Ost-Berlin und wurde dann aus ideologischen Gründen aufgelöst bzw. umbenannt.

Griebsch. Kommt nicht von Griebe (ausgebratener Fettwürfel, auch Lippenherpes), sondern ist der Berliner Ausdruck für das Kerngehäuse eines Apfels.

Grillen. Sind (a) Heuschrecken, die es in Berlin relativ selten gibt, die aber früher unter der Bezeichnung »Heimchen« *(Acheta domestica)* öfter hinterm Herd zu finden waren, und (b) schrullige Gedanken und Einfälle (»Er hat nichts als wie Grillen im Kopf«). Die Grillen bzw. diese Grillen meinen wir aber nicht, sondern *das* Grillen und dabei insbesondere jenes, das sich in den öffentlichen Parks abspielt. Im Sommer ziehen nahezu alle Berliner türkischer Herkunft in den Tiergarten und andere Grünanlagen und zünden dort ihre Feuer an, und in den darauffolgenden Tagen wird dann wieder über grillfreie Zonen diskutiert. Der Berliner Kultursenator verleiht seit 1994 für die beste literarische Arbeit zum Thema multikulturelles Grillen den »Goldenen Grillparzer«, benannt nach dem Wiener Dichter Franz Grillparzer (1791–1872), dessen Werk »König Ottokars Glück und Ende« man fälschlicherweise mit »König Ottokars gegrillte Ente« aus dem Österreichischen übersetzt hatte.

Gripstheater. Kultstätte linksbewegter Sozialisation zum neuen Gutmenschen: kreativ, sanft, voller Empathie gegenüber Minderheiten/Subkulturen/Randgruppen, tolerant, stark multikultihaltig, grün-links wählend, bekennend antifaschistisch, pro ÖPNV (Öffentlicher Personennahverkehr) und kontra MIV (Motorisierter Individualverkehr), gegen den ausbeuterischen Kapitalismus, »taz« lesend. Gegen das G. kann man sowenig sein wie früher in der DDR gegen den Frieden. Das G. hat sich mit dem Musical ↑»Linie 1« in die Weltspitze gespielt. Weiterhin haben sich im kollektiven Berliner Gedächtnis festgesetzt: »Stokkerlok und Millipilli«, »Trummi kaputt«, »Ruhe im Karton« und »Das hältste ja im Kopf nicht aus«. Aussteigen: U-Bahnhof Hansaplatz.

Gropiusstadt. Eine 1963–73 erbaute Trabantenstadt für 50 000 Menschen im Süden ↑Neuköllns. Die Pläne stammen von Walter Gropius, einem der Bauhaus-Begründer.

Großer Stern. Auch absolute Berlinkenner wissen nicht, welcher große Stern damit geehrt wird: Arktur, Beteigeuze, Capella, Sirius oder Wega …? Jedenfalls ist es ein großer runder Platz im ↑Tiergarten, wo nicht nur die Altonaer Straße, der Spreeweg, die Straße des 17. Juni und die Hofjägerallee zusammenstoßen, sondern auch viele Autos. In seiner Mitte steht die ↑Siegessäule mit der ↑Goldelse, und die Berliner freuen sich, nach so vielen Kotsäulen auch einmal eine andere sehen zu dürfen. Früher sang man: »Die kleine Bank am Großen Stern, die hab' ich lieb, die hab' ich gern.«

Großkotz. Menschensorte, die leider nicht nur in Berlin vorkommt.

Großer Stern

Großmann, Karl. Er brachte zwischen 1918 und 1921 in der Umgebung des Schlesischen Bahnhofs wahrscheinlich 23 Frauen um, gab aber nur drei Mordtaten zu. Nach der Anklageerhebung beging er 1922 in der Haft Selbstmord.

Grünau. Die Berliner sagen Grünau (mit stark betontem n), obwohl es eigentlich, da es um eine grüne Au(e) geht, Grünau heißen müßte. Wie auch immer, der Köpenicker Ortsteil, westlich des Müggelbergmassivs an der Dahme gelegen, ist weltbekannt geworden, seit der Kaiser bei dem nach ihm benannten Wetter die Regatten auf dem Langen See beehrte und es später auf derselben Strecke die Ruder-, Kanadier- und Kajakrennen der Olypmpischen Spiele von 1936 gegeben hat. Vom Bahnhof Grünau kommend (S 6, S 8 und S 46), kann man nach kurzem Fußweg das Ufer erreichen und sich mit einer Fähre nach Wendenschloß übersetzen lassen, um von dort aus auf die Müggelberge, zum Müggelsee oder nach Krampenburg zu wandern, von wo einen eine andere Fähre nach Schmöckwitz bringt. Rückkehr mit der 68 – der früheren 86 und noch früheren »Uferbahn« – nach Grünau, wo sich in der Regattastraße 141 sogar ein Wassersportmuseum aufgetan hat.

Grundeis. »Mir jeht der Arsch uff Grundeis!« ruft jemand aus, der in argen Nöten ist.

Grüne Woche. Ist nicht die sieben Tage dauernde Jahresvollversammlung einer politischen Partei, sondern eine Institution, die Berlin unter dem Namen »Fressa« jedes Jahr im Februar schwer beschäftigt: die große Präsentation landwirtschaftlicher Produkte in den Ausstellungshallen unter dem ↑Funkturm. Die erste gab es 1926, die erste nach dem Kriege wieder 1951.

Grunewald. Ist (a) mit vierzig Quadratmetern der größte Berliner Forst, der sich zwischen der Heerstraße im Norden, dem S-Bahnhof Nikolassee im Süden, der Havel im Westen und den Urbanisationen Zehlendorf, Dahlem, Schmargendorf und Eichkampf im Osten erstreckt, und (b) eine mit kleinen Seen gespickte Villenkolonie zwischen Bismarckplatz, Roseneck und Avus, die den Ruf besitzt, Berlins allererste Adresse zu sein. »Im Grunewald, im Grunewald ist Holzauktion …«, sangen unsere Großmütter und dokumentierten damit dessen drastische Reduzierung zur Gründerzeit. Ältere West-Berliner zucken leicht zusammen, wenn sie das Wort Grunewald vernehmen, denn zu Mauerzeiten hatten sie ja kaum anderes und empfanden für die Ausflüge dorthin kaum mehr Begeisterung als ein Knacki beim täglichen Hofgang.

Grunewaldturm. 55 Meter hoch, ist er nach Plänen Franz Schwechtens aus rotem Backstein im altmärkischen Stil erbaut worden – und zwar auf dem 79 Meter hohen Karlsberg, was laut Taschenrechner insgesamt 134 Meter ergibt. Hat man die 204 Stufen hinauf zu seiner Plattform erklommen, ist man wirklich platt, einmal was die Kondition betrifft, zum anderen von der Aussicht, die man hier hat – 105 Meter über der Havel. Bis 1948 war das noch der Kaiser-Wilhelm-Turm, dann obsiegte offenbar auch in West-Berlin eine antimonarchistische Strömung, noch rechtzeitig bevor alle zu singen begannen: »Wir wollen unsern alten Kaiser Wilhelm wiederhaben …«

Gullitaucher. Abwertende Bezeichnung für Arbeitskräfte, denen die Instandhaltung der Berliner Kanalisation oblag und die man tagtäglich in die Öffnungen (Gullis) hinabgleiten sah. Da sie wenig verdienten und nicht eben nach edlen Stoffen dufteten, waren sie das Synonym für die niedrigste Arbeiterschicht, etwas das man nie im Leben werden wollte.

Gulpopo. Bezeichnung für Gulasch, mitunter auch als Gul*arsch* bezeichnet.

Gummigutti. Muß eigentlich »Jummijutti« heißen und meint: eine klebrige, gummiartige Masse, die nicht mit Berliner Currywurst zu verwechseln ist.

Gummipanne. Reißen eines Kondoms mit Folgen nach neun Monaten.

Auf der Grünen Woche gibt's keine Ossis und Wessis, sondern nur noch Fressis.

Grüne Woche

H

Hackepeter. Unter Zusatz von Zwiebeln und Gewürzen roh genossenes, gehacktes (eigentlich durchgedrehtes) Schweinefleisch, andernorts als Mett bezeichnet, was der Berliner nicht versteht, denn Mettwurst besteht in Berlin nicht aus H. Die Redewendung »Aus dir mach ick Hackepeter!« ist eine eher freundlich gemeinte Drohung.

Hackesche Höfe. Ein sich vom ↑Hackeschen Markt bis zur Sophienstraße erstreckender Bau aus dem Jahr 1906 mit buntglasierten Jugendstilfassaden um acht Wohn- und Gewerbehöfe mit Kinos, Varietés, Galerien und Kneipen, der angeblich der größte Hofkomplex seiner Art in Europa ist.

Hackescher Markt. Unregelmäßig geformter, nicht nach dem Hackepeter, sondern nach dem Stadtkommandanten von Ha(a)cke benannter Platz in der ehemaligen Spandauer Vorstadt, mit verwirrendem Straßenbahnverkehr, einem alten S-Bahnhof und den berühmten ↑Hackeschen Höfen.

Hahn-Meitner-Institut. Nun, Meitner war kein herausragender Hahn auf einem Bauernhof am Stölpchensee (vielleicht einer mit einem untypischen Meidverhalten den Hennen gegenüber), sondern das Hahn bezieht sich auf Otto Hahn, der nicht die Deutschen, sondern die Atome gespalten hat; und Lise Meitner hat die theoretische Erklärung dafür geliefert. Im H. werden auch heute die Kerne erforscht, zum Leidwesen der geängstigten Anwohner aber nicht die von Äpfeln und Birnen, sondern die des Atoms im 5-MW-Forschungsreaktor BER II und dem zweitgrößten Schwerionenbeschleuniger Deutschlands. Sollte mal ein Flugzeug in den ungeschützten Reaktor krachen, werden die auch heute schon strahlenden Bewohner von Wannsee, Kohlhasenbrück, Griebnitzsee, Babelsberg und Klein Glienicke beschleunigt ins Jenseits abdriften.

halblang. »Nu mach ma halblang!« bedeutet: Übertreib nicht so. Manchmal wird der Begriff auch mit »hallweje« (halbwegs) verwechselt.

Halensee. Ist am südwestlichen Ende des Kurfürstendamms zu suchen, um den Rathenauplatz herum, und meint sowohl den See, in dem man nackt wie auch bekleidet baden kann, wie den Ortsteil, in dem es früher einen Lunapark gegeben hat.

Hamburger Bahnhof. Ist durchaus nicht ein Haltepunkt der DB, der von McDonald's gesponsert wird, sondern Berlins erster Fern- und Kopfbahnhof, erbaut 1847 und später, als man den Lehrter Bahnhof hatte, stillgelegt und zum Verkehrsmuseum umfunktioniert. Nach dem Kriege war das schöne klassizistische Bahnhofsensemble, obwohl in West-Berlin gelegen, von West-Berlinern nicht betretbar, da die Reichsbahn mit allen ihren Liegenschaften von den Alliierten der DDR überstellt worden war. Heute beherbergt er die »Sammlung Marx«, aber nicht die von Karl, sondern Erich, einem Liebhaber zeitgenössischer Kunst (Joseph Beuys, Roy Lichtenstein, Gerhard Richter, Anselm Kiefer u. a.) und firmiert als »Museum der Gegenwart Berlin«. (Ob Berlin tatsächlich eine Gegenwart hat, ist allerdings eine andere Frage.)

Hämeken. Eener, der'n Kreuz hat wie der Bückling zwischen de Ooren – eben ein schmächtiger Mensch.

Hansaviertel. Hansa 07 ist ein altbekannter Kreuzberger Fußballverein, aber nicht der Bauherr des H., einer Hochhaus-Ansammlung nordwestlich der Siegessäule, die 1955–57 als Mustersiedlung für die »Internationale Bauausstellung« (Interbau) errichtet worden ist. Stararchitekten aus aller Herren Länder haben hier nicht nur ein Viertel, sondern ein Ganzes geschaffen, das sich als »Schaufenster zum Osten« sehen lassen konnte.

Happenpappen. Etwas zu essen, aber mehr als ein Happen. »Du bist wohl 'n Happen dämlich« bezieht sich hingegen eher auf geistige Mängel.

Hasenheide. Der Name steht sowohl für die breit angelegte Straße zwischen Hermannplatz und Südstern wie für den Volkspark nördlich des Tempelhofer Feldes, der 1838 von Peter Joseph Lenné angelegt worden ist. Ihre dichten Gebüsche und nahe gelegene Amüsierstätten wie die »Neue Welt« mögen manchen virilen Mann zu dem Liedchen »Im Wald und auf der Heide, da hab' ich meine Freude« angeregt haben (wobei nicht nur an Heide, sondern auch an Gerda, Gisela, Helga oder Hannelore zu denken ist). Ganz anders da der Turnvater Friedrich Ludwig Jahn (1778–1852), der hier aus Angsthasen harte deutsche Männer machen wollte und die Wiege der Turnbewegung in die H. stellte. Die Millionen von Schülern, die sich seinetwegen beim Schulturnen an Reck, Stangen, Ringen und Barren abgequält haben, möchten ihm deswegen noch heute liebend gern in den Hintern treten. Ein Trümmerberg, die Rixdorfer Höhe, läßt die Hasenheide heute auf 67,9 Meter Höhe ansteigen.

Haste mal 'ne Mark? Standardfrage jugendlicher Schnorrer aus der autonomen Szene an Menschen, die aus U- und S-Bahnhöfen kommen. Da dem Berliner Senat die Berliner Jugend sehr am Herzen liegt, läuft derzeit ein 1,4 Millionen Mark teures Umschulungsprogramm auf »Haste mal 'n Euro?«.

Haus der Kulturen der Welt. Das HdKdW (↑Kongreßhalle), nicht zu verwechseln mit dem ↑KaDeWe, ist der Tempel des nationalen ↑Multikulti-Ordens. In wechselnden Ausstellungen wird gezeigt, was das Wesen fremder Ethnien ausmacht. Inländerfeindliche Berliner sagen nicht mehr fremde »Völker«, weil das so nach »Völkischem Beobachter« klingt, sondern Ethnie, ein Begriff, der von der UNESCO zu Ehren der legendären deutsch-jüdischen Verhaltensforscherin *Eth*el *Nie*derwürzbacher (*1902 in Berlin, †1994 auf Bora-Bora) eingeführt worden ist und eigentlich ein Kunstwort aus den jeweils ersten Silben ihres Vor- und Nachnamens darstellt. Haben Sie eine »Swatch« und eine »Rolex« bei sich auf dem Nachttisch liegen, also zwei

Haste mal 'ne Mark?

Kultuhren, sind Sie nach § 83 Abs. 43 BerlGemHVO noch nicht berechtigt, den Namen »Haus der Kulturen der Welt« zu führen.

Hausbesetzer. Am 26. November 1979 besetzten Mitglieder der Bürgerinitiative SO 36 drei leerstehende Wohnungen in der Kreuzberger Cuvrystraße. Sie wollten sie wieder instandsetzen (»Instandbesetzung«) und damit den Abriß der Mietshäuser verhindern, wie ihre Aktion generell gegen die »Entmietungspolitik« des Senats gerichtet war: Da ließ man Häuser so lange leerstehen und vergammeln, bis die Abrißgenehmigung gegeben wurde, und an ihrer Stelle ließen Spekulanten Neubauten hochziehen, deren Wohnungen sie für viel mehr Geld vermieten konnten, als dies beim preisgebundenen Altbau möglich war. Bis zum Juni 1981 waren 165 Häuser besetzt, und mochte das auch illegal sein, so hielten es doch immer mehr Berliner für legitim, denn die Wohnungsnot war groß. Der Innensenator Heinrich Lummer (CDU) dagegen sah die Hausbesetzer vornehmlich als Kriminelle und Chaoten und ließ räumen. Bei einer solchen Aktion kam im September 1981 der 18jährige Klaus-Jürgen Rattay ums Leben, als er an der Potsdamer, Ecke Bülowstraße von einem BVG-Bus erfaßt wurde. Inzwischen hat sich das Problem erledigt, und wenn Sie in Berlin eine Firma anrufen und dort vom Anrufbeantworter zu hören bekommen: »Dieses Büro ist zur Zeit nicht besetzt«, hat dies nichts mit den H. von damals zu tun.

Hausvogtey. Das königliche Hofgericht mit angeschlossenem Gefängnis, ursprünglich in der Unterwasserstraße gelegen, wurde 1750 auf das als Krähenmarkt oder Schinkenplatz bezeichnete Quarree verlegt, das heute noch den Namen Hausvogteiplatz führt.

Havel. Ist nicht nur der Staatspräsident von Tschechien (Václav H., *1936), sondern auch ein 343 Kilometer langer rechter Nebenfluß der Elbe, einstmals Siedlungsgebiet der Heveller. Die Havel (sprich: Hafel und nicht Hawel), die erst von Norden nach

Süden fließt und dann umgekehrt, erreicht bei Hennigsdorf Berlin, füllt den ↑Tegeler See mit ihrem Wasser, windet sich durch Spandau, vereint sich mit der ↑Spree, wird vor den Grunewaldhügeln so breit, daß nicht ganz so gute Schwimmer bei ihrer Durchquerung gleich zweimal ertrinken, und verläßt die Stadt an der ↑Glienicker Brücke, nicht nur angereichert mit Eindrükken. Eigentlich müßte sie von Spandau ab Spree heißen, da das der bedeutendere der beiden Flüsse ist, doch geht dies aus Imagegründen nicht, da der Begriff *spree* international hoch belastet ist, heißt doch *spree-killing* im FBI-Jargon jene Art der Tatbegehung, bei der ein Serienmörder nacheinander an verschiedenen Orten tätig wird (»Mörder auf Vergnügungstour«).

Hechtsuppe. »Et zieht hier wie Hechtsuppe« stammt ab vom jiddischen *hech supha* (Sturmwind). Hecht ohne Suppe ist ein Draufgänger oder meint den Tabakqualm in einem verräucherten Raum.

Heckmeck. Etwas, was der Berliner neudeutsch »nicht ab kann«: ein nutzloses Durcheinander oder überflüssiges Getue oder Gesumse.

Heidekrautbahn. Wer war Heide Kraut, werden Sie sich fragen, und wie und wo in aller Welt hat man einer Frau Gelegenheit gegeben, eine Eisenbahn zu bauen? Wenn schon, müßte die Dame Heide Schorf (bayerisch: Schorf, Heide) und nicht Heide Kraut heißen. Wie auch immer, wir wissen es auch nicht und haben nur herausgefunden, daß man im Volke die Niederbarnimer Eisenbahn so nannte und nennt, eröffnet am 21. Mai 1901. Berlin-Wilhelmsruh und die Schorfheide verband sie miteinander. Von Wilhelmsruh ging es nach Liebenwalde (36 Kilometer), wobei es in Basdorf einen Abzweig nach Groß Schönebeck gab (24 Kilometer). Bekannteste Zwischendurchstation war Wandlitzsee. Auf Teilen der Strecke fahren heute Regionalbahnzüge, auf anderen, die eigentlich stillgelegt sind, gibt es Fahrten einer Museumsbahn. Der Heidekrautbahnhof Wilhelmsruh ist dem

Mauerbau zum Opfer gefallen. Sitzt man in der S 1 heute stadtauswärts in Fahrtrichtung rechts, sieht man noch genau die große freie Fläche, auf dem er einmal gestanden hat – und vielleicht auch wieder stehen wird, wenn wir alle die unterstützen, die sich darum bemühen.

Heini, auch Waldheini. Eine negativ bewertete männliche Person.

Held, Martin. Held des Berliner Theaters in den Jahren, als dieses noch stadttragend war. Am 11. November 1908 hier geboren (und am 31. Januar 1992 gestorben), zog er die (West-) Berliner jahrzehntelang ins Schiller- und ins Schloßparktheater, und in vielen Filmen ist er für die Ewigkeit festgehalten worden (so u. a. als Bürgermeister in Helmut Käutners »Rosen für den Staatsanwalt«).

Hellersdorf. Gutsvorwerk mit zwei unansehnlichen Scheunen an der nordöstlichen Stadtgrenze, das kein Berliner kannte, bevor daraus eine der größten Plattensiedlungen der DDR und unter Einbeziehung von Kauls- und Mahlsdorf ein neuer Bezirk wurde.

Heringsbändiger. Von jeher Fisch- oder Gemischtwarenhändler, deren bekanntester zweifellos Hans Kohlhase aus der Brüderstraße war, den Heinrich von Kleist als den Roßkamm Michael Kohlhaas in der gleichnamigen Erzählung weltberühmt machte.

Hermannplatz. Wichtigster Platz im Bezirk ↑Neukölln, obwohl das Karstadt-Gebäude, das ihm das Gepräge gibt, eigentlich schon auf Kreuzberger Boden steht. Mit der ↑Hasenheide, der Urbanstraße und dem Kottbusser Damm, die von West, Nordwest und Nord auf ihn zulaufen, und der Hermannstraße, der ↑Karl-Marx-Straße und der ↑Sonnenallee, die süd- und südostwärts von ihm abgehen, ganz zu schweigen von der kleineren Weserstraße, ist der H. Dreh- und Angelpunkt des Berliner Südostens. Die U-Bahnlinien 7 und 8 kreuzen sich hier in einem unterirdischen Turmbahnhof, der insbesondere mit seiner unteren Halle (140 Meter Länge und 7,5 Meter Höhe) ein architektonisches Prachtstück ist, ein Meisterwerk von Alfred Grenander, dem legendären Berliner U-Bahnbauer. 1923 bzw. 1926 ist der Bahnhof eröffnet worden, und die Sensation war damals der direkte unterirdische Zugang zum Kaufhaus. Gesponsert war das alles natürlich von Karstadt. Umgestiegen werden konnte in den dreißiger Jahren in x Straßenbahnlinien. Das Gewusel auf dem Platz ist aber heute auch nicht geringer. Die einen freuen sich am munteren Treiben und am »Tanzenden Pärchen«, von Joachim Schmettau geschaffen, die anderen an ihrer fetten Beute oder dem niedergeschlagenen Gegner, denn bei der Kripo gilt der Hermannplatz als ein Schwerpunkt krimineller Aktivitäten.

Hertha BSC. (a) Berliner Fußballverein, (b) Maßstab für die Befindlichkeit der Berliner, (c) Synonym für Haßliebe. Die Mehrzahl der einheimischen Männer war total down, als Hertha in der Regional- bzw. der zweiten Bundesliga kickte und damit das Berliner Motto »Wir sind die Größten« derart schmerzlich konterkarierte, daß man den Verein so zu verfluchen und zu hassen begann, als hätte die große Liebe einen grundlos verlassen. Ja, man kann es Leidenschaft nennen, was da im Spiele ist, und jedes Hertha-Tor macht high wie der Schrei beim Liebesakt. Zweimal schon war Hertha Deutscher Meister: 1930 mit einem 5 : 4 gegen Holstein Kiel und 1931 mit einem 3 : 2 gegen 1860 München. Hervorragender Spieler der damaligen Truppe war Hanne ↑Sobeck. Da der Verein früher am Gesundbrunnen spielte, wo es einen speziellen »Hertha-Platz« gab – ein Stadion, das abgerissen wurde und Wohnhäusern wich –, hießen die Hertha-Spieler auch »die Männer von der Plumpe«. Heute variieren die Sportjournalisten mit Begriffen wie »die launische Diva« oder »die alte Dame Hertha«. Das bezieht sich darauf, daß der Verein am 25. Juli 1892 gegündet worden ist – und zwar auf einem Dampfer namens »Hertha«. Folglich war er auch des öfteren vom Untergang bedroht, so im Mai 1966, als man vom DFB wegen Lizenzerschleichung und anderer Delikte aus der Ersten Bundesliga ausgeschlossen worden war. Aber auch heute ist der Verein immer gut für einen kleinen Skandal, und bezeichnet man Bayern München als FC Hollywood, so wäre Hertha BSC mit FC Babelsberg gut skizziert, zumal die Ufa der Hauptsponsor ist.

Herz. Körperteil, das dem Berliner in kritischen Situationen puppert oder in die Hose rutscht.

Herzzentrum. 1986 im Universitätsklinikum Rudolf Virchow im Wedding eröffnet, hat es unter der Leitung von Prof. Roland Hetzer Weltgeltung gewonnen.

Hochbahn. Teile der Berliner U-Bahn, die nicht im Tunnel, im Einschnitt oder auf einem Damm verlaufen – und dies sind die Abschnitte der U 1 (grün) zwischen Kurfürstenstraße/Gleisdreieck und Warschauer Straße (erbaut von Siemens und größtenteils 1902 eröffnet) und der U 2 (rot) zwischen Wittenberg-/Nollendorfplatz und Gleisdreieck/Potsdamer Platz (1902) sowie zwischen Senefelder Platz/Eberswalder Straße und Schönhauser Allee/Vinetastraße (größtenteils 1913). Damit gibt es in Berlin 13 echte Hochbahnhöfe, nämlich: Nollendorfplatz (oben), Bülowstraße, Gleisdreieck, Mendelssohn-Batholdy-Park (im Herbst 1998 eröffnet), Eberswalder Straße, Schönhauser Allee, Möckernbrücke, Hallesches Tor, Prinzenstraße, Kottbusser Tor, Görlitzer Bahnhof, Schlesisches Tor und Warschauer Straße. Gemäß der alten Berliner Redensart »Komm'n Se rin – können Se rausgucken« können wir Ihnen also nur empfehlen: »Fahren Sie Hochbahn, dann können Sie auf Berlin herabsehen«, was insbesondere am Gleisdreieck (Blick auf den Potsdamer Platz) oder auf der Oberbaumbrücke (unten Spree und Osthafen) sehr reizvoll ist. Wer die Angstlust liebt, nehme die U 1 von Gleisdreieck bis Hallesches Tor, dann hat er in Fahrtrichtung rechts tief unter sich immer den Landwehrkanal vor Augen und kann erschauernd vor sich hin murmeln: »Was ist, wenn der Zug nun runterfällt ...?« – Preisfrage: Gab es neben der Hoch- auch eine *Flach*bahn in Berlin? »Sie Witzbold Sie!« Gemach, gemach: Es gab sie wirklich, und zwar war das die Bezeichnung für die Straßenbahnlinie, die die Hochbahngesellschaft betrieb, um ihre Fahrgäste vom östlichen Endpunkt der H., Warschauer Brücke, in Richtung »Centralviehhof« und Lichtenberg weitertransportieren zu können (eröffnet schon 1901).

Hochschule der Künste. Hier in der Hardenbergstraße gegenüber dem Steinplatz zu studieren, davon kann der Kühnste nur träumen. Der echte Berliner hat da ein sehr sinniges Unterscheidungskriterium: »Es gibt Künstler und Dilettanten: Die einen treffen ins Loch, die anderen scheißen auf die Kanten.« In elf Fachbereichen mühen sich an die 4000 Studierende der HdK um die höchstmögliche Trefferquote. Bei ihren Festen schaffen sie das zumeist.

Höchste Eisenbahn. Meint nicht die Fernbahn auf den hohen Stadtbahnviadukten, sondern soll als Ausruf anwesende Kommunikationspartner davon überzeugen, daß man es eilig hat. Zu verdanken haben wir diese Wendung einem schußligen Briefträger in einem Sketch Adolf Glaßbrenners von 1847 (»Heiratsantrag in der Niederwallstraße«), wo der Mann bei seinen künftigen Schwiegereltern um die Hand seiner Braut anhält, aber bald wieder enteilen muß, weil der nächste Postzug im Anrollen ist. Statt »Es ist höchste Zeit, die Eisenbahn kommt!« ruft er: »Es ist die höchste Eisenbahn ...«

Hohenschönhausen. Böswillig als Hohenschöngrünkohl bezeichnetes Dorf mit ehemals riesigem Stasi-Areal und noch größerem Neubaugebiet.

Hoppegarten. Gehört zwar nicht zu Berlin, wohl aber an Renntagen den Berlinern, wenn dort auf der Galopprennbahn die Pferdchen hoppen.

Hottengrund. Ein herrliches Wort – doch was soll es bedeuten? Ist es eine Gegend, wo die Jugend früher gejazzt, also gehottet hat? Ist hier ein Mann mit Vornamen Horst, berlinisch: Hotte, heimisch gewesen (»Olle Hotte'n sein Grund«)? Oder hat man in den Zeiten der Kolonie Deutsch-Südwest einen Hottentotten hierher verschleppt? Wir wissen es nicht. Fest steht nur, daß Hottengrund ein Teil des Spandauer Vororts Kladow ist und zu Zeiten der alliierten Schutzmächte den Engländern mit den Montgomery-Barracks Unterkunft geboten hat.

Hufeisensiedlung. Die bekannteste Großsiedlung der zwanziger Jahre (mit 1024 Wohnungen) in ↑Britz. Nach Plänen von Bruno Taut und Martin Wagner entstand 1925–27 der Kern aus einem hufeisenförmigen Baublock um den Louise-Reuter-Ring herum. In der Mitte liegt ein Teich, und das Ganze öffnet sich hin zur Fritz-Reuter-Allee, wie hier ringsum alles an den mecklenburgischen »Kein Hüsung«-Dichter (1810–1874) erinnern soll, zum Beispiel die Onkel-Bräsig- und die Onkel-Herse-Straße.

Hugendubel. Großbuchhandlung an der Ranke-, Ecke Tauentzienstraße (früher »Herder«) und in der Friedrichstraße, neuerdings auch am Potsdamer Platz.

Hugenotten. Ab 1685 nach Berlin und in die Mark Brandenburg eingewanderte protestantische Franzosen (und Schweizer), die über Jahrhunderte die karge preußische Kultur und Wirtschaft prägten und belebten. Um 1700 waren fast ein Fünftel aller Einwohner Berlins H., die bis 1809 eine eigene Rechtsprechung besaßen und sich erst in dritter Generation völlig zu assimilieren begannen. Ihr Einfluß auf die Sprache, das öffentliche Leben und die Mode blieb bis ins 20. Jahrhundert spürbar.

Hugo. Meint nicht, wie die Gebildeten unter Ihnen meinen werden, einen französischen Schriftsteller, sondern die Träger des deutschen Vornamen, denen man offenbar übernatürliche Kräfte zutraut, wenn man im Sinne von »Dein Wille geschehe« ausruft: »Das walte Hugo!« Der ist nun widerum nicht zu verwechseln mit »Hühner-Hugo«, Berlins erster und legendärer Hühnerbraterei in der Brandenburgischen Straße nahe Kudamm, deren Werbung sprichwörtlich gewesen ist: »Oft kopiert, nie erreicht.«

Humboldthain. Ist nach dem Friedrichshain der zweitälteste Volkspark Berlins (angelegt 1869–75), nach dem Kriege ergänzt durch die Humboldthöhe (85 Meter), die entstanden ist, als man die dort nahe der S-Bahn stehenden Hochbunker nicht sprengen konnte und teilweise zuschüttete. Immer wieder dringen innerstädtische und von Indiana Jones befruchtete Abenteurer in das Innere der verbergten Bunker vor und verbreiten Schauerliches, während man von der Plattform aus Berlins Norden bestaunt und sich Bergsteiger an den Betonwänden abmühen, ihre Grenzen zu finden. Früher reimte die Werbung: »Auf einer Bank im Humboldthain stand:/Ja, Noris ist ein guter Weinbrand.« Hat man genügend Alkohol genossen, wird man fragen, welches Weib denn die schöne große Brosche auf dem Bunkerberg vergessen habe. Irrtum, dies ist das symbolhafte Mahnmal »Wiedervereinigung« von Arnold Schatz aus dem Jahre 1967.

Humboldtschlößchen. Ein schlichter, von der Straße aus kaum auszumachender und für die örtliche Kulturverbreitung wenig genutzter klassizistischer ↑Schinkel-Bau in Tegel, auch als Schloß Tegel bekannt. Das H. ist seit 1766 im Besitze der Familie von Humboldt, die im Park auch ihre Grabstätte hat, dicht am märkischen Traubeneichenmischwald und der vierhundert Jahre alten Alexander-von-Humboldt-Eiche. Achtung bei Gewittern!

Humboldt-Uni. Im ehemaligen umgebauten und erweiterten Palais des Prinzen Heinrich am Forum Fridericianum gegenüber der Staatsoper sowie in etwa 174 Nebengebäuden residierende älteste und drittgrößte Berliner Universität. 1809 von Wilhelm von Humboldt als Friedrich-Wilhelm-Universität gegründet, wurde sie 1949 nach ihrem Gründer benannt, den man heute am Eingang des Hauptgebäudes Unter den Linden in Stein bewundern kann. Rechts des Eingangs, Richtung Allex, sitzt sein Bruder Alexander von Humboldt.

Hund. »Een dicka Hund« ist keine an der Leine (oder auch nicht) geführte Speckwalze der Gattung *Canis familiaris*, sondern ein bemerkenswerter, zumeist unangenehmer Vorfall, bei dem unter Umständen »der Hund inne Fanne varrickt wird«.

Hundekacke. In Berlin gehäuft vorkommender Fußweg- und Rasenbelag. Jedes Aufbegehren dagegen wird mit Ächtung des Querulanten und Meldung an den Tierschutzverein geahndet. Die Straßenreinigung überrascht von Zeit zu Zeit mit unkonventionellen Vorschlägen zur Beseitigung der H., von denen sich bisher keiner als wirksam erwiesen hat. Die Berliner treten noch immer jerne in't Jlück.

Hungerharke. Meint das ↑Luftbrückendenkmal mit seinen drei – zwanzig Meter hohen – Bögen, die wie die Zinken einer Harke in den Himmel ragen und die drei in den freien Westen führenden Luftkorridore symbolisieren sollen.

Huppdohle. Als H. bezeichnet man eine Ballettänzerin.

I

I bewahre ist ein berlinerischer Ausruf der Ablehnung oder Verneinung.

ICC. Ist nicht die neueste Variante des Schnellverkehrs der Deutschen Bundesbahn (Inter City Crash), sondern der Name des soeben neben dem ↑Funkturm gelandeten Raumschiffes. Nun mal im Ernst: ICC steht für Internationales Congress Centrum Berlin, müßte laut Duden ja eigentlich IKZ heißen, was aber aus verständlichen Gründen nicht geht. Der »Kongreßdampfer«, wie das ICC auch genannt wird, ist 320 Meter lang und 80 Meter breit, aluminiumverkleidet und weist achtzig Räume und zwei Hauptsäle mit zwei- bzw. fünftausend Plätzen auf.

ILA. Ist weder der etwas unrichtig gesungene Refrain eines Schlagers (»Ella, elle a«) noch der Kosename des ersten russischen Metropoliten Ilarion von Kiew (1051–54), der auch nicht der Politkommissar der Moskauer Metro war, sondern steht für die Internationale Luftfahrt Ausstellung, die seit 1992 alle zwei Jahre auf dem ↑Flughafen Schönefeld stattfindet und zum Mekka der deutschen Aviatiker geworden ist. Man ist dabei, Farnborough den zweiten Platz in Europa streitig zu machen, muß aber akzeptieren, daß Le Bourget weltweit die Nummer eins bleiben wird.

in- ist die Berlinische Fassung der Vorsilbe ein-: »Wenn de frieha een injeseeft (betrogen) hast, ham se dir möchlicherweise injespunnt (eingesperrt).« Lang, lang ist's her …

Info-Box. Ist rot, steht am ↑Potsdamer Platz und wurde zum Symbol für all das, was da an Baulichem geschehen ist und geschieht. Berlinbesucher wieseln scharenweise die Treppen hinauf, um sich darüber zu informieren, wie ihre geliebte Hauptstadt in Bälde aussehen wird. Ja, ja, die Schaustelle Berlin.

Insterburg & Co. Berliner Pop-Cabarett (Ingo Insterburg, Karl Dall, Peter Ehlebracht und Jürgen Barz), das nach den ersten Auftritten im »Reichskabarett« Mitte bis Ende der siebziger Jahre die neue deutsche Blödelkultur begründete, dieses herrliche und in systemtheoretischer Gesamtschau so unentbehrliche Gegengewicht zum deutschen (Bier-) Ernst. Es ist ja so ansteckend, siehe zum Beispiel die Erwähnung von Ethel Niederwürzbacher hier im Berlin-Lexikon (↑Haus der Kulturen der Welt).

Insulaner. Einmal Sammelbezeichnung für alle West-Berliner, die im Kalten Krieg auf einer Insel im roten Meer des Kommunismus leben mußten und nie die Ruhe verloren haben, und zweitens ein Trümmerberg von 75 Meter Höhe am Rande des Schöneberger Südgeländes (S 2 und S 25 Bahnhof Priesterweg) mit Sternwarte, Planetarium und Sommerbad.

Insulaner, Die. Legendäres Kabarett zur Stärkung des Durchhaltewillens der West-Berliner Bevölkerung zu Zeiten der Blokkade (1948–49) und des Chruschtschow-Ultimatums (1958). Von Günther Neumann ins Leben gerufen, sind den älteren Berlinern Ensemblemitglieder wie Tatjana Sais, Walter Gross (als »Funzionär«), Agnes Windeck und Bruno Fritz (als »Pollowetzer«) so lieb geworden, daß sie Tränen in den Augen haben, wenn ihre Namen fallen. Wurden die I. live im ↑RIAS übertragen, saß die gesamte Familie im Wohnzimmer und lauschte. »Der Insulaner verliert die Ruhe nich/Der Insulaner liebt keen Jetue nich./Der Insulaner hofft unbeirrt,/Daß seine Insel wieder'n schönes Festland wird.« Un so isset ja nu ooch jekomm'n – Jott sei Dank und dank die Insulana.

intus heißt drin sein und meint meistens den Alkohol im Magen: »Wenn eener einjes intus hat, kommts irjendwann ooch wieda raus.«

Invalidensiedlung. Ist die 1937 in Frohnau entstandende Fortsetzung des »Hospitals für lahme Kriegsleut«, das Friedrich II.

...als ehemaljer Westberliner bin ick irjendwie an sowat jewöhnt...

Insulaner

1748 in der Innenstadt begründet hatte (*Laeso et invicto militi* – »Dem verwundeten, doch unbesiegten Krieger«). Fünfzig einheitlich gestaltete Klinkerhäuser sind es heute, und über jedem Eingang befinden sich Reliefs, die an die Schlachten des Alten Fritz erinnern.

J

jachtern heißt keuchend atmen, »weil man sich ehm den janzen Tach abjejachtert hat«.

Jagdschloß Glienicke. Als der Große Kurfürst im Jahre 1682 seinen Baumeister Charles Philippe Dieussart fragte, was er denn tun könne, damit die Berliner dreihundert Jahre später eine wunderschöne Jugendbegegnungs- und Bildungsstätte, ja vielleicht sogar eine Heimvolkshochschule hätten, kam die Antwort, im Glienicker Park zwischen Potsdam und Berlin ein Jagdschloß zu errichten. Und so geschah es denn auch.

Jagdschloß Grunewald. Was für den kleinen Mann seine Laube (West) oder Datsche (Ost), ist für den Fürsten sein kleines Schloß irgendwo im Grünen (ein pompöses Stadtschloß hat er ja eh), und wie wir einfachen Wanderer aus dem Volke heute höchstens einen Kothaufen in die Landschaft setzen, so taten es die Potentaten früherer Zeiten mit ihren Jagdschlössern. Das im Berliner ↑Grunewald wurde 1542 von Caspar Theyß und seinem Maurerkollektiv errichtet und später von Rochus zu Lynar ergänzt und stellt heute den einzigen Renaissancebau dar, der Berlin aus der Zeit von Joachim II. noch hat. Gesammelte Gemälde kann man sich in seinen Räumen heute ansehen, und gleich nebenan gibt es ein Jagdzeugmuseum und für den hungrigen Gast eine schöne Romie.

Jannowitzbrücke. Auch Janovenbrücke genannt, was wohl nicht gänzlich falsch war. *Ganew* kommt aus dem Jiddischen und bedeutet Dieb. Die ursprüngliche, 296 Fuß lange hölzerne Zugbrücke hatte ein Herr Jannowitz »auf Aktien« erbaut. Vorher mußte man sich für drei Pfennige Fährgeld übersetzen lassen.

Jauersche. An sich warme Würstchen, benannt nach der ehemaligen schlesischen Kreisstadt Jauer, im Alltag aber der Ausdruck für etwas dickliche, also Wurstfinger: »Nimm deine Jauerschen vom Tisch!«

Jettchen Gebert. Hauptfigur in den 1906 bzw. 1908 erschienenen Romanen »Jettchen Gebert« und »Henriette Jacoby«, wie sie nach der Heirat heißt, von Georg Hermann (*1871 in Berlin, ermordet 1943 im KZ Birkenau, eigentl. G. H. Borchardt), in dem meisterhaft das biedermeierliche Berlin und das Leben einer jüdischen Familie beschrieben wird.

jetze ist der untrügliche Indikator dafür, daß jemand aus Ost-Berlin kommt (oder der Ex-DDR ringsum). Man braucht weder einen heimlichen Blick in den Ausweis eines anderen Menschen noch lange Gespräche oder Fragebögen, sondern muß nur darauf achten, ob er »jetzt« (West) oder »jetze« (Ost) sagt; dieses eine Wort klärt alles und ist das Verblüffenste, was sich im Hinblick auf die berühmte Reduktion von Komplexität nur denken läßt.

jiepern kann es einen nach Verschiedenem: »Ick hab vleicht een Jieper uff ne Ssijarette!«

jj ist ein Kürzel für ein kurz nach Erfindung des Flugzeugs in Berlin entstandenes Kommando: »Jib Jas!«

Johannisstift. Da Stift in Berlin nicht nur einen kleinen Nagel und das bekannte, entgegen seinem Namen absolut bleifreie Schreibwerkzeug meint, sondern auch einen Lehrling, könnte man denken, daß hier einem Lehrling namens Johannes ein Denkmal gesetzt worden ist, vielleicht weil er rechtzeitig stiften gegangen ist, doch dem ist nicht so, denn das ev. J. (ev. für evangelisch und nicht für ewiglich), von Johann Heinrich Wichern 1858 in Berlin-Moabit gegründet und 1910 wegen des Westhafenbaus nach Hakenfelde an den Rand des Spandauer Forstes verlegt, bildet Diakone und Fürsorger aus und widmet sich der Pflege alter, kranker und behinderter Menschen. Es ist eine Berliner Institution, und wenn man vom ihm spricht, geschieht das stets mit Hochachtung.

Jott. Der wichtigste Berliner Buchstabe: »Jeh mit Jott, denn jehste nich alleene.«

jraulen tut sich der Berliner, »wenn et so richtich jraulich« (gruselig) ist.

Juhnke, Harald. Bedarf keiner weiteren Kommentierung, da ihn eh alle kennen, und manche werden über ihn mehr wissen als über ihren eigenen Vater. »Davon träumen alle Mädchen« (1961 mit Marion Michael unter der Regie von Thomas Engel), aber nicht nur die. Geboren worden ist er jedenfalls am 10. Juni 1929 in der Frauenklinik Charlottenburg.

Juliusturm. Dreißig Meter hoher Wachtturm auf der Spandauer ↑Zitadelle und deren ältestes Bauwerk (um 1250 errichtet). Ist auch ein Synonym für zurückgelegtes Geld, da hier die fünf Milliarden Francs aufbewahrt wurden, die Frankreich als Reparation nach dem verlorenen Krieg von 1870/71 an das Deutsche Reich zu zahlen hatte (der »Reichskriegsschatz«). Wer unter ausgeprägter Höhenangst leidet, für den ist der Aufstieg hinauf zu den Schinkelschen Zinnen des J. – immer an der Wand entlang und dann auf einer Art Hängebrücke quer über den Abgrund im Inneren hinweg – der sichere Tod. Es wird von Menschen berichtet, die es zwar hinauf geschafft hatten, dann aber ... Nicht umsonst heißt das ganze Ensemble ja auch Zitterdelle.

Jum. Nicht etwa die Berlinische Aussprache des Moskauer Kaufhauses GUM, sondern stimmhaft »shumm« gesprochen, bezeichnet der Begriff den beneidenswerten Zustand mittelschwerer Trunkenheit: »Der is aba heute wieder schön im Jum!«

Jungfernbrücke. Berlins malerischste hölzerne Brücke, eine sogenannte Sinusoiden-Zugbrücke von 1788, die von der ↑Friedrichsgracht nahe der Sperlingsgasse über den westlichen Spreearm führt: vom ehemaligen Staatsratsgebäude zum ehemaligen Zentralkomitee der ehemaligen SED. Wo die ehemaligen Jungfern hergekommen sein sollen, ist umstritten und bleibt Berliner Geheimnis.

Justizvollzugsanstalt Tegel. Größte Haftanstalt für männliche Gefangene in Deutschland, Mitte 1998 waren es 1600 Strafgefangene (Knackis) bei 950 Mitarbeiterinnen und Mitarbeitern. Sechs Teilanstalten gibt es, und insgesamt nimmt die JVA die Fläche von 14 Fußballfeldern ein. Die Gefangenenzeitschrift heißt »Der Lichtblick«, und seit einiger Zeit ist Tegel nicht mehr in den Schlagzeilen, also im Hinblick auf Selbstmorde, geglückte Fluchtversuche, Geiselnahme und dergleichen nicht mehr auffällig geworden. Zu den prominentesten Insassen gehört derzeit Arno Funke, der als pfiffiger Kaufhauserpresser Dagobert viel PR für Berlin gemacht hat, ohne daß es ihm die Stadt jemals so richtig gedankt hätte.

jwd ist »janz weit draußen« (vor der Stadt) und meint »am Arsch der Welt«.

K

Kabarett. Eine Kunstform, die in Berlin erfunden worden sein könnte und hier erstmals in Deutschland an lebenden Zuschauern erprobt worden ist. Aus dem Berliner Tingeltangel und dem literarischen K. Ernst von Wolzogens, der im Januar 1901 in der Alexanderstraße 40 sein »Überbrettl« eröffnete, entstand innerhalb kürzester Zeit eine Subkultur, die in Berlin heute noch lebendig ist. (↑BKA)

kabbeln meint scherzhaft sich streiten.

Kabuff. Ein enger Raum, auch Kabuchte oder Kabuse genannt; ein Kabäuschen kann sowohl ein Klosett als auch eine Theaterkasse sein.

Kackstelzen. Berlinisch für Beine, mit denen man wie auf Stelzen durch die Hundekacke auf den Bürgersteigen läuft.

KaDeWe. Kauft Claire Grube eine Armbanduhr der Marke »Tick-Tack-Tuck« für 99 Mark bei Kuno & Böse in der Karl-Marx-Straße und ihre Freundin Anna Bolika die gleiche Uhr zum selben Preis im Kaufhaus des Westens (KaDeWe), dann sind das, wenn sie sich beim nächsten Geburtstag treffen, zwei ganz verschiedene Produkte, denn wenn Anna auf die Frage »Wo hasten die her?« mit »... na, aus'm KaDeWe« antwortet, dann schätzen die Umsitzenden deren Wert glatt auf knapp unter tausend Mark und begleiten die Vorführung mit einem anerkennend-neidischen »Oh ...«, während Claire mit ihrem baugleichen Chronometer von Kuno & Böse nur verspottet wird. Das eben macht das Image dieses Kaufhauses aus, das nach Plänen von Johann Emil Schaudt an der Tauentzien erbaut und 1907 eröffnet worden, im Krieg zerstört und am 3. Juli 1950 wieder in Betrieb gegangen ist. Insbesondere die Lebensmittelabteilung oben unterm Dach gilt als einzigartig und trägt am meisten zum Mythos dieses Hauses bei.

Kahn. »Ick jeh in' Kahn« meint das Bett, in weniger angenehmen Fällen bedeutet K. aber auch das Gefängnis.

Kaleika. Etwas ähnliches wie ↑Heckmeck, auf jeden Fall mit unnötigem Aufwand oder Geräusch verbunden: »Mach bloß nich so'n Kaleika!«

Kalmus. Eigentlich das in flachem Wasser wachsende Schilfrohr, in Berlin aber bekannt durch die Redewendung »Uff dem Kalmus piepen wa nich«, was heißen soll, daß man sich auf eine bestimmte Sache nicht einlassen will. Obwohl an der Humboldt-Universität gerade eine Habilitationsschrift zu diesem Thema in Angriff genommen worden ist und wir deren Ergebnis nicht vorwegnehmen wollen, meinen wir unter Bezugnahme auf eine Strophe aus einem Gedicht von Theodor Storm, daß sich Kinder früher aus dem Kalmus Pfeifen gefertigt haben: »... und schnitzt Pfeifen sich aus Kälberrohr.«

Kameruner. Im Sinne der *political correctness* unzulässige Gebäckbezeichnung. Vor allem die ältere Generation der Berliner hat es nicht leicht, korrekte Bezeichnungen für Amerikaner, Mohrenköpfe oder Negerküsse zu finden. Nur Liebesknochen darf man noch sagen, obwohl selbst diese im Russischen ganz anders heißen: Ecclair.

Karl-Marx-Allee. Vom ↑Allex zum neuen Frankfurter Tor und zurück führende mehrspurige Rennstrecke mit breiten Bürgersteigen und Blockrandbebauung im Stil vorgeblicher Marx-Nachfahren. Nur die beiden unauffälligen Laubenganghäuser gegenüber des Kosmos-Kinos wurden 1949 nach Entwürfen von Hans Scharoun gebaut. Die K. ist 1961 aus der Teilung der damaligen ↑Stalinallee entstanden, von den Berlinern deshalb auch Halb-und-Halb-Allee oder Rue de Blamage genannt.

Karl-Marx-Straße. Ist eine der wichtigsten Straßen Neuköllns, ehemals amerikanischer Sektor, und erstaunlicherweise auch in Zeiten des Kalten Krieges nicht umbenannt worden. Am ↑Hermannplatz beginnend, zieht sie sich fast drei Kilometer nach Süden und bietet an Anmerkungswürdigkeiten: die Albert-Schweitzer-Schule, an der einer der Verfasser dieses Lexikons 1957 mit der Traumnote von 3,1 sein Abitur machen durfte, Amtsgericht, Rathaus, Hertie, C&A, Post, Passage, Saalbau Neukölln, Magdalenen-Kirche und den S-Bahnhof Neukölln (Südring).

Karlshorst. Seit 1895 mit höchstem kaiserlichem Wohlwollen auf der Friedrichsfelder Feldmark entstandene Villenkolonie mit Trabrennbahn und einer drehbaren Luftschiffhalle von Siemens-Schuckert. Am 8. Mai 1945 war K. Ort der 2. Unterzeichnung der bedingungslosen Kapitulation Nazi-Deutschlands. 1945–94 Sitz der wichtigsten sowjetischen Behörden in Deutschland, später in der DDR, wurde es deshalb auch als Berliner Kreml oder Klein-Moskau bezeichnet. Vom Sperrgebiet in K. fuhr in den ersten Nachkriegsjahren eine eigentlich den Sowjets vorbehaltene Straßenbahnlinie nach ↑Wendenschloß, der sogenannte Machorka-Expreß.

Karneval der Kulturen. Großes Straßenfest in Kreuzberg, wo Musikgruppen aus aller Herren und Frauen Länder durch die Straßen ziehen und multikulturelle Orgasmen auslösen, verstanden als ideologisches Gegenstück zum Karneval der Rhein-Main-Region wie der deutschen Volksmusik à la Oberkrainer. Is uff alle Fälle een ivent, zu dem Se unbedingt ma jehn'n sollten.

Karree. Geviert oder Häusergeviert. Früher, als die Menschen abends noch nicht um die Häuser zogen, jing der Berliner mal um sein Karree, an dessen vier Ecken sich gewöhnlich vier Kneipen befanden.

Kartoffeln abgießen. Umgangssprachlich für Harn lassen: »Ich geh mal schnell die Kartoffeln abgießen!«

Kaschemme. Die unterste Abart einer Kneipe, tiefer geht's nimmer.

Kasernen. Angesichts der Soldatenliebe der Preußen und ihrer Herrscher in Berlin verbreitete Form des öffentlichen Wohnungsbaus. Zu ihrer Entstehungszeit stellten K. dennoch einen Fortschritt dar: Vorher huckten die Soldaten den Berlinern als lästige Einquartierung auf der Pelle. Im Zweiten Weltkrieg sind gerechterweise auch viele K. zerstört worden, eine besonders schöne und erhaltene steht am Mehringdamm und dient heute als Finanzamt.

katholisch waren die Berliner nur, wenn sie kein Geld hatten. Ansonsten bedeutete k. soviel wie falsch oder heuchlerisch, aber auch wütend: »Et is zum kathol'sch wer'n!« Der Schlesische Bahnhof, auf dem die (k.) Zuwanderer aus Polen und Schlesien anreisten, hieß auch der »Kathol'sche Bahnhoff«.

Kaulsdorf. Ein Dorf weit im Osten der Stadt, in dem der Berliner Apotheker Achard 1784 zum erstenmal in der Welt Rübenzucker produzierte.

Keks. »Du hast ja 'nen weichen Keks« bedeutet nicht, daß man seinen Gesprächspartner über die geringe Härte seines Gebäckes informieren möchte, sondern soll ihm seine geistige Beschränktheit signalisieren. Keks steht also für Kopf und Gehirn, und »Det jeht mir aba langsam uff'n Keks« deutet an, daß man sich genervt fühlt.

keß heißt soviel wie flott oder dreist und bezeichnet Eigenschaften, die bei den überaus bescheidenen Berliner(innen) nun einmal sehr selten sind.

Keule. Wurden wir in unserer Jugend gefragt: »Haste meine Keule gesehen?«, so war das kein rechtsradikaler Brandenburger, der auf der Suche nach seinem Baseballschläger war, um den nächsten Ausländer oder ersatzweise Berliner niederzuschlagen, sondern ein ganz harmloser Zeitgenosse, der nach seinem Bruder fahndete.

keuzen ist die euphemistische Verballhornung jener Tätigkeit, die man auch mit der Feststellung umschreibt, jemand studiere Kotzebues Werke oder gebe diese heraus, hochsprachlich ausgedrückt meint es: kotzen.

kiebig zu sein ist eine der in Berlin seltenen Eigenschaften: aufsässig oder frech. »Nu wer'n Se ma nich kiebig, Männeken!«

Kien. »Berliner Jungens, die sind helle, Berliner Jungs sind auf dem Kien«, sangen die Schöneberger Sängerknaben vor fünfzig Jahren. Auf dem K. ist, wer wachsam auf den eigenen Vorteil achtet.

Kienäppel sammeln. Nach dem Krieg waren die Berliner Wälder wie leergefegt, denn Brennbares war absolute Mangelware, und man zog mit Kind und Kegel hinaus, um Kienäppel und Kleinholz zu sammeln (amtlich: aufzulesen). Kienäppel (Appel = Apfel) sind Tannenzapfen, die auf Kiefern wachsen. Teilweise brauchte man einen amtlichen »Leseschein« dazu. Die absolute Krönung der Selbstversorgung mit nichtfossilen Brennstoffen war die Erlaubnis, irgendwo in einem der Berliner Forsten einen Stubben roden zu dürfen.

Kiepert. Große Buchhandlung in der Hardenbergstraße, gleich am Ernst-Reuter-Platz, neuerdings mit mehreren Filialen, u. a. in Mitte.

kiesetig ist jemand, der am Essen herummäkelt. Könnte es nicht auch an der Gastronomie liegen?

Kiez. Anders als in Hamburg hat das Wort in Berlin keinen unanständigen Beiklang. Von der ursprünglichen Fischersiedlung abgeleitet, meint es lediglich das vertraute Wohnviertel. Jeder Berliner wohnt in seinem K. oder Dreh. K. hießen Ortsteile in Köpenick und Lichtenberg.

Kille kille Pankow, kille kille hopsasa. Literarisch bemerkenswerte Refrainzeile eines Gassenhauers von 1898, die auf Vergnügungen im nordöstlichen Berliner Bezirk ↑Pankow hinweist, den ein längst dahingegangener Bundeskanzler stets Pankoff aussprach und für den Regierungssitz der DDR in Sibirien hielt. In Wahrheit wohnten die Bonzen im Pankower Städtchen, bevor sie nach Wandlitz entfleuchten. (↑Niederschönhausen)

Kind und Kegel. Mit »Kind und Kejel« zieht der Berliner heute wie damals am Wochenende »in't Jrüne«. Auch die außerehelich geborenen Nachkommen (Kegel) wurden nicht vergessen, und von denen gab es in der Garnisonsstadt Berlin reichlich.

Kinkerlitzchen. Klingt deutsch, obwohl es aus dem Französischen stammen soll: *quincaille* heißt Flitterkram oder Flausen, und genau das ist mit K. gemeint.

Kintopp. Der Besitzer des ersten Kinematographentheaters am Kottbuser Damm hieß Topp. Der Name wurde bald auf alle Kintöppe der Stadt angewendet und gilt noch heute als abwertendes Synonym für billige Filmware oder für Ereignisse, die den darin geschilderten entsprechen.

Kirchen. Am liebsten geht der Berliner dort in die Kirche, wo die Gesangbücher Henkel haben. Dennoch besitzt Berlin dank der Gottesfurcht seiner Einwohner (echte) K. in kaum überschaubarer Zahl, darunter auch russisch-orthodoxe und islamische Moscheen. Neben den zahlreichen alten Dorfkirchen (über dreißig) sind besonders bemerkenswert die Nikolaikirche als ältester Sakralbau Berlins, in deren Rekonstruktion immerhin noch die originalen Feldsteinmauern aus der Entstehungszeit stecken, die fast ebenso alte Marienkirche mit dem Totentanz aus der Pestzeit und die gut versteckte Heiliggeistkapelle in der Spandauer Straße. In der Klosterstraße stehen die Ruine der Klosterkirche und die Parochialkirche von 1703, in deren Grabgewölben demnächst zahlreiche alte Särge besichtigt werden können. Den schönsten und einstmals höchsten Turm hat die 1712 errichtete Sophienkirche in der Nähe des Hackeschen Marktes. Auch ↑Schinkel hinterließ in Berlin mehrere K. Die weitaus meisten K. stammen jedoch aus der Zeit der Jahrhundertwende – und sehen auch so aus. Natürlich gibt es in Berlin auch moderne K. Ein Unikum stellt die architektonisch unauffällige neuapostolische Kapelle am Lichtenberger Münsterlandplatz dar, sie ist die wohl einzige K. der Welt, die ein kommunistischer Geheimdienst (anstelle des in der Normannenstraße abgerissenen Baus von 1930) errichten ließ. – Von den ehemals zahlreichen jüdischen Synagogen sind nach dem Pogrom im November 1938, nach Kriegszerstörungen und großzügigem ↑Abriß nur wenige wiederaufgebaut worden. (↑Neue Synagoge)

Kiwief. »Auf'n Kiwief« ist der Berliner immer: aufmerksam und auf dem Posten. Im Französischen bedeutet es einfach nur: »Wer da?«

Kladderadatsch. Das Geräusch einer herunterfallenden Suppenterrine diente seit 1848 als Titel eines Berliner Witzblattes. Gemeint war der erhoffte Zusammensturz des Regimes, zu dem es jedoch nicht kam. Da standen die Berliner wieder mal da mit dem »janzen Kladderadatsch«.

Kladow. Eine Ortsbezeichnung, die 1267 entstanden sein soll, als sich Arnold von Bredow im Walddreieck zwischen dem Sacrower und dem Glienicker See sowie der Havel zuerst verritten hatte, dann aber auf Hildegard gestoßen war, nicht die von Bingen, sondern die aus Spandau vom Kloster der Benediktinerinnen. Nicht, was sie jetzt denken mögen, geschah dann (siehe letzte Zeile), denn Bredow beließ es bei der Frage, ob es da lang, wohin er mit dem Finger zeigte, wohl nach Sacrow ginge. »Kla do«, war die Antwort (»Klar du«), und der Ritter beschloß, an dieser Stelle eine Siedlung zu errichten. Und da die vier Beine seines Pferdes 46 Abdrücke hinterließen, wurde das Dorf mit 46 Hufen ausgestattet. So nachzulesen im Landbuch Karl IV. vom Jahre 1375. Entgegen der Planung von 1936 hat Kladow die U-Bahnlinie F III noch immer nicht erhalten (und wird wohl auch nie), und man muß mit dem Auto oder dem Bus von Spandau aus anreisen, wenn man es nicht vorzieht, mit dem Dampfer oder über Potsdam zu fahren. Kurt Mühlhaupt hatte hier sein Atelier, und auch die Dorfkirche ist hübsch anzuschauen. Die BVG-Fähre bringt einen mit einem normalen Fahrschein nach Wannsee und zur S-Bahn hinüber, es sei denn, es gibt Nebel und/oder Eisgang auf der Havel. Die vorgelagerte Insel Imchen hat man zum Naturschutzgebiet erklärt, so daß die Vögel dort ungestört das tun können, was ihnen den Namen gegeben hat.

Klammerbeutel. Von manchen Eltern anstelle der Puderdose zur Kinderpflege verwendet, hinterläßt der K. mitunter Spuren am Intellekt: »Dir ham se woll mit 'n Klammerbeutel jepudert?«

klamüsern mußten die Autoren janz schön, nachdenken nämlich, um jeden Begriff bedarfsgerecht für den Leser auseinanderzuklamüsern, was ungefähr das gleiche meint wie auseinanderpolken oder auseinanderposamentieren: erklären.

klar ist in Berlin alles wie dicke Tinte, wie Kloßbrühe oder wie Klärchen. Dieser weibliche Vorname, der einem Ballhaus in der Auguststraße den Namen gab, steht auch für die Sonne: »Klärchen meint et heute jut mit uns.« Allet klar? Na klar!

Kleedasche. Vornehm Kledage geschrieben, meint der Begriff: Kleidung. Gingen die Damen früher auf die Toilette, mußten sie die janze Kleedasche hochheben.

Kleistgrab. Liegt am Südufer des Kleinen Wannsees und trägt eine Inschrift aus dem »Prinzen von Homburg«: »Nun o Unsterblichkeit bist Du ganz mein.« Am 21. November 1811 hat sich Heinrich von Kleist hier erschossen. Nicht mit einer Pistole, sondern mit seiner Geliebten Henriette Vogel. Der Kleistpark hingegen ist woanders gelegen, nämlich an der Potsdamer Straße in Schöneberg, wo im pompösen Kammergerichtsrat auch der Alliierte Kontrollrat gesessen hat.

Klietsch. Das feucht gebliebene Innere eines nicht durchgebakkenen Kuchens, eben Klietschkuchen.

Klinikum Steglitz. Monumentale Gesundmachungsfabrik an der Steglitzer Klingsorstraße, auch Lehr- und Forschungszentrum der FU.

klötern meint ständiges Hin-und-her-laufen: »Kommste schon wieda anjeklötert?«

Knäste. Der bekannteste Berliner Knast ist zweifellos die ↑Justizvollzugsanstalt Tegel, aber wer in den Bau muß, kann auch mit anderen temporären Aufenthaltsorten rechnen: als Jugendlicher mit Plötzensee, der ↑»Plötze«, als Untersuchungshäftling mit ↑Moabit, als Freigänger mit Hakenfelde oder Düppel, als Abzuschiebender mit der Kruppstraße oder Grünau. Der weltweit berühmteste Berliner Knast war zweifellos das Spandauer Festungsgefängnis, in dem die Nazikriegsverbrecher verwahrt und in monatlichem Wechsel von den Alliierten bewacht wurden. Nach dem Tod des letzten Insassen, das war Rudolf Heß, der Stellvertreter Hitlers, wurde es 1987 abgerissen.

Knautschke. In West-Berliner Inselzeiten das eigentliche Wappentier der Stadt: ein Exemplar der Gattung Nil- oder Flußpferd *(Hippopotamidae)*, das 1943 im Berliner ↑Zoo geboren wurde und mit seinem zerknautschten Gesicht bald zum Liebling der Massen avancierte. K., der den Bombenkrieg überlebte, stand für das (West-) Berliner »Wir sind nicht totzukriegen«. Als er 1988 starb, trauerten Hunderttausende um ihn.

Knef, Hildegard. Berliner Stadtheilige (»Hildchen«), seit sie in ihren Chansons verkündet hat, Heimweh nach dem Kurfürstendam und noch einen Koffer in Berlin zu haben, woselbst sie allerdings nicht geboren worden ist, denn dies geschah am 28. Dezember 1928 in Ulm. Ihre Biographie »Der geschenkte Gaul« (1971) ist ebenso wichtig für ein umfassendes Berlin-Verständnis wie ihre Filme »Die Mörder sind unter uns« (1946) und »Jeder stirbt für sich allein« (1976).

Kneipe. Wenn Sie bis hierher vorgedrungen sind und nicht mal wissen, was das ist, haben Sie ihr Geld umsonst ausgegeben: »Hätt'n Se't lieba bein Kneipje vasoffen!«

Knief. Entstammt der gleichen Wurzel wie englisch *knife*, das Messer, meint aber ein solches minderer Sorte: »Det is ja 'n richtja Käseknief!«

Knobelbecher, auch Trudelbecher: (lederner) Becher zum Wür-

Ich versteh' echt nicht, warum du jeden Abend in die Kneipe mußt!
Meine Frau versteht mich nicht...

Kneipe

feln. K. sind aber auch die Stiefel des Militärs, und als Trudelbecher bezeichnet man ein Lieferfahrzeug mit Fließbeton.

Knobelsdorff, Georg Wenzeslaus von (1699–1753). Oberintendant der Schlösser und Gärten in Berlin. Von ihm stammen die Pläne für den ↑Tiergarten und das ↑Opernhaus Unter den Linden sowie für die Schlösser Rheinsberg und Sanssouci.

Knobloch, Heinz. 1926 in Dresden geborener Schriftsteller, Feuilletonist und exzellenter Kenner der Berliner Geschichte.

Knorpel. Der Adamsapfel. »Een hintan Knorpel jießen« bedeutet (Alkohol) trinken.

knülle, eigentlich knille, bedeutet abgearbeitet oder besoffen sein. »Du hast ja 'ne Knille« meldet hingegen Zweifel am Geisteszustand des anderen an.

Koblanks. Waschechter Roman aus dem Berlin der Kaiserzeit, in dem Erdmann Graeser (1870–1937, aufgewachsen zwischen Nollendorfplatz und Bülowbogen) das facettenreiche Leben des Bierfahrers Ferdinand Koblank und seiner Familie vor uns ausbreitet, fortgesetzt in »Koblanks Kinder«. Zujereiste: Sofort koofen!

Koffer. Behältnis, das seit Hildegard ↑Knefs Durchhalte-Chanson »Ich hab' noch einen Koffer in Berlin« Kultstatus genießt. In Neukölln gab es über Jahrzehnte hinweg die Assoziation »Koffer-Panneck«, nach einem in der Karl-Marx-Straße, gleich am »aki«, dem Aktualitätenkino, gelegenen Laden. Hieß es aber im Kino, zu Hause oder in der Bahn »Da hat einer einen Koffer stehenlassen!«, dann war stehenden Fußes die Flucht zu ergreifen, denn das meinte einen mutwillig oder in höchster Not abgelassenen Magenwind von gewaltiger Gestankeskraft.

Kohlhasenbrück. Der Zehlendorfer Ortsteil am Griebnitzsee, wo die Brücke über den Teltowkanal zu finden ist, erinnert an den Kaufmann Hans Kohlhase, der 1532 im Kiez auf der Fischerinsel mit Speck, Honig und Heringen handelte und auf dem Wege zur Leipziger Messe von den Mannen des Günther von

Zaschwitz seiner beiden Klepper beraubt wurde. Was dann geschah, ist nicht bei Jochen Klepper im »Kahn der fröhlichen Leute« nachzulesen, sondern bei Heinrich von Kleist. Als ihm sein Landesherr Joachim II. nicht helfen will, überkommt ihn – den Kohlhase, nicht den Kleist – die große Wut, und er überfällt einen kurfürstlichen Silbertransport. Beim heutigen K. soll er es in der Bäke, dem Vorläufergewässer des Teltowkanals, versenkt haben. Dort harrt es noch immer darauf, gefunden zu werden.

Kokolores. Quatsch, Unsinn, unnützes Gerede, Plunder. Die Differenzierung zwischen Heckmeck, Menkenke und K. wird dem Auswärtigen kaum gelingen: »Et is ehm *nich* allens der jleiche Kokolores.«

Koks. Brennstoff, auch in Form von Rum mit einem Stück Zukker und einer Kaffeebohne genossen. »Jraf Koks vonne Jasanstalt« ist ein besonders vornehmer Mensch, der meistens auch K. (Unsinn) redet. Sollte er aber koksen, setzt er sich nicht etwa unter Drogen, sondern schläft – oder kotzt.

Kollo, Walter. 1913 wurde seine Operette »Wie einst im Mai« im Berliner Theater welturaufgeführt, und damit avancierte W. K. (1878–1940) zum »Operettenkönig«, einen Titel, den er sich allerdings mit ↑Paul Lincke und Jean Gilbert teilen muß.

Kollwitz, Käthe. Sie hatte in der kassenärztlichen Praxis ihres Mannes in Prenzlauer Berg das Elend Tag für Tag für Augen: die früh gealterten Fabrikarbeiter, die abgehärmten Frauen, die hohlwangigen Kinder, und hielt es in Zeichnungen, Radierungen, Lithographien und Holzschnitten fest. Von 1867 bis 1945 hat sie gelebt, und daß sie von der DDR als Nationalheilige vereinnahmt wurde, hat ihr im Westen erheblich geschadet. Heute gibt es das K.-K.-Museum im Westen, in der Wilmersdorfer Fasanenstraße, und am K.-K.-Platz im Osten gibt es keine sozialistische *Law-and-order*-Welt mehr, da toben sich am 1. Mai die sogenannten Chaoten aus, aus Kreuzberg zugewandert.

Kolonnaden. Führten im 18./19. Jahrhundert über die Festungsgräben und störten später den großstädtischen Verkehr. Sie wurden deshalb abgerissen bzw. an andere Stellen versetzt. Erhalten sind die Mohren- und Königskolonnaden sowie eine Teilkopie der Spittelkolonnaden.

Komische Oper. Früher an der Weidendammer Brücke gelegenes Operetten- und Revuetheater. 1946 im einstigen Metropol-Theater in der Behrenstraße neugegründetes Opernhaus, das unter der Leitung von Walter Felsenstein zu Weltruhm aufstieg. Das Gebäude wurde 1966/67 vollständig erneuert und umgebaut, wobei der Zuschauerraum unverändert blieb.

Kommode. »Liebste mir, oda ick zahack da de Kommode.« Dieser Spruch bezieht sich jedoch nicht auf die K. genannte Königliche Bibliothek am Bebelplatz, die 1775–80 erbaut und 1965–69 wiederhergestellt wurde. Sie heißt so aufgrund ihrer barock geschwungenen Fassade.

Kommune I. Meint die Sechseinhalb-Zimmer-Wohnung in der Charlottenburger Kaiser-Friedrich-Straße, in der Kommunarden und -dinnen wie Rainer Langhans, Fritz Teufel, Dieter Kunzelmann und Uschi Obermaier, politisch orientiert an Ché Guevara u. ä., alternative Lebens- und Verhaltensformen proben wollten: freie Liebe, absolute Gleichberechtigung von Mann und Frau, antiautoritäre Kindererziehung und Abkehr von rigiden bürgerlichen Normen. Welch Schock und Trauma für die Bürger! Wenn auch verkappt egozentrisch und in vielem verlogen, hat die Kommune I den Wertewandel in Berlin (und dem Rest der Republik) in erheblichem Maße ausgelöst bzw. beschleunigt und dem Leben der nachwachsenden Generation neue Horizonte beschert: Raus aus den verkrusteten Nach- und Vorkriegsstrukturen. Andererseits ist sie auch Ursache für das Mißtrauen, das man in anderen deutschen Gauen Berlin gegenüber hegt und pflegt, denn die Stadt ist seit den 68er-Zeiten schon anders als alle anderen.

Komplexannahme. In der DDR mangels ausgebildeter Psychiater eingerichtete Annahmestelle, die u. a. auch für schmutzige Wäsche und die Reparatur von Schuhen zuständig war.

Kongreßhalle. »Du hast ja ’n Dach ab!« konnte man der Kongreßhalle (West) 1980 zurufen, als ihres teilweise eingestürzt war. Im Volksmund soll sie »Schwangere Auster« heißen, aber im internen Dialog nennt kein Berliner sie so, auch der Name ↑Haus der Kulturen der Welt, unter dem sie seit 1989 firmiert, will keinem so recht über die Lippen gehen. Die Auster, 1957 zur Internationalen Bauausstellung (IBA) an den Rand des Tiergartens auf 1000 Betonpfählen gepflanzt, ist ein hochherziges Geschenk der USA an das Land Berlin. Im Auditorium haben 1200 Menschen Platz.

Köpenick. Neben Spandau eine weitere alte Stadt in Berlins Umgebung, auf einer Insel im Zusammenfluß von Dahme und Spree gelegen, mit einem Schloß und einem Rathaus, das der Hauptmann von K. bekannt machte. Der mehrfach vorbestrafte Schustergeselle Wilhelm Voigt verhaftete 1906 in Hauptmannsuniform den Bürgermeister und entkam mit der Stadtkasse. Diese Köpenickiade, von Carl Zuckmayer dramatisiert, blieb auch in unserer Zeit durch die Verfilmungen mit Heinz Rühmann und Harald Juhnke im Gedächtnis.

koscher meint: sauber, rein.

Kottbusser Tor, kurz auch Kotti. Eigentlich ist das K. nur ein Platz in ↑Kreuzberg, unterfahren von der U 8, zerschnitten vom stählernen Viadukt der U 1, von dem sternförmig sechs Straßen abgehen: die Dresdner, Adalbert, Kottbusser, Admiral, Skalitzer und Reichenberger, wobei die letzten beiden sowohl vor und hinter zu finden sind, der Kotti aber steht, vor allem mit seinem verslumten NKZ (Neuem Kottbusser Zentrum), für ein heruntergekommenes Stadtviertel. Die U-Bahnausgänge werden von »Haste ma ’ne Mark?«-Typen blockiert, und Punks und Skins fallen ins Auge. Auch das übrige Publikum sieht etwas durchmischt aus, so daß hier alle, die sich von Wilmersdorf oder Brechhausen an der Runze angeödet fühlen, ihren ersten Urbanitätsorgasmus kriegen können. Downtown beginnt am K. die Gegenwelt zu Kudamm oder Friedrichstraße, das Subkulturkaufhaus SO 36. Die Sprachpuristen, Germanisten, Deutschlehrer usw. haben hingegen anderes im Sinn und fragen sich: Das Hallesche Tor führte früher nach Halle, das Oranienburger nach Oranienburg usw., wohin aber ging die Straße vom Kottbusser Tor, denn im Berliner Umland und in der ganzen Mark Brandenburg gibt es keine Stadt mit Namen Kottbuss …? Wäre die größere menschliche Ansiedlung hinterm Spreewald gemeint, müßte es Cottbuser Tor heißen, mit einem »s« wie bei der Lebuser Straße in Friedrichshain, die nach Lebus an der Oder so heißt. (Nebenbei: In Hellersdorf an der U 5 nach Hönow haben wir einen Cottbusser Platz …)

KPM. Ist die Königliche Porzellan-Manufaktur, gegründet vom großen Friedrich, bei der in neuerer Zeit so viel vom hergestelltem edlen Gut zerschlagen wird, daß ihr ständig die Pleite droht.

Kraftwerk Klingenberg. Bis zur Wende Berlins größte Dreckschleuder. 1925–26 von Klingenberg und Issel durch die AEG erbautes Großkraftwerk mit Kohlestaubfeuerung und acht Stahlschornsteinen, die 1965 durch zwei Betonschornsteine ersetzt wurden. Seitdem befand sich das guterhaltene Industriedenkmal im permanenten Umbau und dient jetzt als Heizkraftwerk.

Kraftwerk Reuter-West. Damit ist nicht die Power gemeint, mit der Ernst ↑Reuter für die Freiheit (West-) Berlins gekämpft hat, sondern die nach ihm benannte Anlage zur Erzeugung elektrischer Energie vermittels auf dem Wasserwege angelieferter Steinkohle, die auf dem großen Industrieareal zwischen Nonnendammallee und Spree gelegen ist. Von den »Soffjets« nach dem Kriege demontiert, konnte es am 1. Dezember 1949 wieder in Betrieb genommen werden, wobei ein Großteil der Technik (1400 Tonnen) während der Blockade von Luftbrückenmaschinen eingeflogen worden war.

Krampenburg. Landzunge zwischen dem Langen See und der Großen Krampe (gegenüber von Schmöckwitz und auf dem Landweg über Müggelheim erreichbar), auf der sich früher ein burgförmiges Ausflugslokal befunden hat.

Kranzler. Ein Name, der allen, die vor 1930 geboren sind, auf der Zunge zergeht wie ein Baiser, und immer noch *das* Café Berlins, gegründet vom Wiener Zuckerbäcker und preußischen Hofkonditor Johann Georg Kranzler 1825 Unter den Linden, heute Kurfürstendamm, Ecke Joachimsthaler Straße zu finden. »Hier sitzen immer viele Touristen«, sagte einer der Verfasser dieses Buches im Kranzler einmal zu einem chinesischen Übersetzer, der gerade am Bahnhof Zoo angekommen war. Der griff sich in gelinder Panik seinen Koffer, um wieder auf die Straße zu laufen, lange bevor Kaffee und Kuchen serviert worden waren. Warum? Er hatte statt »Touristen« … »Terroristen« verstanden.

Krematorien. Gibt es in Wilmersdorf, Wedding und Baumschulenweg. Der berlinerischen Aufforderung »Ran an 'n Sarch un mitjewehnt« zum Trotz besucht man sie nur in dringenden Fällen. Bei der Auswahl von sogenannten Erdmöbeln, die dort mitverbrannt werden, sollte man den Rat eines erfahrenen Berliner Tischlermeisters beherzigen: »Und ick sare Ihn', kieferne Särje sind doch die jesündesten!«

Kremser. Von dem Berliner Fuhrunternehmer Kremser um 1825 eingeführte mehrsitzige Pferdewagen (Verlobungsjondel), die man auch heute noch für Gruppenfahrten mieten kann, wobei zu Beginn der Reise häufig die Getränke mehr Platz wegnehmen als die K.-Insassen. Da solche Fahrten vorrangig am Himmelfahrtstag (Vatertag!) veranstaltet werden, leitet sich daraus der Begriff Himmelfahrtskommando ab.

Kreuzberg. Ist (a) ein Berliner Bezirk, (b) die größte türkische

Gemeinde außerhalb der Türkei und (c) der Mythos einer glücklichen Gegengesellschaft zum bürgerlichen Berlin, gekennzeichnet durch das bewußt einfache, solidarische, hedonistische, spontane, kommerziell und handwerklich möglichst autonome, auf Selbstverwirklichung und Kreativität zielende, postmaterialistische, hierarchiefreie, niemand ausgrenzende, das Establishment ablehnende, an Naturvölkern wie den Yanomami-, Zuñi- und Hopi-Indianer orientierte und auf jeden Fall intensive Leben. Im Alltag sieht das so aus, daß K. prozentual die größte Zahl von Sozialhilfeempfängern hat, zum Ghetto armer und vom Kulturkonflikt geschüttelter Türken zu werden droht, mit den Bezirken Tiergarten und Mitte zusammengelegt werden soll und die Funktion des Freilandversuches alternativen Lebens an ↑Prenzlberg verliert. Faszinierend bleibt es allemal. Baedekermäßig merken wir an, daß K. 1920 als künstliches Gebilde aus der südlichen Friedrichstadt, der Luisenstadt und der Tempelhofer Vorstadt entstanden ist, benannt nach dem 66 Meter hohen Berg im Viktoriapark schräg gegenüber dem Tempelhofer Feld. Und wat jibt et hier Besonderet an Bauwerke? Den fürchterlich verbauten Mehringplatz am Hochbahnhof Hallesches Tor (Linie 1), den ↑Landwehrkanal, das ↑Museum für Verkehr und Technik, die Ruine des ↑Anhalters Bahnhofs, den ↑Martin-Gropius-Bau mit immer stark beachteten Ausstellungen, die Ausstellung »Topographie des Terrors«, die Bundesdruckerei, das ↑Berlin-Museum im Alten Kammergericht, die ↑Amerika-Gedenk-Bibliothek, das Künstlerhaus Bethanien am Mariannenplatz, den Hochbahnhof Schlesisches Tor und die Oberbaumbrücke.

Kreuzberger Nächte sind lang und verdanken ihre Verherrlichung einem Lied der Gebrüder Blattschuß. Nicht zuletzt hat ↑Kreuzberg dadurch bundesweit einen gewissen Kultstatus erreicht.

Kriminalität. Kommt in Berlin kaum vor, von ein paar Dutzend Einbrüchen, Raubüberfällen, Vergewaltigungen, rechtsradikalen

Ausschreitungen und gelegentlichen Morden einmal abgesehen. Wie ehrlich und gesetzestreu die Berliner sind, wird schon durch die begrenzte Anzahl der ↑Gerichte und Gefängnisse (↑Knäste) bestätigt, die nach Ansicht echter Berliner durchweg als Gästehäuser für Zugewanderte dienen. Mehr möchten die Verfasser zu diesem Punkt nicht sagen; sie beschäftigen sich als Autoren mit dem Schreiben von Kriminalromanen, die in Berlin spielen. An Stoff hat es ihnen bisher nicht gemangelt.

Krücke. Mit bürgerlichem Namen Reinhold (Franz) Habisch (1889–1964), aber wegen seiner Gehstützen K. genannt, war er jahrzehntelang Ehrengast und Sahnehäubchen der Berliner Sechstagerennen und pfiff den Sportpalastwalzer wie kein Zweiter vom Heuboden herab. Von dort aus sammelte er mit Hilfe einer Blechbüchse, die er an einem Bindfaden zur Ehrenloge herabließ, Geld fürs Freibier. Gefürchtet waren seine Sprüche, so etwa: »Borg mir mal deinen Kopp, ick will meene Schwiegermutter erschrecken!« Liebend gern wäre er selber Radrennfahrer geworden, geriet aber mit 16 unter eine Straßenbahn. Max Schmeling hat ihm nach seinem Weltmeisterschaftssieg dreitausend Mark geschenkt, mit dem sich K. in der Kommandantenstraße einen Zigarrenladen eingerichten konnte. Auch in zwei Filmen hat er mitgespielt (in »Um eine Nasenlänge« mit Siegfried Arno und »Trenk, der Pandur« mit Hans Albers). Begraben ist er auf dem St. Thomas-Friedhof in der Hermannstraße. Da hat er wenigstens noch die Flieger, wenn auch keine Flieger-Rennen mehr.

Kruke. Die irdene (Wärm-) Flasche, die längst nich sone komische Kruke is wie manche Menschen. K. macht, wer sich aus nichtigen Gründen dem Schutz der Wärmflasche anvertraut, um nicht zu arbeiten. In Berlin gilt: »Kruke machen is nich!« K. ist auch eine ulkige Nudel: »Det is vielleicht 'ne komische Kruke!«

Krumme Lanke. Langgestreckter und bananenförmig gebogener See am südöstlichen Rande des ↑Grunewald mit eigenem, wenn auch achthundert Meter entferntem U-Bahnhof (Endstation der Linie 1, grün), der in Berlin als Synonym für die im Freien ausgeübte Liebe steht: »Und denn saß ick mit der Emma uff da Banke ...« Wobei es dann nicht bleibt, wie man aus dem neun Monate später standesamtlich notierten Ereignis schließen kann. Der Schlachtensee gleich nebenan hinter der »Alten Fischerhütte« ist nicht derart auffällig geworden, dafür ist er aber von Walter Leistikow künstlerisch wertvoll gemalt worden. (Oder irren wir uns da? Wenn ja, erbitten wir für die 2. Auflage diesbezügliche Informationen an die Verlagsadresse: Neue Promenade 6, 10178 Berlin-Mitte. Danke!)

Küche. In Berlin eher ein Raum in der Wohnung als ein kulinarisches Programm. Berliner Spezialitäten sind ↑Bulette, ↑Eisbein, ↑Frikassee, Erbsensuppe, Rote Rüben, Weißer Käse und vor allem Kartoffeln, u. a. als Bratkartoffeln, Kartoffelsalat, -suppe oder -puffer. Als Gewürze sind Pfeffer und Salz, gelegentlich Kümmel oder Majoran bekannt. Zu den fiktiven Erzeugnissen der Berliner K. darf man »Junge Hunde mit Schoten«, »Elefantenarsch mit Birn'«, »einjeleechtet Treppenjeländer« oder »een Topp in andern, mit 'n Lappen dazwischen, dettit nich klappert« zählen. Selbst die Bitte: »Nu brat ma eena 'n Schtorch, aba die Beene recht knusprich« ist selten ernst gemeint. Döner sowie ↑Bock- und ↑Currywurst zählen nicht zur Berliner K. Man ißt sie nur auf der Straße.

Kudamm. In der Imagewertung der Berliner Straßen liegt der Kurfürstendamm immer noch erheblich vor der Konkurrenz, die da Unter den Linden und Friedrichstraße heißt. Warum die Berliner ihre Prachtstraße nun K. nennen, was doch arg nach Rindvieh klingt, liegt nicht nur an der allgemeinen Abkürzungswut, sondern hat auch etwas mit ihrem arteigenen Hang zur Diminuierung (Verkleinerung) zu tun. Unprätentiös ist man: »Ham Se 't nich 'ne Numma kleena?« Also keine Assoziation mit der Avenue de Champs-Elysées, sondern mit einem Damm, über den man die Kühe treibt. 3,5 Kilometer ist er lang, zieht sich von der ↑Gedächtniskirche zum Rathenauplatz hinterm S-Bahnhof Halensee und ist ursprünglich der Damm gewesen, auf dem die Kurfürsten durch sumpfige Wiesen entschlossen vom Stadtschloß zum ↑Jagdschloß Grunewald geritten sind. Die lange geplante U-Bahn unter ihm gibt es immer noch nicht, an der Uhlandstraße (U 15) ist Schluß damit. Der Namensgeber schmackhafter Tiefseefische (Anfangsbuchstabe B) hat Order gegeben, den Ku(h)damm zu einer 53 Meter breiten Prachtstraße auszubauen. Von den prunkvollen Fassaden haben den Krieg nicht viele überstanden, anguckenswert ist besonders das Eckhaus an der Leibnizstraße, das sogenannte Iduna-Haus. Und wat jibt et sonst noch zu sehen außer die villen Läden und Restaurants …? Unter anderem: den ↑Gloria-Palast gleich am Anfang und andere große Kinos wie das Marmorhaus, die Filmbühne Wien, das Astor und das Cinema Paris, das Café ↑Kranzler an der Joachimsthaler Straße, das Hotel Bristol Kempinski an der Fasanenstraße, das Maison de France an der Uhlandstraße, das ↑Kudamm-Karree und die ↑Schaubühne am Lehniner Platz. Der K.-Bummel bietet dem bürgerlichen Menschen immer noch das, woran es Berlin ansonsten schon ein wenig mangelt: die Leichtigkeit des Seins. Die »Szene« findet diese woanders und den Kudamm eher verstaubt und spießig, uncool eben.

Kudamm-Karree. Gebäudekomplex zwischen Kurfürstendamm, Knesebeck-, Lietzenburger und Uhlandstraße, der 1971–74 nach Plänen von Sigrid Kressmann-Zschach errichtet wurde und im davon geplagten Berlin ein weiterer Bauskandal geworden wäre, wenn man nicht 1975 die Fachhochschule für Verwaltung und Rechtspflege und die Verwaltungsakademie dort hineingesteckt hätte (die dann aber nach der Wende in die Ex-Stasi-Bezirksverwaltung Berlin in Friedrichsfelde verfrachtet wurden). An die zwanzig Stockwerke mißt das Hochhaus in der Mitte, flankiert vom Theater am Kurfürstendamm und der Komödie, wo vor Wolfgang Spier zu warnen ist (man lacht sich tot, wenn man ihn sieht), und ist durchzogen von langen Einkaufspassagen und vielen kleineren Restaurants.

Kuhkaff. Abwertend für eine stinklangweilige menschliche Ansiedlung, in Richtung »Drecknest« gehend. Berlin selber allerdings kann keines sein, denn recht eigentlich existiert es ja gar nicht, glaubt man Ernst Bloch (1885–1977), philosophierte er doch folgendermaßen: »Berlin ist nicht, es wird immer nur.«

Kuhle Wampe. (a) Name eines Zeltplatzes bei ↑Krampenburg und (b) Titel eines Films (»Kuhle Wampe oder Wem gehört die Welt«), der 1932 nach einem Drehbuch von Bert ↑Brecht entstanden ist und als Klassiker der deutschen proletarischen Filmkunst vor 1933 gilt (mit Liedern von Hanns Eisler, gesungen von Ernst Busch). Der Mechaniker Fritz und die Fabrikarbeiterin Anni, mit ihrer Familie in Berlin exmittiert, leben mit vielen anderen Arbeitslosen zusammen in der großen Zeltsiedlung »Kuhle Wampe« am Rande der Stadt. Die Schlußsequenz spielt in einem S-Bahnabteil.

KulturBrauerei. Wenn man sagt: »Da braut sich was zusammen«, klingt das bedrohlich, nur wo sich Kultur zusammenbraut, da soll das anders sein. Die K. (ehemals »Franz-Klub«) in der Schönhauser Allee 36–39, Eingang Knaackstraße, war frührer einmal die Produktionsstätte des Schultheiß-Bieres und ist ein herrliches altes Gemäuer, erdacht vom selben Menschen, dem wir auch die ↑Gedächtniskirche verdanken: Herrn Franz Schwechten (1891). Im Guten wie im Schwechten wird hier Leuten, die durchaus selber lesen könnten, etwas vorgelesen, führt man sich nicht nur selber auf, sondern auch Theaterstücke, stellt aus, sieht sich Fülme an, feiert Partys und veranstaltet Konzerte. (Am Rande: »Bilden Sie einmal einen Satz mit ›Konzert‹ und ›Feldmütze‹.« – »???« – »Na: Kohn zerrt seine Olle durch'n Saal und fällt mit se.« Sehn'n Se, det is alte und, wenn ick statt »ks« »x« schreib'n tu', ooch gleich neue Berliner Volxkultur.)

Kulturforum

Kulturforum. Früher hatten die Berliner nur ihren Kulturbeutel mit Zahnbürste, Zahnpasta, Rasierzeug und Seife, heute haben sie ein Kulturforum mit ↑Philharmonie, Kammermusiksaal, Kunstgewerbemuseum, Neuer ↑Gemäldegalerie, Kupferstichkabinett, ↑Nationalgalerie und Staatsbibliothek. Zwischen Landwehrkanal und Tiergarten liegt es, gleich östlich vom Potsdamer Platz, und ist ein El Dorado aller kulturbeflissenen Ein- und Ausheimischen, während es den Berliner Al-Bundy-Familien und allen, die es ein wenig deftiger mögen, glatt am Arsch vorbeigeht, wobei zu sagen ist, daß der Begriff der Kultur im allgemeinen weiter gefaßt wird als hier am Forum und auch Fußball, Modelleisenbahnbau und dergleichen umfaßt. Auch ein Subkulturforum wäre nicht schlecht.

Kurier, Der. Damit ist nicht der Bote des Zaren gemeint, sondern eine längst eingegangene CDU-nahe West-Berliner Tageszeitung, nicht zu verwechseln mit dem »Berliner Kurier«, der heute meistenteils in den Ostbezirken gelesen wird.

Kute. Meint ein kleineres Loch als eine Kuhle.

Kutte kennt sich aus. Langjährige ↑RIAS-Sendereihe (ab 1967) nach einer Idee von Hans Rosenthal, in der sich der Journalist Horst Kintscher mit dem Berliner Heimatforscher und Original Kurt Pomplun (1910–1977) über alles unterhalten hat, was die Wurzeln der Stadt betrifft. Wer das nachlesen möchte, greife zu den Büchern von Kurt Pomplun, die im Literaturverzeichnis aufgelistet sind. Sie sind ein absolutes Muß für alle, die mitreden wollen. Zwischenzeitlich ist das »Kutte kennt sich aus« sprichwörtlich gewesen.

L

Laban. Lang aufgeschossener und schlaksiger junger Mann, der nicht weiß, daß er diese Bezeichnung bzw. Zuschreibung der Bibel verdankt, wo es im 29. Kapitel des 1. Buch Mose heißt: »Kennt ihr auch Laban, den Sohn Nahors?« L. war der Schwiegervater Jakobs, offenbar von bedeutender Körpergröße, vielleicht aber bezieht sich das »lang« nur darauf, daß er immer so lange gelabant bzw. gelabert hat.

labern ist überflüssiges Reden. »Mein Vata kann de Laberwurscht nich vatrarn« hingegen ein Sprachscherz zum Wort Kandelaber.

Lackaffe. Abwertende Bezeichnung für einen übermäßig bis lachhaft elegant gekleideten männlichen Menschen, der eben aussieht wie frisch lackiert und sich dabei affig benimmt.

lackmeiern meint betrügen. Ein Jelack- oder auch Jeblaßmeierter ist demzufolge nicht der frisch lackierte oder erblaßte Herr Meier, sondern einer, den man auf gut Berlinerisch anjeschissen hat.

Lamäng. Soll angeblich »Hand« meinen: »Karo aus de Lamäng« bedeutet Karohandspiel beim Skat. Aus de Lamäng macht man alles, was man sofort und ohne Vorbereitung fertigbringt.

Landsberger. Als Persönlichkeit unbekannter Nachfolger Lenins. Deshalb heißt seine Allee seit 1992 wieder Landsberger Allee, über die man u. a. nach Marzahn und Altlandsberg gelangt, wo Friedrich I. mal residieren wollte.

Landwehrkanal. Zieht sich auf einer Länge von 10,3 Kilometern von Charlottenburg bis zum Schlesischen Tor und kann am besten per Kulturdampfer erfahren werden. »Et schwimmt eene Leiche im Landwehrkanal,/Lang se mir mal her,/Aber knautsch se nich so sehr.« Das konnten die Berliner ganz arglos singen, bis im Januar 1919 an seinem Ufer, an der Cornelius-Brücke,

Rosa Luxemburg und Karl Liebknecht ermordet aufgefunden wurden.

Latichte. Meint eigentlich die Laterne. »Jeh mir aus de Latichte« meint jedoch: aus dem Licht.

Latschen. Offene Hausschuhe, Pantoffeln, in denen man so richtig latschen kann. »Eene jelatscht« kann man auch von einem Latsch oder Lulatsch kriejen, eine Ohrfeige von einem großgewachsenen jungen Menschen.

Laubenpieper. Ursprünglich Anhänger des Leipziger Arztes Dr. Schreber, der um 1850 fast so bekannt war wie heute Dr. Oetker, jedoch nicht den Pudding, sondern den Schrebergarten erfand – ein handtuchbreites Stück Land, auf dem sich mit wenig Mitteln eine Laube getreu dem Motto errichten läßt: »Wer Jott vatraut und Bretta klaut, der hat 'ne billje Laube.« Noch heute gibt es auch im inneren Stadtgebiet und zwischen den S-Bahngleisen Kleingartenkolonien, in denen die Pflanzordnung, der Verhaltenskodex und das Vereinsleben strenger reglementiert sind als im offenen Strafvollzug. Daß Berliner L. auch den Mittelstreifen der Autobahn nutzen würden, ist ein Gerücht.

Laus. Die L. *(Anoplura, Siphunculata)*, die ja in ärmeren Wohngebieten etwas häufiger auftritt als in reichen, hat den Sprachschatz der Berliner erheblich bereichert. So heißt der Kamm auch Lauseharke, wenn einem eine L. über die Leber gelaufen ist, hat man schlechte Laune, und wer keine L. auf der Naht hat, dem fehlt das nötige Kleingeld. Rief aber die Oma früher: »Du Lausejunge du!«, dann war das liebevoll gemeint, und man freute man sich.

LCB. Ist keine chemische Verbindung wie etwa das FCKW, sondern eine alte Fabrikantenvilla am Großen Wannsee, die von Walter Höllerer zu einer Kathedrale der Hochliteratur umgestaltet worden ist. Auserwählte können sich dort staatlich gesponsert in der Herstellung dichterischer Produkte vervollkommnen und etwas ↑abhalten, d. h. nicht ihre Kinder, sondern ihre

Lesungen. Obwohl das LCB nichts mit der großen Berliner Musikerfamilie ↑Kollo zu tun hat, heißt es Colloquium (Literarisches Colloquium Berlin), was die Szene wieder einmal an der Kompetenz der Berliner Kulturbehörde zweifeln läßt.

Lebe glücklich, lebe froh/Wie der Mops im Paletot. Alter Berliner Kinderreim, wobei der Mops ein dicker Hund ist und der Paletot ein Überrock. Man kann aber auch sagen: Lebe glücklich, lebe froh/Wie der König Salomo,/Als er uff'n Baume saß/und verfaulte Äppel fraß. ↑(Reime)

Lehrter Bahnhof. Einen solchen gibt es nicht mehr, das heißt, keinen Lehrter Fernbahnhof mehr – der ist 1957–59 peu à peu abgerissen worden –, sondern nur noch einen Lehrter Stadtbahnhof für die S-Bahn, doch der wird auch bald verschwinden, denn hier soll der neue Berliner Zentralbahnhof eröffnet werden. Der alte L. B. war ein monumentaler Neurenaissancebau, 1871 am Humboldthafen und gegenüber der Charité errichtet.

Leierkasten. Dieses anderenorts als Drehorgel bekannte Gerät wurde in Berlin auf Straßen und Höfen als Musikinstrument gespielt und anerkannt. Besonders bekannt sind die Drehorgeln der Firma Bacigalupo in der Schönhauser Allee.

Leine. »Mensch, zieh Leine!« meint »Hau ab«.

Leipziger Straße. Zwischen Spittelmarkt und dem achteckigen Leipziger Platz (ursprünglich Oktogon) gelegene, mit zahlreichen Schikanen und wechselnder Randbebauung versehene Hindernisrennstrecke für Kraftfahrer. Sie war früher einmal eine belebte und beliebte Einkaufsstraße, was heute schwer vorstellbar ist.

Lemkes sel. Wwe. Eine herrliche Romanfolge aus dem Berlin der Gründerjahre und der Jahrhundertwende von Erdmann Graeser (1870–1937), die zur Pflichtlektüre eines jeden gehört, der die Stadt verstehen will. Weil dem so ist und der Mann volksnah und verständlich schreiben konnte (siehe auch ↑»Koblanks«,

»Eisrieke« und »Lotte Glimmer«), taucht er in Literaturübersichten und Nachschlagewerken nicht mehr auf. Seine Schuld, daß er uns keinen Gedichtzyklus mit dem Titel »Wenn die Wässer trocken werden« hinterlassen hat (1., unverkaufte Auflage: 13 Exemplare) – dann täte er es selbstverständlich. So können wir nur mit Tante Marie ein Lied aus dem Teil »Zur unterirdischen Tante« anstimmen: »Weene nich, et is vajebens,/ Jede Träne dieses Lebens/Fließet in een Kellaloch,/Deene Keile kriste doch!«

Lenin. Weitgereister russischer Revolutionär, der eigentlich Uljanow hieß und die im November 1917 stattgefundene Oktoberrevolution anzettelte. L. hielt sich um 1895 auch in Berlin auf, woran früher eine Tafel in der Frankfurter Allee erinnerte. Sein Standbild aus rotem Granit gehörte zu den umstrittenen Denkmälern und wurde 1992 unter erheblichem Kostenaufwand vom heutigen Platz der Vereinten Nationen entfernt, der trotzdem immer noch wie der Leninplatz aussieht.

Lenné-Dreieck. Steht für ein Stück Berliner Geschichte direkt aus dem Tollhaus. Im Juni 1988 hatten an die dreihundert West-Berliner Jugendliche (Umweltschützer, Alternative, Punks und Autonome) ein vier Hektar großes Stück Niemandsland zwischen Ost und West besetzt, das sog. L. im südlichen Tiergarten, da wo heute das Sony-Zentrum in den Himmel ragt. Das Dreieck zwischen Lenné- und Bellevuestraße gehörte rechtlich zum Ostsektor, war aber aus strategischen Gründen westlich der Mauer verblieben und konnte sich so seit 1961 zum schönsten Biotop entfalten. Ab 1. Juli 1988 sollte es nun im Rahmen eines umfangreichen Gebietstausches an die West-Berliner fallen, deren Senat darauf seine stark umstrittene Westtangente errichten wollte. Kaum hatten die DDR-Grenzer am 26. Mai den Zaun vor dem Areal abgerissen, kamen die West-Berliner Besetzer und errichteten ihre Zelte und Hütten. Sogar Beete wurden angelegt, und langsam wuchs ein richtiges Wehrdorf heran, das sogar eine »Volxküche« hatte. Zum Schutz vor »Faschos und Bullen« wurden (Schützen)-Gräben angelegt. Das L. wurde zur großen Attraktion. Der Senat aus CDU und FDP sah sich nun bemüßigt, geeignete Gegenmaßnahmen zu ergreifen. Zuerst wurde das Gelände eingezäunt, um die Bevölkerung vor der liegen gebliebenen Munition aus dem Zweiten Weltkrieg zu schützen (ha-ha!), und alsbald kam es zu Psychokrieg und kleinen Scharmützeln zwischen Polizei und Polit-Campern, die langsam aber sicher eskalierten: Brandflaschen, Zwillen, Feuerwerkskörper einer- und Tränengas andererseits kamen zum Einsatz. Am 1. Juli, wenn das L. völkerrechtlich zum Westen gehörte, würde der Großangriff zur Räumung erfolgen, das war allen klar. Und richtig: Mit neun Hundertschaften rückten die Helden der Polizei auch an. Gepanzerte Fahrzeuge, Mannschaftswagen, Kampfanzüge, Wasserwerfer – der staatliche Goliath war phantastisch in Form. Was machten die Besetzer nun? Sie kletterten über die Mauer – und die DDR-Soldaten, die ansonsten so gerne jeden Grenzverletzer an- und erschossen, leisteten freundlich Hilfestellung. Die illegal Eingereisten bekamen in Ost-Berlin ein schönes Frühstück und wurden dann truppweise über die Diplomatenschleuse am Bahnhof Friedrichstraße nach West-Berlin zurückgeleitet. In der DDR bleiben wollte keiner …

Leopoldplatz. Umsteigen von der U 6 in die U 9 (umgekehrt soll das auch möglich sein, obwohl die Staugefahr auf den Treppen dies fraglich erscheinen läßt) – Rathaus Wedding – Karstadt – Nazareth-Kirche, zwischen 1881 und 1883 nach Plänen von Karl Friedrich ↑Schinkel erbaut.

Leseland. Damit ist nicht Deutschland gemeint, sondern eine sympathische Buchhandlung am ↑Hackeschen Markt.

Leselust. Name der Buchhandlung am S-Bahnhof Waidmannslust, obwohl selbiger mit Lust eher Fährten als Bücher gelesen haben dürfte.

Letzte Instanz. Eine alte Gaststätte, die in der Waisenstraße mit dem Rücken an den Resten der alten Stadtmauer klebt. Da die

Berliner ihrer Justiz schon immer ein gesundes Mißtrauen entgegenbrachten (Adolf Glaßbrenner: »Gerechtigkeit ist ein schön' Ding, aber es gibt auch Justiz«), verlegten sie die allerletzte Instanz vom nahen Stadtgericht lieber an diesen sympathischen Ort.

Leydicke. Legendäre Altberliner Kneipe (»Destille«) in der Mansteinstraße 4 nähe Dennewitzplatz, wo Lucie Leydicke, ein Original, selbstfabrizierte Liköre ausschenkte und alle Gäste mit munteren Reden bedachte. Aus der ebenfalls selbstfabrizierten Werbung: »Da gibt's keinen Einwand/auch Leydicke Weinbrand/läßt schlagen die Herzen noch höher.«

Lichtenberg. Immerhin zwölf Jahre lang eine Stadt an der östlichen Weichbildgrenze Berlins rechts und links der Frankfurter Allee. Stand früher wegen der Nähe des Schlachthofs und später als Adresse des Ministeriums für Staatssicherheit in keinem guten Geruch. L. wird demnächst etwa die 17. Gebietsreform in diesem Jahrhundert überstehen und heißt dann wahrscheinlich Hohenschönlichtenberg.

Liebermann, Max. Wie es sich gehört, ist er nicht nur in Berlin geboren worden (am 20. Juli 1847), sondern auch hier gestorben (am 8. Februar 1935). Unsterblich hat ihn nicht nur sein berühmter Ausspruch gemacht, daß er, sähe er die Nazis, gar nicht soviel essen könne, wie er kotzen möchte, sondern auch seine impressionistische Malkunst. 1884 kehrte er, nachdem er Berlin eines Kunstskandals wegen verlassen hatte, in seine Heimatstadt zurück und erwarb am ↑Pariser Platz ein Haus, das sowohl Wohnung als auch Atelier wurde. 1898 gründete er mit Walter Leistikow zusammen die »Berliner Secession«. Im Mai 1933 trat er, inzwischen bekanntester Maler Berlins, aus der ↑Akademie der Künste aus, deren Präsident er zwölf Jahre lang gewesen war – nun abgestempelt als »entartet«.

Lietzensee. Im Bezirk Charlottenburg beiderseits der Kantstraße gelegenes Gewässer, das im Krieg abgedeckt war, um den alliierten Bomberpiloten durch sein Geschimmere keine unerwünschte Orientierungshilfe zu geben, und nachher durch Richard Heys stilbildenden Kriminalroman »Ein Mord am Lietzensee« bundesweit bekannt geworden ist.

Lincke, Paul. Komponist der hiesigen Nationalhymne »Das ist die Berliner Luft, Luft, Luft, Luft ...«, zu finden in seiner Operette »Frau Luna«, uraufgeführt 1899 im Apollo-Theater als Top-Event. 1866 in Berlin geboren (wo sonst?), aufgestiegen zum Operettenkönig, setzten ihm die Kreuzberger nach seinem Tode (1946 in Clausthal-Zellerfeld) ein Denkmal, indem sie die etwas über einen Kilometer lange Straße am Landwehrkanal, zwischen Kottbusser Damm und Ratiborstraße, Paul-Lincke-Ufer nannten. Der »feine Paul«, wie man ihn nannte, wäre sich schon ein wenig komisch vorgekommen, wenn er den herumlungernden Schnorrern am Kotti mit seinen Glacéhandschuhen 'ne Mark gegeben hätte.

Linden Story. Buchhandlung und Fundstätte Berliner Historie an der Straße Unter den Linden.

Linie 1. (a) Teil des Berliner U-Bahnnetzes, die Verbindung zwischen den Stationen Krumme Lanke in Zehlendorf und Warschauer Straße in Friedrichshain, grün in der Netzspinne, Fahrzeit glatte vierzig Minuten, mit Durchquerung von noblen Stadtvierteln wie Quartieren zwischen Multikulti und Verslumung, und (b) Titel eines ↑Gripstheater-Musicals von Volker Ludwig und Birger Heymann (Musik), das seine Würze aus ebendieser konflikthaltigen Mischung bezieht und nach seiner Uraufführung am 30. April 1986 zum Welterfolg geworden ist. Damals allerdings, zur Vor-Wendezeit, verkehrte die Linie 1 zwischen den Bahnhöfen Ruhleben und Schlesisches Tor. »Von Stöhneberg bis Stempelhof/von Krankwitz bis Morbit/Sing ich dein Lied, Berlin/Sing ich dein Lied.«

Literatur. Laut offizieller Bestandsaufnahme der Akademie der Künste gibt es in Berlin 349 lebende Dichter und -innen, von den ungezählten toten einmal abgesehen, die viel berühmter waren, als es die lebenden sind. Die Liste der in den ↑Goldenen Zwanzigern in Berlin beheimateten Schriftsteller reicht von Gottfried Benn über Bertolt ↑Brecht, Alfred Döblin, Erich Kästner, Else Lasker-Schüler, Heinrich Mann, Theodor Plivier, Erich-Maria Remarque, Ludwig Renn, Joachim Ringelnatz und Kurt ↑Tucholsky bis zu Carl Zuckmayer und Arnold Zweig, von denen kaum einer aus Berlin stammte. Wen Sie von den gegenwärtigen Autoren kennen, die der Baedecker oder die Akademieliste nennen, stellen Sie bitte selber fest. Doch Vorsicht: »Viele unserer Schriftsteller gefallen sich in einem verworrenen Stil« (Friedrich II.). Da in Berlin über 200 Verlage existieren, hat jeder der 349 anfangs Genannten beste Chancen, veröffentlicht zu werden. Daß die hehre Akademie Kriminalromane und Berlin-Bücher nicht zur L. zählt, ist selbstverständlich.

Literaturhaus. Stadtvilla in der Fasanenstraße 23, dicht am Kurfürstendamm, in der seit 1986 die Literaten raten können, warum Tucholsky einmal gesagt hat, daß nichts scheußlicher sei, als wenn Literaten Literaten Literaten nennen.

Litfaßsäulen. Es müssen nicht immer Kotsäulen sein, die ihnen auf Berlins Straßen in die Augen fallen, hoffentlich rechtzeitig genug, es können auch solche des Buchdruckers und Verlegers Ernst Theodor Amadeus Litfaß sein, Anschlagsäulen von erheblichem Umfang aus Blech, deren erste er am 5. Dezember 1854 »zwecks unentgeltlicher Aufnahme der Plakate öffentlicher Behörden und gewerbsmäßiger Veröffentlichung von Privatanzeigen« auf fiskalischem Straßenterrain errichten ließ und die bald zu Wahrzeichen Berlins aufstiegen.

Littiti. Der Begriff drückt Zweifel an der geistigen Vollkommenheit eines Menschen aus: »Die hat ja'n kleenen Littiti!«

Loden. In Berlin meint L. außer dem filzigen Stoff auch lange Haare: »Der mit seine langen Loden.«

Lokus. Der Ort, oder besser: das Örtchen, auch Klo (von Klosett).

Vornehme Berliner sagen: »Ick jeh ma bei Tante Meiern 'n Ei lejen.«

Lorke. Das, was der Sachse als »Bliehmchengaffee« bezeichnet, heißt in Berlin L. und meint eine dünne Plärre oder Plürre – dünnen Kaffee.

Lortzing, Albert (1803–1851). Neben Giacomo Meyerbeer (1791–1864) und Felix Mendelssohn Bartholdy der einzige ernstzunehmende Berliner Komponist, der nach langen Wanderjahren ein halbes Jahr vor seinem Tode einen schlecht bezahlten Job als Kapellmeister in der Stadt fand. Ist es ein Wunder, daß keine seiner Opern in Berlin spielt?

Love Parade. Groß angelegter Feldversuch der Bundesanstalt für Gartenbau (BGB) im Berliner Tiergarten, um herauszufinden, wieviel Liter menschlichen Urins ein Quadratmeter Erde aufnehmen kann, ohne (a) sumpfig zu wirken und (b) mindestens noch einen Grashalm pro Quadratzentimeter zu zeigen. Zu diesem Zwecke lockt man unter dem Deckmantel, dies sei eine politische Veranstaltung, etwa eine Million ebenso tanzwütiger wie soundsüchtiger junger Menschen, genannt Raver, jeden Sommer nach Berlin. Dr. Motte, so das Pseudonym des Veranstalters, ruft die Jugend der Welt nach Berlin, und alle flattern zum Licht. Die Techno-Maniacs wälzen sich zwischen Brandenburger Tor und Siegessäule die Straße des 17. Juni entlang, der größten Tanzfläche der Welt, geben sich entfesselt und schreien dem Herrn Hedonis zu, wie schön sein -mus doch sei. Die Bässe wummern, die Adern sind vollgepumpt mit Adrenalin, die Welt und alles darüber hinaus ist megageil. Und man läuft und läuft, und weil laufen auf berlinisch loofen heißt, sagen ältere Berliner Loof-Parade. 1997 hat der »Tagesspiegel« über den Tag danach folgendes berichtet: »Die grüne Lunge der Stadt pestete gestern vormittag stinkende Urin- und Bierdünste aus – der Große Tiergarten mußte wieder einmal als ›Donnerbalken der Nation‹ und Müllhalde herhalten.« Nach Schätzun-

Also, wenn's nach mir ginge, dürfte die Love-Parade nich nach Berlin kommen - die produziert viel zu viel Müll.
Wenn's danach ginge, dürfte die Regierung erst recht nicht kommen - die produziert noch viel mehr..

Love Parade

gen des Bundes für Umwelt und Natur (BUND) waren 750 000 Liter Urin im Boden versickert, und die Berge hinterlassenen Mülls sollten ein Gewicht von zweihundert Tonnen erreicht haben. Aber wenn's denn dem Metropolewerden wirklich dient … Schade um jeden schönen Boom, sagen die einen, während der *Law-and-order*-harte Innensenator Jörg Schönbohm (CDU) glücklich über diese Art von Jugend ist, die keine Steine auf seine Polizisten und keine Molotow-Cocktails in Supermärkte wirft. *One World – One Future*, so das Motto der Love Parade 1998, der zehnten nun schon, oder wie es die 19jährige Teilnehmerin Katja K. aus Brechhausen an der Runze übersetzt hat: »Ohne Welt – ohne Futter«. Aber wahrscheinlich gibt es sie gar nicht – d. h. sie gehört zu den 400 000 Menschen, die den Unterschied ausmachen zwischen dem, was die Veranstalter an Ravern zählen (1 000 000), und den Angaben der Polizei (600 000).

Lübars. Am Rande des ↑Tegeler Fließes gelegen, hat L. von den vielen Dörfern, die in Berlin aufgegangen sind, als einziges seinen früheren Charakter noch weithin erhalten. Auf dem Dorfanger steht das klassische märkische Ensemble: Dorfkirche, Dorfschule und Spritzenhaus. Daneben gibt es zahlreiche einstöckige Bauernhäuser sowie das Gasthaus »Zum lustigen Finken« und den »Alten Dorfkrug«. Auf einer ehemaliger Müllkippe erstreckt sich der Freizeitpark L., sogar mit einer Rodelbahn versehen.

Luft, Friedrich. Mit seiner Schlußfloskel »Nächste Woche, gleiche Stelle, gleiche Welle«, von gleich nach dem Krieg bis zu seinem Tode jeden Sonntag um 11 Uhr 45 per ↑RIAS verbal in den Äther ejakuliert, ist der Theater- und Filmkritiker (1911 bis 1990) als »Stimme der Kritik« eine Berliner Legende geworden.

Luftbrückendenkmal. Steht, auch ↑Hungerharke genannt, auf dem Platz vor dem Flughafen Tempelhof und erinnert an die Berliner Blockade. Die U 6 bringt Sie hin: Bahnhof ↑Platz der Luftbrücke, früher: Flughafen, noch früher: Kreuzberg.

Luisenstadt. Südöstlicher Teil des alten Berlin, zwischen Spree und Landwehrkanal gelegen. Ab 1685 von Hugenotten, Waldensern, Wallonen und Schweizern besiedelte Vorstadt vor dem Köpenicker Tor, die sich ab 1802 nach der Königin Luise benennen durfte. L. wurde 1920 zwischen den Bezirken Mitte und Kreuzberg und 1945 zwischen Ost und West geteilt. Aus unerfindlichen Gründen (zu viele Türken, die Chaoten von SO 36 oder überhaupt?) ist die L. bei der Bezirksreform nicht zum Regierungsbezirk geschlagen worden.

Luisenstädtischer Kanal. Zur Verschönerung der Stadt und zur Hebung des Schiffsverkehrs 1848–52 von Lenné im Rahmen eines Arbeitsbeschaffungsprogramms (ABM) angelegter Kanal zwischen Landwehrkanal und Schillingbrücke, der sich in der Folgezeit als Fehlinvestition erwies und deshalb achtzig Jahre später von ABM-Kräften zugeschippt wurde. Abermals siebzig Jahre später buddelten ABM-Kräfte der übernächsten Generation die Kanalfundamente zwecks Verschönerung der Stadt wieder aus.

Lustgarten. Ist nicht etwa Treffpunkt und Kultstätte postmoderner Hedonisten und Grabstätte des großen Philosophen Orgasmus von Rotterdam (1569–1606), sondern das Fleckchen Berlin zwischen Dom, Altem Museum und Karl-Liebknecht-Straße, das der Große Kurfürst seit 1645 als Botanischen und Küchengarten genutzt hat. Die Lust am Gärtnern und nicht an und mit der Gärtnerin soll es also gewesen sein. Hm ... Jedenfalls wurden hier Deutschlands erste Kartoffeln angebaut. Unter dem Soldatenkönig war der L. selbstverständlich ein Exerzierplatz. 1835 durch Peter Joseph Lenné neugestaltet, 1935 gepflastert und immer wieder als Stätte von Propagandaveranstaltungen und in neuester Zeit von architektonischen Testreihen ge- und mißbraucht. Heinz Knobloch hat dem L. ein schönes und informatives Büchlein gewidmet.

M

M. Meint nicht die ehemalige Währung der DDR, die Abkürzung des französischen Wortes für Herr oder das Symbol für das Metall Molybdän, sondern »Mörder«. M – einem Triebtäter von einem Bettler mit Kreide als Kainszeichen auf die Schulter geschlagen, so daß ihn eine ganze Stadt, Berlin nämlich, jagen kann. Voran die Unterwelt mit Gustaf Gründgens an der Spitze, die ihre Geschäfte gefährdet sieht. M ist Peter Lorre, und Fritz Langs »M – Eine Stadt sucht einen Mörder« ein Film von 1931, der so einmalig ist, daß einem alle leid tun, die heutzutage das Rad immer wieder neu erfinden müssen. Gemessen an Otto Wernicke als Leiter der Mordkommission sehen die heute real existierenden »Tatort«-Kommissare ziemlich alt aus, besonders die Berliner.

Mache. Wenn man jemand in die M. nimmt, dann heißt das, daß man ihn nachhaltig beeinflussen will, bei Kindern möglicherweise auch unter Anwendung von Zuchtmitteln aus dem Bereich der »Schwarzen Pädagogik« gemäß dem üblen Motto: »Kleine Schläge auf den Hinterkopf erhöhen das Denkvermögen!«

machen tun wa, wat wa könn: Wir machen Feuer, Betten, den Vereinsvorsitzenden oder denselben zur Sau, und wenn es sein muß, machen wa ooch aus de Stadt wech. Et macht sich ehm't in Berlin, ooch wenn mancha nich mehr lange macht – macht nischt, lejen wa'n erst ma uff det unjemachte Bette. Hauptsache, et hat keena injemacht. Nu mach schon! Und keene unnötjen Machinationen, wir ham ja schließlich keene ↑Macke!

Macke. Meint einen (geistigen) Fehler oder auch einen (technischen) Schaden: »Der Radio hat 'ne Macke.«

Macker. Männlicher Freund, der sich ein wenig machohaft gibt: »Is det Marion ihr Macker?«

Magistrat. Von 1710 bis 1948 (in Ost-Berlin bis 1990) die höchste Verwaltungsinstanz unter einem Oberbürgermeister. Nach Wahlen in West-Berlin 1948 wurde der M. durch den ↑Senat mit dem Regierenden Bürgermeister abgelöst, der nach einer Übergangszeit mit einem Magi-Senat seit 1990 dem Vernehmen nach auch für Berlin-Ost zuständig sein soll und sogar dort residiert (↑Rotes Rathaus).

Magistrats(regen)schirm. So werden die Hochbahnviadukte in der Skalitzer Straße und in der Schönhauser Allee genannt.

Mahlsdorf. Ausgedehntes Dorf östlich von Kaulsdorf, durch das Gründerzeitmuseum der Charlotte von M. im ehemaligen Gutshaus bekannt geworden.

Mai. Ein Monat, der den Berlinern viel bedeutet. Man singt: »Es war in Schöneberg im Monat Mai …«, feiert die »Neuköllner Maientage« als Volksfest in der Hasenheide und freut sich insbesondere, wenn sich die Niederschläge in Grenzen halten, denn: »Ist der Mai kühl und trocken, kann man schon im Freien bocken.«

Maifeld. Meist menschenleerer, an sich aber gigantomanischer Festplatz für 500 000 Teilnehmer mit Tribünen für 70 000 Zuschauer gleich neben dem Olympiastadion, auf dem Herthas Fußballer trainieren und die Engländer ab und an den Geburtstag ihrer sogenannten Queen feiern. Wer Polospiele, Turnfeste und Kirchentage organisieren will, greift gern auf das Maifeld zurück, auch wenn er als Veranstaltungsmonat den Juli oder August anpeilt.

mang. »Uns mang is eener mang, der mang uns mang nich mang jeheert« meint: Unter uns befindet sich jemand, der nicht zu uns gehört. M. ähnelt dem neudeutschen *among* (unter).

Marienlust. Legendäres Wirtshaus am Langen See gegenüber der Bammelecke, vom Müggelturm aus über eine lange Treppe, aber auch per Dampfer von Grünau aus zu erreichen. Leider im Augenblick geschlossen – und das nicht nur für geschlossene

Gesellschaften. Vielleicht auf Weisung des Papstes oder eines seiner Kurienkardinäle, weil es nicht angeht, daß man Maria mit Lust assoziiert.

Märkisches Museum. Vom fleißigen Berliner Stadtbaumeister Ludwig Hoffmann in zahlreichen Stilabwandlungen erbauter historistischer Gebäudekomplex des gleichnamigen Museums, in dem alles das aufbewahrt wird, was mit der Geschichte der Stadt und der Mark Brandenburg zu tun hat.

Märkisches Viertel. Trabantenstadt im Stadtbezirk Reinickendorf, östlich der B 96 (Berliner Straße, Oraniendamm, Oranienburger Straße) gelegen. Im MV, anfangs wegen seiner Anlaufschwierigkeiten auch das »Merkwürdige Viertel« genannt, leben an die 50 000 Menschen, die überraschend zufrieden sind, obwohl sie ihre U-Bahn noch immer nicht bekommen haben. Eine Stadt in der Stadt wie diese ohne Anbindung ans Schienennetz zu planen und zu bauen, ist einer der bekanntesten Schildbürgerstreiche der (West-) Berliner Kommunalpolitik.

Markthallen. Ab 1886 aus hygienischen Gründen eingerichtete Verkaufshallen, die sich nur allmählich durchsetzten. Von den einst über das Stadtgebiet verteilten M. existieren noch die Arminius-, die Eisenbahn- und die Marheinekehalle, die restlichen wurden im Krieg zerstört oder sind bis zur Unkenntlichkeit umgestaltet worden.

Marmorhaus. Keine Stätte, wo das schöne, durch Metamorphose von Kalken entstandene mittel- bis grobkörnige, überwiegend aus Calciumcarbonat bestehende Gestein ausgestellt und feilgehalten wird, sondern ein bekanntes Kino am Kurfürstendamm.

Martin-Gropius-Bau. Also, Gropiusse ham wa zwee-e in Berlin: (a) den Architekten von'e ↑Gropiusstadt, den Walter (1883 bis 1969), und (b) den Martin (1824–1880), der 'n Verwandter von ihm war, aba ooch jerne wat Eijenet bauen wollte, watta dann mit einem jewissen Heino Schmieden zusammen jetan hat. Als der Rohbau fertig war, kam die Frage an den Bauherrn: »Wat soll'n für'n Stil ran?« und der sagte: »Renaissance.« So entstand in der Nähe des Anhalter Bahnhofs ein herrlicher Bau mit einem Lichthof, den jeder gerne hätte, um darin seine Modelleisenbahn zu bauen, Tischtennis zu spielen oder mit seinen Inline Skates zu üben. Geht aber nicht, da sich hier die »Berlinische Galerie« befindet und immer wieder Ausstellungen zur »Kunst- und Kulturgeschichte Berlins vom 19. Jahrhundert bis zur Gegenwart« stattfinden. Die über Preußen oder das Verhältnis zwischen Frankreich und Deutschland zum Beispiel waren absolute Mega-Events.

Marx-Engels-Platz. Nach Abriß und Sprengung der feudalen Zwingburg der Hohenzollern (DDR-Deutsch für das teilzerstörte Schloß) von 1951 bis 1994 Name des so entstandenen Aufmarschplatzes einschließlich ↑Schloßfreiheit und ↑Lustgarten. 1962–64 wurde am Rand des Platzes das Staatsratsgebäude und 1973–76 der ↑Palast der Republik gebaut. 1983 entstand auf dem gegenüberliegenden Berliner Ufer der Spree das Marx-Engels-Forum mit dem Denkmal der Erfinder des wissenschaftlichen Kommunismus, die zwar – wie der Staatsratsvorsitzende und etliche seiner Satrapen – aus Westdeutschland stammten, aber immerhin in (Ost-) Berlin studiert hatten. Das Denkmal in doppelter Lebensgröße (Engels stehend) wird der modischen Kleidung wegen auch als Sacco und Jacketti (nach zwei in den USA hingerichteten Arbeiterführern) bezeichnet und von Besuchern oft fälschlich für ein Denkmal der DDR-Bekleidungs- und Schuhindustrie gehalten.

Marzahn. Ein immer noch bestehendes Dorf mit Dorfmuseum inmitten des riesigen Neubaugebietes zwischen Hohenschönhausen und ↑Hellersdorf.

Märzgefallene. Die 274 in den Märzkämpfen des Jahres 1848 vom preußischen Militär Getöteten oder ihren Verletzungen Erlegenen. Die meisten von ihnen sind auf dem noch heute bestehenden Friedhof der Märzgefallenen im Friedrichshain beigesetzt. König Friedrich Wilhelm IV. mußte dem Trauerzug entblößten Hauptes die Ehre erweisen, worin, wie sich bald herausstellte, der wesentlichste Erfolg der Revolution bestand.

Maße und Gewichte. In Berlin häufig von der Norm abweichend. Obwohl seit 1884 nicht mehr offiziell gebräuchlich, rechnet der Berliner noch in Pfund (500 Gramm – auch in halben, viertel und achtel Pfund) und Zentnern (50 Kilogramm). Als ein Mann beim Kaufmann zwei Pfund Salz verlangt, belehrt man ihn, das hieße jetzt Kilo. »Na jut«, sagt er, »denn jehm Se ma ehm zwee Funt Kilo.« Auch für das Geld verwendet man eigene Begriffe: »een Sechser« hat fünf »Fennje«, der »Jroschen« zehn, der »Taler« drei Mark (selten geworden) und »det Funt« in diesem Fall zwanzig Mark. Selbst für die Zeit hat man eigene Maßeinheiten, die zwischen »een Momang« und »ewich und drei Dare« liegen, und Unrat (Unheil) wittert der Berliner »siem Meilen jejen den Wind«.

Massel. Unverdientes, unerwartetes Glück. »Mann, hast du aba 'n Massel jehabt!« heißt es, wenn man verschlafen hat und zehn Minuten zu spät am Flugplatz ankommt, die Maschine aber wegen eines technischen Problems erst eine halbe Stunde später starten kann, oder jemand auf die Starkstromschiene der S-Bahn gepinkelt hat und eigentlich hätte tot sein müssen, wäre diese nicht zufällig abgeschaltet gewesen. Auch mit ↑Dusel möglich.

Mauer. In Berlin älter als gemeinhin angenommen, da bereits 1720 Pläne zur Ummauerung der Friedrichstadt bestanden, wie noch heute die Mauerstraße verrät. Reste der noch älteren Stadtmauer sind in der Nähe der ↑Letzten Instanz zu besichtigen. 1732 wurde die Stadt von der Akzisemauer umgeben, die erst im 19. Jahrhundert fiel. 1961 ließ Walter Ulbricht durch seinen Adlatus Honecker quer durch Berlin ein Bauwerk errichten, dem U. in weiser Voraussicht den einprägsamen Namen M. gegeben hatte. An der Berliner M. starben 255 Menschen, die meisten von Mauerschützen erschossen, die des Lobes ihrer Vorgesetzten und Staatsoberen sicher sein durften. Bei den Prozessen in Moabit stellte sich in den neunziger Jahren allerdings heraus, daß es gar keinen Schießbefehl gegeben hatte und überhaupt niemand nichts von irgendwas gewußt hatte oder gar verantwortlich war. Dokumentiert ist die Geschichte der 1989/90 von Mauerspechten zernagten und anschließend nahezu vollständig abgetragenen M. im Mauermuseum am ↑Checkpoint Charlie. Ein Rest der M. ist noch als ↑East-Side-Gallery zu sehen, eine idealisierte und künstlerisch verfremdete Mauerrekonstruktion findet sich an der Bernauer Straße.

Mauke. Sowohl ein stark angeschwollenes Bein (»Kiek dir ma' meine dicke Mauke an!«) als auch ein unförmiger, ausgetretener Schuh (»Haste irjendwo meine Mauken jeseh'n?«). Käsemauken sind Schweißfüße.

mauscheln beschreibt unredliche Praktiken, ob beim Spiel, im Geschäft oder in der Politik.

Max-Schmeling-Halle. Neu erbaute und hochmoderne Sporthalle nähe Schönhauser Allee, wo insbesondere die Basketballer von ↑Alba Berlin für Stimmung sorgen und 7491 Zuschauer/innen von den Sitzen springen lassen.

M-Bahn. Entgleisung der Berliner Verkehrspolitik, die den Steuerzahler viele Millionen Mark gekostet hat. Vom Gleisdreieck ging es, teils auf der Trasse der teilungsbedingt stillgelegten Hochbahn, über die Station Bernburger Straße zum Kemperplatz an der Philharmonie. Das ganze Kleinprofilnetz sollte eines Tages zur Magnet-Bahn werden. Die Probefahrten begannen 1984, und am 19. Dezember 1988 krachte ein Zug durch die Scheiben des Bahnhofs Kemperplatz und hing in sechs Meter Höhe halb drinnen halb draußen. Der technologische Durchbruch war gelungen, so daß es vom 28. August 1989 an den kostenlosen Fahrgastbetrieb geben konnte. Dann kamen Mauerfall und Wiedervereinigung, und die M-Bahn mußte der alten

U-Bahn weichen. Im Januar 1992 war alles wieder abgerissen. »Außer Spesen nichts jewesen ...«

melanklütrig oder melanklötrig ist der Melancholiker.

Mendelssohn, Moses (1729–86). In Dessau geborener und als 14jähriger zu Fuß nach Berlin zugewanderter Philosoph und bedeutender Vertreter der Aufklärung, dem Heinz Knobloch in seinem Buch »Herr Moses in Berlin« (1979) ein bleibendes Denkmal gesetzt hat, während M.s Grabstein auf dem alten jüdischen Friedhof schon der dritte ist. M.s Enkel Felix Mendelssohn Bartholdy (1809–1847) kann mit Recht zu den Berliner Komponisten gerechnet werden.

Menkenke. Unsinn oder unnötiger Aufwand, ähnlich Heckmeck oder Kokolores.

Menzel, Adolph von. Der kleine Mann, der Friedrich den Großen getötet hat. »Wie ...!?«, rufen Sie aus, das ginge doch gar nicht, denn Friedrich II. habe von 1712 bis 1786 gelebt und M. von 1815 bis 1905. Doch, er muß trotzdem haben, denn da unter dem Bild steht doch: »Tod Friedrich des Großen nach einem Stich von Menzel.« (Sehen Sie: Wenn der richtige Berliner nicht kalauern kann, dann fühlt er sich nicht wohl.) M. malte nicht nur den Alten Fritz an der Tafel und beim Flötespielen, sondern auch die erste Eisenbahn auf Berliner Boden und die Arbeiter im Walzwerk und immer wieder Straßenszenen mit viel einfachem Volk darauf. Aber natürlich auch die feine Gesellschaft von 1878, wie sie sich beim großen »Ballsouper« vergnügt. Einfach super. Nicht nur die Berliner halten ihn für den größten Maler des 19. Jahrhunderts. Und als echter Berliner ist er natürlich in Breslau geboren worden ...

meschugge ist jiddisch und heißt verrückt. Das soll ich noch näher erklären? »Ick bin doch nich meschugge!«

Metropol-Theater. Ursprünglich ein Revue- und Operettentheater. Nach 1945 an der Schönhauser Alle und seit 1955 im ehemaligen Admiralspalast am Bahnhof Friedrichstraße untergebracht. Als erfolgreiches Operetten- und Musicalthater in die Pleite getrieben, inszeniert sich dort seit 1997 nur noch das Trauerspiel Berliner Theaterkultur.

Miesepeter. Ein melanklütriger Pessimist, der über alles meckert. In Berlin ist der M. gar nicht so selten anzutreffen.

Mietskaserne. In Berlin erfundene Form des gesellschaftlichen Zusammenlebens auf engstem Raum. Die ersten M. in der Köpenicker Straße und vor dem Stralauer Tor waren tatsächlich von den Soldaten geräumte Kasernen, die 1795 zur Vermietung freigegeben wurden. Bald errichteten Spekulanten nur zum Zweck der Vermietung enge und primitive Wohngebäude, in denen durchschnittlich über dreihundert, manchmal aber auch über tausend Menschen »lebten«. Noch heute existieren in Mitte, Prenzlauer Berg und Kreuzberg abschreckende Beispiele für muffige M. mit mehreren engen Hinterhöfen. Heinrich ↑Zille, ein Kenner dieses »Milljöhs«, fand die treffende Bemerkung: »Man kann mit einer Wohnung einen Menschen genau so gut töten, wie mit einer Axt.«

Minetti, Bernhard. Berliner Theaterlegende, 1905 in Kiel geboren, hatte seine ersten großen Erfolge schon vor 1945 am Berliner Staatstheater unter der Regie von Jeßner und Gründgens. Mit achtzig Jahren war er in der »Schaubühne« ein unvergeßlicher König Lear.

mir heißt das Berlinerische Universalpronomen (↑Grammatik).

Mischpoke. Die Familie im schlimmeren Sinne: »Sonntach kommt der wieda mit seine janze pucklije Mischpoke anjeritten!«

Mitte. Der Berliner Bezirk mit der Nummer 1 und tatsächlich in der Mitte der Stadt gelegen. Zu Beginn des 18. Jahrhunderts und vor dem Bau der Akzisemauer bedeckte der Bezirk die Fläche des gesamten Berlins. – »Ab durch die Mitte!« aber heißt schlicht: Verschwinde!

Moabit. Moabit ist nicht nur (a) ein Ort in der Bibel und (b) ein Stadtteil des Bezirks Tiergarten, sondern (c) auch ein Synonym für das dort ansässige Kriminalgericht. Trotz der biblischen Warnung »Richte nicht, auf daß du nicht gerichtest werdest!« tut man das in Moabit pausenlos, und das Kriminalgericht ist des Berliners liebstes Gericht, noch vor Eisbein mit Sauerkraut und Erbsenpüree, Kartoffelpuffern oder Currywurst mit Pommes. Mächtig barock ist der Bau in der Turmstraße, und sein Treppenhaus läßt einen ganz klein und gedrückt werden. Wenn man hineingelassen werden will, muß man sich absonden lassen wie auf dem Flughafen, aber besser abgesondet als abgesondert (im Zinksarg oder so). Die hohe Sicherheitsstufe bei laufenden Prozessen und der nahe Hochsicherheitstrakt sorgen dafür, daß man derart traktiert wird. Justizia, die hier praktiziert wird, kommt übrigens von lateinisch *jus* (Recht) und nicht aus dem DDR-Deutschen Jus (von engl. *juice*, Saft).

Möhring, Café. Findet sich u. a. am Kudamm, Ecke Uhlandstraße und am Gendarmenmarkt und ist eine beliebte Abhockstätte bei allen, die es gern ein wenig weanerisch haben.

Molkenmarkt. Molke ist eine bei der Käseherstellung anfallende Flüssigkeit, die an diesem ältesten Platz Berlins nahe den Mühlen (Mollen) gehandelt wurde. Am M., wo einst das Kulturministerium der DDR seinen Sitz hatte, haben sich echte und nachgebaute Reste der alten Bebauung gehalten, darunter das Palais Schwerin.

Molle. Eigentlich ein länglicher Trog aus Holz oder auch das Bett (Furzmolle); in Berlin bedeutet M. auch einfach ein Glas Bier.

Mont Klamott. Im engeren Sinne der Bunkerberg im Volkspark Friedrichshain, im weiteren jeder Berg, der ein Trümmerberg ist, wobei Klamotten in Berlin nicht nur (a) Kleidungs- und (b) Theaterstücke mit primitiver Situationskomik, sondern (c) auch (zerbrochene) Mauersteine sind. (↑Berge)

Moorlake. Wirtshaus und bekannter Ausflugsort an einer Havelbucht im Volkspark Klein-Glienicke. Wenn Se von'a Pfauninsel kommen und nach de ↑Glienicker Brücke wollen, liegt det in'ne Mitte. Bei Plattbeene und Blasen an'ne Hacken könn' Se ooch uff 'n Dampfer warten: Die tun hier rejelmäßig anlegen.

Morgenpost. Die »Berliner Morgenpost«, von einheimischen auch liebevoll-spöttisch »Mottenpost« genannt, ist eine vor allem im Westteil der Stadt gern gelesene Tageszeitung, die sich an das gehobene, im allgemeinen aber abiturlose Bürgertum wendet.

Motz. Berliner Obdachlosenzeitung, die vorwiegend von fliegenden Händlern in der U- und S-Bahn angeboten wird. »Der Preis beträgt zwei Mark, davon ist eine Mark für mich – und die andere dient der Einrichtung einer Suppenküche in der Berberstraße.« Die Motzstraße in Schöneberg hat damit nichts zu tun, bietet aber mit der Tatort-Buchhandlung eine Anlaufstelle für alle die, die so sehr gemotzt haben, daß man sie umgebracht hat (↑motzen).

motzen, Motzen. Motzen mit kleinem »m« vorne steht für meckern – und das Meckern ist eine Lieblingsbeschäftigung der Berliner: »Wer am meisten meckert, fühlt sich oft am wohlsten.« Angenommen, der Senat erließe ein Gesetz, daß jedem Berliner jeden Tag den kostenlosen Besuch eines Nobelrestaurants erlaubte, so käme auch nur der Kommentar: »Jetzt wollen se einem ooch noch die Freude nehmen, zu Hause aleene zu kochen.« Motzen mit großem »M« hingegen ist ein Ort mit angeschlossenem See, der gleich hinter der Stadtgrenze liegt (Richtung Königs Wusterhausen) und durch seinen Golfplatz bekannt geworden ist (German open und Bernhard Langer), in früheren Zeiten aber dennoch so weit draußen lag, daß die Wendungen aufkamen: »Der pennt ja bis Motzen« oder »Det dauert ja bis Motzen«.

Möwe. Der 1946 von den Sowjets eingerichtete Ost-Berliner Künstlerklub im ehemaligen Bülowschen Palais in der Luisenstraße. In das Gebäude, das im Kern um 1840 erbaut wurde, zieht nach gründlicher Restaurierung die Ländervertretung Sachsen-Anhalts.

Muckefuck. Soll franzeserisch *mocca faux*, falscher Mokka heißen. M. bedeutet Ersatzkaffee, mit dem die Berliner oft genug in ihrer Geschichte vorliebnehmen mußten. (↑Lorke)

Muckis. Scherzhafte Bezeichnung für mehr oder minder starke Oberarmmuskeln. Mucki ohne »s« ist ein beliebter Name für Kaninchen, auch Karnickel oder Stallhasen genannt, die in der Nachkriegszeit als Fleischlieferanten oftmals auch auf den Balkonen gehalten wurden.

Muffe, Muffensausen. Das große Muffensausen hat man, wenn einem vor Angst die Muffe geht. Vermutlich kommt dieser Ausdruck daher, daß sich manche Menschen, geraten sie in Panik, in die Hosen machen bzw. kräftig abblähen – und dem Anus offenbar eine gewisse Ähnlichkeit mit der Muffe zugeschrieben wird, einem schmalen, rohrförmigen Verbindungsstück.

Müggelberge. Steil ansteigender Gebirgskamm südlich des Müggelsees, 116 Meter hoch (abzüglich 40 Meter Umgebungshöhe), mit einer Satellitenbeobachtungsstation, die nie funktioniert hat, und dem fast ebenso schönen Müggelturm geschmückt, der sich dort seit 1962 anstelle einer abgebrannten Holzkonstruktion erhebt. Der Rundumblick über den See und das Waldgebiet um Müggelheim ist beeindruckend.

Mühlendamm. Der älteste Spreeübergang zwischen Berlin und Cölln, mit bis zu zehn Wassermühlen und lebhaftem Handel unter den 1690 angelegten Kolonnaden. Ab 1888 wurde der M. für den Bau der ersten Mühlendammschleuse und einer neuen Brücke abgerissen; Ende der dreißiger Jahre abermals umgebaut und 1968–71 durch eine achtspurige Rennpiste zwischen ↑Molkenmarkt und ↑Breite Straße ersetzt.

Mulackstraße. Dagegen war die Ackerstraße eine erstklassige Adresse. Die M. ist ein seit 1699 vorhandenes Gäßchen im ↑Scheunenviertel, in dem bis in die Nachkriegszeit die Prostitution blühte. Die Einrichtung der übelbeleumdeten Kaschemme Mulackritze ist im Gründerzeitmuseum zu besichtigen (↑Mahlsdorf).

Muckefuck

Müllabfuhr. Ist eigentlich unter dem Stichwort ↑BSR schon abgehandelt, doch das Wort erinnert so sehr an einen Satz des auch in Berlin so sehr verehrten Heinz Ehrhardt, daß man es kaum missen möchte: »Und dann haben wir dem Müll eine Abfuhr erteilt ...« Die große Frage ist: Wer sang in den siebziger Jahren das Lied, das einen »Herrn Suhr von der Müllabfuhr« zum Thema hatte? Vielleicht ↑Insterburg & Co.? Wir wissen es nicht. Wenn es jemand weiß, der schreibe bitte an den Jaron Verlag, Neue Promenade 6, 10178 Berlin-Mitte. Herzlichen Dung, äh, Dank!

Müllerstraße. Ist die Magistrale des Weddings, den sie von der Ollenhauerstraße »oben« bis zur Bezirksgrenze an der Chausseestraße »unten« auf vier Kilometer Länge in nordwestlicher Richtung durchzieht. Bei den vielen Ampeln, die es unterwegs gibt, ist man zu Fuß gut eine Stunde unterwegs. Beim Start am Kurt-Schumacher-Platz zieht man unwillkürlich den Kopf ein, denn die in Tegel landenden Maschinen rauschen in so geringer Höhe über einen hinweg, daß man fast erkennen kann, ob der Pilot blaue oder braune Augen hat. Zur Innenstadt hin findet sich dann einiges, was Beachtung verdient – zuerst die Afrikanische Straße, die den Anfang des Afrikanischen Viertels markiert, dann auf der anderen Seite Straßennamen, die an brandenburgische Feldherrn aus den Türkenkriegen erinnern: Schöning und Barfus, es folgen die Markthallen, die BVG-Betriebswerkstatt, der große Friedhof an der Kreuzung mit der Seestraße, wo jetzt auch wieder die Straßenbahn in West-Berlin am Rollen ist, das Rathaus, der ↑Leopoldplatz mit Karstadt und der Nazarethkirche, der Courbièreplatz mit der neoromanischen St.-Joseph-Kirche, die Berliner SPD-Zentrale, die S-Bahnbrücke mit dem Bahnhof daneben (Wiederinbetriebnahme im Jahre 2000) und schließlich am Weddingplatz der Blick auf die Hochhausbauten von Schering. Bis zur Wende hatte man hier zu wenden, es sei denn, man war im Besitze eines gültigen Dokumentes, das einen zur Einreise in die Hauptstadt der DDR über den Grenzübergang Chausseestraße berechtigte.

Multikulti. Begriff, der Berlin Ende des zweiten Jahrtausends am meisten aufgeregt hat. Gemeint ist damit die Durchmischung der Bevölkerung wie einzelner kleiner sozialer Systeme mit Angehörigen möglichst vieler Ethnien. Für die einen ist M. (so auch der Name eines SFB-Radiokanals) tragende Ideologie und das einzig wahre Zukunftsprogramm, für die anderen so etwas wie der Untergang Deutsch-Berlins. Haben die ersten feuchte Augen und orgiastische Gefühle, wenn sie über einen Türkenmarkt gehen, beim ↑Karneval der Kulturen brasilianische Sambatänzer bewundern oder sich freuen, daß beim Fußballverein ↑Tennis Borussia mit kaum einer Ausnahme fremdländische Namen auf dem Spielerbogen stehen, möchten die anderen die Nichtdeutschen, vor allem wenn sie die Sprache Goethes nicht so recht beherrschen, am liebsten im Ghetto wegschließen, per Sonderzug in die Heimat abschieben oder gar mit dem Baseballschläger so behandeln, daß sie von alleine gehen.

Mumpitz. Aus dem Berliner Börsenjargon (ja, den gab es wirklich mal!): erschreckendes Gerede, eigentlich: vermummte Schreckgestalt – heute einfach zu »Unsinn« degradiert.

munkeln ist besonders gut im Dunkeln: leise Geheimnisse auszutauschen. »Man munkelt, daß der Sozialhilferichtsatz im nächsten Jahr um zwei Mark erhöht werden soll.« Im Jahre 1998 war es eine Mark (von 539 auf 540 Mark).

Münze. Berlin ist seit 1280 Münzstätte. Die M. befand sich ursprünglich am Werderschen Markt und zog mehrfach um. Im 1936 erbauten Gebäude am ↑Molkenmarkt werden seit 1998 Euromünzen mit dem Münzzeichen DA geprägt.

Murmel. Ist einmal das kugelrunde Spielgerät aus Glas oder Ton, das Berliner Kinder mit dem gekrümmten Zeigefinger in ein Loch zu schieben such(t)en, und zum anderen das Synonym für einen Kopf, in dem es ein wenig kraus zugehen soll: »Du hast ja eenen an'ne Murmel!«

Museum für Verkehr und Technik. Obwohl viele (männliche) Besucher die Abteilung für die Technik des Geschlechtsverkehrs vermissen, ist dieses Museum – am Hochbahnknoten ↑Gleisdreieck gelegen (U 1 und U 2) – ein absoluter Hit, vor allem wegen der Möglichkeit, selber zu experimentieren. Das Gelände des ehemaligen Anhalter Güterbahnhofs mit seinen historischen Lokschuppen ist in das MVT mit einbezogen und gibt ihm den ganz besonderen Reiz. Die Museumsleitung wünscht, daß ihr Haus »Deutsches Technikmuseum« genannt wird, aber keiner erfüllt ihr den Wunsch.

Museumsinsel. Da Berlin nur eine größere Insel besitzt, trägt diese verschiedene Namen und heißt im Nordteil M. Hier befinden sich das Alte, das Bode- und das ↑Pergamonmuseum sowie die ↑Nationalgalerie. Um den Wiederaufbau des Neuen Museums auf der M. herrscht seit Jahren der in Berlin übliche Streit.

Musike. Der Berliner liebt M., die Musik liegt ihm im Blut – was kaum zu glauben ist, wenn man selbige vernimmt. Sie stammt in der Regel von Paul ↑Lincke oder Walter ↑Kollo. Unabhängig davon ist Berlin glücklicherweise eine echte Musikstadt mit hervorragenden Orchestern und Chören sowie einer lebendigen Pop-, Rock-, Jazz- und Techno-Szene.

Musspritze. Ein Regenschirm, gleichzeitig ein interessanter Fall für die Rechtschreibreform.

Mutterwitz. Etwas, wofür der Berliner bekannt ist, auch als Schlagfertigkeit bezeichnet. Zwei Beispiele: »Vata, mir is iebel.« – »Denn stell dir nich so dicht bei mir, Junge. Jeh bei Muttern.« Oder: Der Schaffner zum Betrunkenen, der mit seiner (nüchternen) Gemahlin an der Bushaltestelle steht: »Mit den Affen kann ick Ihn' aba nich mitnehm!« – »Siehste, Hertha, du mußt loofen.«

Museum für Verkehr und Technik

N

Nachschlag. Hat nichts mit einem üblen Foul beim Fußball zu tun, sondern war im Gegenteil in den Hungerjahren nach dem Kriege für die Berliner Schüler etwas ganz Herrliches: Blieb nämlich bei der Schulspeisung noch etwas Pamps in den Kübeln, durften ausgewählte Klassen nach unten in den Keller stürzen und sich eine weitere Kelle in die Essensträger klatschen lassen. Wie himmliches Manna schmeckte das, was man heute zum Lebensmittelaufsichtsamt oder gleich zur Kripo bringen würde.

Nachtdepesche. War einmal ein Anhängsel des ↑»Telegraf«, konkurrierte mit dem ↑»Abend« und stand in der Tradition der 12-Uhr-Blätter, hatte also nichts mit der Nacht zu tun. Trotzdem war es mit ihrer Zukunft zappenduster, und seit dem 30. Juni 1972 gibt es sie nicht mehr.

Nachtexpress. Seit Dezember 1945 in Ost-Berlin erscheinende Boulevardzeitung mit zeitweise 300 000 Exemplaren Auflage. Am 30. April 1953 auf Beschluß des Zentralkomitees der SED eingestellt.

Na juti. Insbesondere in den Ost-Berliner Bezirken gebräuchliche floskelhafte Wendung, mit der ein Gespräch beendet wird und eine gewisse optimistische Tendenz für die gegenwärtige Stimmung wie für zukünftige Entwicklungen angedeutet werden soll: »Tausend Stichwörter wollta in euam Berlin-Buch ham – na juti ...«

Nante. Der berühmte Eckensteher, seit Anfang des 19. Jahrhunderts Sinnbild des gebildeten, fleißigen, wortkargen und unauffälligen Berliners.

Nappsülze. Auch Nappkuchen; bezeichnet einen Mann »ohne Marks inne Knochen«, d. h. einen inaktiven Menschen. N. ist die verschärfte Form eines Niselpriems.

Nationalgalerie. 1862–65 von August Stüler auf der ↑Museumsinsel gebauter Bildertempel; hundert Jahre später von Mies van der Rohe im ↑Kulturforum um die Neue N. ergänzt.

Naturkundemuseum. 1875–88 errichteter Museumsbau in der Invalidenstraße, in dem man der Welt höchstes Sauriergerippe, den ausgestopften Zoo-Affen Bobby und tausenderlei anderes Getier bestaunen kann.

nebbich ist gar nichts, nichts anderes als ein unübersetzbarer jiddischer Ausdruck nämlich.

Neues Deutschland. Gewendetes Zentralorgan der SED, heute PDS-nahe Tageszeitung, die an vielen Zeitungsständen in den Ost-Berliner Bezirken in den Ständern noch immer ganz oben zu finden ist.

Neue Synagoge. Die in der ↑Oranienburger Straße seit 1988 als »Centrum Judaicum« teilweise wiederaufgebaute Synagoge von 1859–66, die der beherzte Reviervorsteher Wilhelm Krützfeld 1938 vor der Brandstiftung bewahrt hatte und die 1943 ausbrannte.

Neue Wache. Ist ein – wie fast alles, was in Berlin Säulen hat – von ↑Schinkel gebautes Wachlokal der Schloßwache mit zehn Siegesgöttinen (»Fledermäuse«) von ↑Schadow am steinernen Gebälk. Seit 1931 ist die N. W. von den jeweils Herrschenden als Gedenkstätte und Mahnmal benutzt und umgebaut worden. Zu DDR-Zeiten fand hier, vor dem Mahnmal für die Opfer des Faschismus und Militarismus, zur Freude aller Militaristen der Große Wachaufzug im preußischen Stechschritt statt.

Neu-Helgoland. Nicht etwa eine Inselgruppe vor der amerikanischen Westküste oder in der Südsee, sondern ein altbekanntes Ausflugslokal an der Müggelspree gegenüber von Rahnsdorf, von dessen Tischen aus einem garantiert zugewinkt wird, wenn man auf einem Dampfer sitzt und vom nahen Müggelsee kommt. Mit seinem alten Fachwerk und dem ganzen Ambiente läßt es einen sofort ausrufen: »Det is ja wirklich noch so wie anno dunnemals!« Als die moderne Jugend des Jahres 1900 hier vorüber ruderte und die Dame am Steuer, mit Kompotthut auf und in einer Art Gartenstuhl sitzend, dem Schlagmann zurief: »Erich, zieh durch!«

Neukölln. Bezirk mit über 300 000 Einwohnern, also etwa dreimal so groß wie Kaiserslautern und größer noch als Rostock, der seine Entstehung dem Tempelhofer Johanniterorden verdankt, welchselbiger hier 1360 einen Hof mit Namen Richardsdorp anlegte. Daraus wurde dann ↑Rixdorf, und so würde der Bezirk auch heute noch heißen, wenn die Stadtväter nicht 1912 beschlossen hätten, daraus das neue Cölln zu machen, um vom Geruch des Proletarischen loszukommen, den man an Rixdorf zu bemerken glaubte. Das alte ↑Cölln war ja jahrhundertelang die gleichberechtige Schwesterstadt ↑Berlins, und man hatte ein gemeinsames Rathaus mitten über der Spree. Das neue Cölln nun gruppiert sich um drei Hauptstraßen, die alle vom ↑Hermannplatz ausgehen: die ↑Sonnenallee, die ↑Karl-Marx- und die Hermannstraße. Es wird im allgemeinen als »Kulturwüste« bezeichnet, was aber allein schon dadurch widerlegt wird, daß einer der Verfasser dieses Buches hier geboren worden ist, doch auch durch die Existenz der ↑Neuköllner Oper. Merkposten sind weiterhin das Rathaus, der Volkspark ↑Hasenheide mit der »Neuen Welt«, der Richardplatz mit Dorfschmiede und -kirche, der Körnerpark mit historischen Knochenfunden und einer Gemäldegalerie, die ↑Hufeisensiedlung, das Neuköllner Krankenhaus und natürlich die ↑Gropiusstadt. Das eigentliche N. liegt zwischen Hermannplatz und S-Bahnring, dahinter erstrecken sich endlos, darin fast Los Angeles ähnlich, Britz, Buckow I, Buckow II, die Gropiusstadt und Rudow (Endstation der U 7 aus Spandau), oft auch ironisch als Bad Rudow bezeichnet, mit immerhin zwei (Trümmer-) Bergen: der Rudower Höhe (70 Meter) und dem Dörferblick (85,6 Meter).

Neukölln am Wasser. Hat nichts mit dem Bezirk Neukölln zu tun, sondern war der dem alten Cölln südlich vorgelagerte Werder in der Gegend des Märkischen Museums.

Neuköllner Oper. Ist im Komplex der »Passage« an der ↑Karl-Marx-Straße gelegen, also da, wo man diese Art von Kultur am wenigsten erwartet, und ein Beweis dafür, daß bescheidene Klein- oft besser ist als millionenschwere Protzkunst.

Neu-Venedig. Ein wasserreicher Stadtteil rechts der Müggelspree zwischen Rahnsdorf und Hessenwinkel, der über den Rialtoring auch zu Fuß zu erreichen ist.

Neuss, Wolfgang. Auch als »der Mann mit der Pauke« bezeichnet. Geboren 1923 in Breslau und gestorben 1989 in Berlin, ist er – auch wegen seines Drogenschicksals – eine Kultfigur vor allem der linken Szene geworden. Hervorgegangen aus den ↑»Stachelschweinen«, brilliert er am Lützowplatz mit politisch engagiertem Solokabarett (»Das jüngste Gerücht«). Auch in etlichen Filmen war er zu bewundern (meist mit Wolfgang Müller zusammen), so insbesondere in »Wir Wunderkinder« und »Das Wirtshaus im Spessart« (beide 1958 und Regie Kurt Hoffmann). Die Berliner Politiker haben ihn nie geliebt, aber immerhin waren sie fair genug, dafür zu sorgen, daß eine Kreisstadt am Rhein nach ihm benannt worden ist.

Niederschönhausen. An der Panke gelegenes Dorf mit einem Schloß, das die Hohenzollern gerne als Sommersitz nutzten, und in dem von 1740 bis 1797 die königliche Gemahlin des Alten Fritz wohnte. Berichtet wird, daß die beiden sich 43 Jahre lang nicht zu Gesicht bekamen. Läßt sich Ehestreit wirksamer bekämpfen? Von 1949 bis 1960 war das Schloß Amtssitz des ersten und einzigen DDR-Präsidenten Wilhelm Pieck, ab 1964 Gästehaus der DDR-Regierung. 1989/90 tagte hier der Runde Tisch, um in der DDR Reformen durchzusetzen. In der Nähe des Schlosses das »Städtchen«, Wohnviertel der ersten, später nur noch der zweiten Garnitur von DDR-Oberen.

Nikolaiviertel. Nicht von Walt Disney, sondern von der DDR errichtetes Touristenzentrum rings um die rekonstruierte Nikolaikirche mit dem wiederaufgebauten Ephraim-Palais und dem ↑»Nußbaum«. In der Poststraße befindet sich zwar keine Post, wohl aber das einzige erhaltene alte Wohnhaus von 1760 mit den Historischen Weinstuben.

Nikolskoje/Nikolskoe. Wird von tief- und blaßroten Socken auf Grund ihrer arteigenen Unbildung immer wieder ausgerufen, wenn es darum geht, die Abneigung gegen das Bett des Bundeskanzlers wie seines Billardstockes (franz. *queue*, sprich: köe) zum Ausdruck zu bringen: »Nie Kohls Koje!« oder »Nie Kohls Koe!« Nein, im Ernst: Es ist ein wunderschönes Höhenrestaurant bzw. jenes Holzhaus, das 1819 von Friedrich Wilhelm III. für seine Tochter Charlotte errichtet worden ist. Die nämlich machte dadurch Karriere, daß sie die Frau des Zaren Nikolaus wurde. Da der Name Charlottenburg schon vergeben war und sich die Dame eh lieber als Zarin Alexandra Feodorowna feiern ließ, blieb Friedrich Wilhelm nur, die fürstliche Blockhütte nach dem Schwiegersohn zu benennen.

Niquet-Keller. Berühmte Berliner Gaststätte in der Jäger-, Ecke Oberwallstraße, Anfang der sechziger Jahre abgerissen. Bis dahin konnte man sich dort an Bier und Buletten, aber auch der gebildeten Damen aus der Bibliothekarinnenschule oder der Mädchen aus der Ballettschule im gleichen Haus erfreuen.

Nischel. Spaßhaft für den Kopf eines Menschen.

Nonneferzchen. Gebäckart, gegen deren Bezeichnung von seiten des Vatikans bisher kein Einspruch erfolgte. (↑Kameruner)

Nordkreuz. Im Gegensatz zu Ost- und Westkreuz, die ja real existierende Umsteigebahnhöfe der Berliner S-Bahn sind, ist das N. nur eine wahnwitzige Ansammlung von Gleisverschlingungen im Dreieck zwischen den Stationen Bornholmer Straße, Schönhauser Allee und Gesundbrunnen. Die Nord-Süd-Strecke trifft hier auf die Ringbahn (S 4) und fasert sich gleichzeitig auf: nach Tegel/Hennigsdorf (S 25), Frohnau/Oranienburg (S 1),

Bernau (S 8) und Birkenwerder (S 10). Phobiker, aufgepaßt: Viele S-Bahnzüge werden im Labyrinth der Tunnelröhren für immer verlorengehen – und die unglücklichen Fahrgäste nach einer Fahrt zum N. das Kreuz des Nordens wie das des Südens niemals wieder schauen können. S-Bahn-Narren aber fiebern der Vollendung des N. entgegen.

Nord-Süd-Tunnel. Zwischen 1936 und 1939 sukzessive in Betrieb genommer Teil des S-Bahnnetzes zwischen den Bahnhöfen Humboldthain im Norden und Anhalter Bahnhof im Süden, der am Ende des Krieges (wahrscheinlich am Morgen des 2. Mai 1945) durch Sprengung der Tunneldecke unter dem Landwehrkanal monatelang unter Wasser gesetzt wurde – ein Vorgang, um den sich viele Legenden ranken, da Teile des N. als Luftschutzbunker dienten. Von 2000 und in einer Quelle sogar von 15 000 Toten ist die Rede, in Wahrheit dürfte es aber »nur« an die hundert Opfer gegeben haben. Gruselig ist der Gedanke an die Flutung des N. immer noch, obwohl es in ihm längst keine ↑Geisterbahnhöfe mehr gibt.

Normannenstraße. Parallelstraße zur ↑Frankfurter Allee in Lichtenberg. An der Ecke Magdalenenstraße steht seit 1930 das Lichtenberger Finanzamt, das ab 1950 zum Ministerium für Staatssicherheit ausgebaut wurde und schließlich den gesamten Stadtteil dominierte. Zwischen Alfred- und Magdalenenstraße befanden sich das Lichtenberger Gerichtsgebäude und die Untersuchungshaftanstalt des MfS, die inzwischen zu einer modernen JVA für Frauen umgebaut wurde. Im weiträumigen Gebäudekomplex des MfS residiert u. a. wieder das Finanzamt, in den muffigen Räumen des ehemaligen Ministers eine ständige Ausstellung der ASTAK.

Nuckelpinne. Kleines Auto: »Du mit deine Nuckelpinne …« (Berliner, die richtig falsch sprechen, lassen das »r« bei »deiner« ebenso selbstverständlich weg wie das »n«, wenn sie sagen: »Eine Portion Eis mit Nüsse.«

nuddeln hat nichts mit Nudeln zu tun, es meint (den Leierkasten) drehen, aber auch, etwas lustlos und gelangweilt tun: »Nu nuddel nich so lange rum!«

Nulpe. Auf Neudeutsch *loser*, ein Verlierer, auch Feife, Flaume oder Nieselpriem tituliert.

Nußbaum. Die älteste Berliner Gaststätte von 1571, im Zweiten Weltkrieg abgebrannt und 1983 im ↑Nikolaiviertel originalgetreu wiederaufgebaut.

O

Obdachlose. Etwa zehntausend Obdachlose gibt es in Berlin. Davon lebt etwa ein Drittel auf der Straße, und sie sind es, die das Bild der Stadt ganz besonders prägen. Überwiegend sind es alleinstehende Männer, die ungepflegt, aufdringlich und betrunken erscheinen und betteln. Sie schlafen gerne auf U-Bahnhöfen und auf den Längssitzen in den S-Bahnwaggons, denen sie ein ganz besonderes Flair verleihen. Neutral heißen sie »Nichtseßhafte«. Wer Mitgefühl mit ihnen hat, nennt sie »Stadtstreicher« oder, wenn ein wenig Verständnis hinzukommt, auch »Berber«, kauft ihnen »Motz« oder ↑»Straßenfeger« ab und bleibt auch sitzen, wenn sie dicht neben ihm hins(t)inken. Ein kleines Wort, ein Lächeln von Mensch zu Mensch, auch das kann Berlin sein. Für die Mehrheit aber, die sie verachtet und Angst davor hat, auch einmal so tief zu sinken, sind sie »die Penner«. Die Sozialämter der Berliner Bezirke haben in den letzten Jahren eine gute Obdachlosenpolitik betrieben und ihnen mit dem Modell des »Geschützten Marktsegments« billigen Wohnraum gesichert, hauptsächlich im Osten der Stadt. Aus der Wohnung hinausgeworfen wird man allerdings zumeist im Westen …

Oberbaum und Unterbaum. Berlins Stadtbegrenzung auf dem Wasser (↑Brücken). Reinlichkeitsliebende Berliner badeten frühmorgens unterhalb der Unterbaums, bevor er geöffnet wurde und der Dreck der Stadt das Wasser verunreinigte. An den Unterbaum erinnert die Unterbaumstraße nahe der Charité.

Oberschöneweide. Auch Oberschweineöde genannter Industriestandort am rechten Ufer der Spree.

Ochsenkopp. Bezeichnung für das gefürchtete Arbeitshaus, das sich zuerst am Belleallianceplatz im Haus »Der große Ochsenkopf« befand, 1758 zum Allex umzog und später in Rummelsburg stand.

Old Knatterarsch. Nicht etwas ein kongenialer Westmann aus der Karl May'schen Heldenschmiede wie Old Shatterhand, Old Firehand, Old Shurehand oder Old Death, sondern ein ganz normaler, wenn auch etwas angejahrter Berliner, der breitärschig auf einem Motorrard, Moped oder Mofa sitzt, dessen Auspuff laut und möglicherweise auch etwas unregelmäßig, auf jeden Fall aber sehr phonstark ist.

Öljötze. »Der steht da wie 'n marinierter Öljötze!« Dieser Ausruf soll bedeuten, daß einer dick und bräsig aussieht, also etwa wie eine auf Hochglanz polierte Buddhafigur.

Olympia. Erinnert die Berliner an die Bewerbung ihrer Stadt um die Olympischen Spiele 2000 und die dafür aufgewendeten vielen Millionen Mark. Unter der Leitung des einmaligen Dr. Axel Nawrocki und anderer ebenso kompententer Spitzenmanager konnten die Herren des IOC mit einer großartigen Präsentation überzeugt werden, die Jugend der Welt nach 1936 kein zweites Mal an den grünen Strand der Spree zu rufen.

Olympiastadion. Nach Plänen von Werner March wurde das monumentale Betonoval mit seiner hinreißenden Muschelkalkverkleidung und den 75 000 unbequemen Sitzplätzen in nicht einmal drei Jahren errichtet, heute brauchten die Berliner mindestens 30 dazu, davon 29 um sich über die Konzeption zu streiten. Allein die Frage, ob man es 11, 12 oder 13 Meter tief in den Boden senken sollte (12 sind es real), würde einen mehrjährigen und mindestens 183,5 Millionen Mark kostenden Gutachterstreit hervorrufen. ↑Hertha BSC spielt hier oft vor ausverkauftem Haus, und die übrigen Höhepunkte des Jahres sind das ISTAF der Leichtathleten und das deutsche Fußball-Pokalendspiel. Ehemals die Kampfbahn des Führers zu Ehren der XI. Olympischen Spiele von 1936, ist das stark braun kontaminierte Stadion nun von Zerfall und Abriß bedroht und auf dem Wege, Berlins Kolosseum zu werden. Sein größter Held ist immer noch Jesse Owens, der vierfache Olympiasieger von vor über sechzig Jahren (100 Meter, 200 Meter, Weit und 4x100-Meter-Staffel).

Omme. Leicht aggressiv für Kopf: »Nimm deine Omme da weg!«

Onkel. Im Berlinischen herrschen die französischen Verwandtschaftsbezeichnungen vor. Deshalb gibt es hier auch keine Vettern-, sondern allenfalls eine Cousinwirtschaft. »Über'n jroßen Onkel loofen« bedeutet aber keineswegs, den würdigen Großoheim niederzurennen, sondern die Füße einwärts zu setzen, über den *gros ongle* zu laufen, den großen Zehennagel, wie wir französisch Gebildeten wissen.

Onkel Toms Hütte. Daß der Mr. Shelby aus Kentucky (USA) hier im späteren Bezirk Zehlendorf seine Sklaven märkische Kiefern hat fällen lassen, ist nicht überliefert, da kann man bei Harriet Beecher-Stowe lange nachblättern. In Erinnerung an ihren Roman hat es aber zuerst ein Lokal »Onkel Toms Hütte« gegeben und ist in den Jahren 1926–32 nach Plänen von Bruno Taut, Hugo Häring und Otto Rudolf Salvisberg eine Großsiedlung entstanden, von der die Berliner »in grauer Städte Mauern« nur träumen konnten. Der U-Bahnhof der Linie 1 ist in ihr Einkaufszentrum integriert, und wäre das erst gestern geschehen, hieße es natürlich OTC, Onkel Toms Centrum, denn eine Hütte lädt ja kaum zum Kaufen ein.

Oranienburger Straße. Berlins Szene-Straße zwischen ↑Hackeschem Markt und ↑Friedrichstraße, mit zahlreichen Szene-Kneipen, dem ↑Tacheles, der goldenen Kuppel der ↑Neuen Synagoge, dem alten Postfuhramt und dem ältesten Gewerbe der Welt. Überängstliche Gemüter können das alles von der Straßenbahn aus begucken.

Ostkreuz. Berlins größtes und noch immer in Betrieb befindliches Verkehrsdenkmal, das seit über fünfzig Jahren umgebaut werden soll. 1874 als Station Stralau-Rummelsburg östlicher Kreuzungspunkt von Stadt- und Ringbahn (Bahnsteig F wie Vollring) und seitdem nach Kriegsschäden nur unwesentlich verändert.

P

Pachulke. Ein unangenehmer Mensch.

Padde. Ein niederdeutscher Frosch. Mancher »liecht ooch da wie 'ne Padde«, wenn er beim »Paddenwirt« am Molkenmarkt zu tief ins Glas geguckt hat.

Palast der Republik. 1973–76 von Heinz Graffunder u. a. nach damals neuester Technologie am ehemaligen Standort des Berliner Schlosses errichteter Repräsentativ-Bau. Von denen, die ihn bezahlen mußten, auch Ballast der Republik, Erichs Lampenladen oder Palazzo Prozzo genannt, aber wegen seiner vielfältigen Möglichkeiten (Restaurants, Bowlingbahn, Theater, Galerie und großer Saal) gerne genutzt. Da er mit Spritzasbest verseucht ist und noch niemand weiß, was sich auf diesem Platz Schlimmeres errichten ließe, wird der P. d. R. vorsichtshalber erst einmal abgerissen.

Palme. Die P. war früher das Berliner Obdachlosenasyl. Der Begriff bezeichnet außerdem ein Ausflugslokal an der Schmöckwitzer Brücke. »Uff de Palme«, nämlich aufgeregt, war der Berliner dort, wenn der Kellner nicht schnell genug kam.

Pamps. Eine dicke Pampe ist ein Essen, das nicht schmeckt, und wird vom Berliner mit »Den Pamps friß du mal alleene!« kommentiert. Wem Sie so pampig kommen, der geht Ihnen eventuell an die »Pa(r)pe«, an die Gurgel nämlich, während die »Rotzparpe« die Nase ist.

Panke. Neben der ↑Wuhle der zweite Nebenfluß der Spree auf Berliner Stadtgebiet. Nur nach längerem Suchen und am ehesten durch Geruchsprobe auffindbar. Das Loch in der Spreemauer unterhalb des Berliner Ensembles ist nach glaubwürdigen Überlieferungen die Mündung dieses reißenden Gewässers.

Pankoff. ↑Kille kille Pankow ↑Niederschönhausen

Pannewitz. Nach den Brüdern ↑Sass ein weiterer erfolgreicher

Tresorknacker. Seine Bande raubte im November 1951 den unterirdischen Tresor der Eisenbahnverkehrskasse in der Charlottenstraße aus und erbeutete nahezu zwei Millionen. Der Film »Der Bruch« mit Götz George geht auf diesen Raub zurück, transponiert ihn aber in die unmittelbare Nachkriegszeit.

Papestraße. Wenn Sie einmal das Umsteigen von einer S-Bahnlinie zur anderen zu einer kleiner Wanderung durch das südliche Berlin nutzen wollen, wählen Sie Papestraße, wo von der Ringbahn (S 4, S 45 und S 46) auf die S 2 (Richtung Blankenfelde) oder die S 25 (Richtung Lichterfelde) »übergegangen« werden kann, wie das im Bahndeutsch heißt. Im dritten Jahrtausend soll es hier aber einen niegelnagelneuen Bahnhof geben, der nicht von Pappe ist.

Pappe. Der Berliner an sich »is nich von Pappe« (nicht zu unterschätzen) und fuhr im Ostteil der Stadt meistens eine P. oder einen Pappkremser (Trabant), wenn er im Besitz seiner P. (des Führerscheins) war.

Pariser Platz. Seit dem endgültigen Sieg über Napoleon Name des Quarrees am Ende der Linden (↑Brandenburger Tor). Der Krieg der Architekturschulen um die Bebauung des Platzes wird auch nach dessen Fertigstellung nicht beendet sein. Inzwischen dient der weiträumige Platz der Berliner Polizei als Übungsort für Verkehrsverwicklungen und das Verjagen ambulanter Händler.

Pariser Schuhe und Pommersche Beene! Vor Aufkommen der Frauenbewegung war dies der Ausruf machohafter Väter und Ehemänner, wenn ihre Töchter bzw. Gattinen scharf auf elegantes, aber eng geschnittenes Schuhwerk aus Frankreich waren, dabei aber Füße hatten, die ihren Vorfahrinnen auf den Bauernhöfen bei der Alltagsarbeit sehr von Nutzen gewesen waren, sich aber nun in der Weltstadt als etwas überdimensioniert erwiesen.

peesen soll angeblich ein Beweis für den frühen Einfluß des Englischen sein – *to pace* bedeutet schnell laufen oder rennen: »Da kommt der doch anjepeest wie'n Varrickta und rennt ma fast um!«

Pelle. Berlinerisch für Haut: »Rick ma nich so uff de Pelle!« Der Begriff findet sich auch in der Wurstpelle wieder oder bei Onkel P., dem Spaßmacher beim Kinderfest. Eene pellen heißt jemandem eine Ohrfeige verabreichen.

Penne. Nicht nur in Berlin die Schule, in der die Schüler pennen.

Penner. Anfangs abwertend für ↑Obdachlose bzw. Stadtstreicher gebraucht, kommt es langsam in Mode, diesen Ausdruck auf jeden anzuwenden, der einen irgendwie behindert oder belästigt: »Muß der Penner da mich rechts überholen!«

Pergamonmuseum. Neoklassizistischer Bau auf der ↑Museumsinsel am Kupfergraben mit dem berühmten, zweimal zerstörten Pergamonaltar und dem Markttor von Milet. Bitte achten Sie auf die korrekte Aussprache; ein Pergamentmuseum gibt es in Berlin noch nicht.

Peter-und-Paul, St. Sind nicht die Brüder Stachowiak, sondern das Ganze steht für die Kirche St. Peter und Paul, von Stüler und Schadow 1834–37 auf der Anhöhe von ↑Nikolskoje oder -koe erbaut, in der man gerne heiratet, wenn man so richtig high ist und denkt, dadurch auch zur richtigen *society* zu gehören, was aber im Regelfalle nur insoweit stimmt, als man seinen Hausrat bei der Feuersozietät versichert hat.

petern ist nicht Petern seine Frau, sondern meint (erfolglos) herumpolken (rumpetern), was inhaltlich nicht weit von rumpriemen entfernt ist und die handwerklichen Fähigkeiten des Rumpriemenden kritisch in Frage stellt.

Pfaueninsel. Keine Sammelstelle für besonders eitle Berliner Männer, sondern ein Eiland in der ↑Havel (ehemals: Kaninchenwerder), wo der Chemiker Johann Kunckel Gold herbeizaubern sollte, es aber nur zum Rubinglas brachte und es danach Friedrich Wilhelm II. mit seiner Geliebten, der Gräfin Lichtenau, so

Det is Kalle. Wir war'n zusamm' auf der Penne, denn ham'wer mit'nander gepennt, und danach mußt' ick den Penner heiraten.

Penner

heftig trieb, daß ihr Lustschloß zur Ruine wurde. Auch die Nummer III der F. W.s sommerfrischte hier, und zwar mit der Königin Luise. Das ist die, wo in Gransee auf dem Denkmal steht: »O Jammer, sie ist hin!« Heute leben über fünfzig Pfauen hier – und frei sogar. Sie auf ihrer Insel zu besuchen, gehört zum Leben der Berliner Kinder wie der alljährliche Besuch beim Zahnarzt. Erwachsene sehen die Natur natürlich anders. Will man auf die Insel, braucht man, obwohl auch dort das Deutsche die Amtssprache ist, einen Übersetzer.

pfeffern kann man in Berlin nicht nur sein Essen, sondern so ziemlich alles: werfen nämlich. Jefefferte (hohe) Preise hingegen werfen den Berliner nicht um – die ist er gewöhnt.

Pferdegebiß. Abwertende Bezeichnung für kräftig ausgeprägte und möglicherweise auch nicht ganz strahlend weiß erscheinende Zähne des Oberkiefers, die beim Sprechen und Speisen weit über die Unterlippe reichen.

Pflaumenpfingsten. Ein Fest, das es auch in Berlin nicht gibt. Erwarten Sie also nichts, wenn Ihnen dieser Terminvorschlag begegnet: »Daruff kannste warten bis Flaumfingsten.«

Pfund. »Möchteste 'n Pfund?« Muß nicht nur die Frage sein, ob man ein halbes Kilo von irgend einer abwiegbaren Ware haben möchte, sondern kann auch (a) einen Zwanzigmarkschein oder (b) einen Kinnhaken meinen.

Philharmonie. 1960–63 nach Plänen von Hans Scharoun am Kemperplatz (Kulturzentrum Tiergarten) errichtet, löst sie viel Harmonie bei denen aus, die sich an ihrem goldschimmernden Äußeren erfreuen, und läßt die Musikfreunde unterm Zeltdach jubeln, wenn sie denen lauschen, die seit Hans von Bülow (1882 bis 1894), Artur Nikisch (1895–1922), Wilhelm Furtwängler (1922–54) und Herbert von Karajan (1954–89) zu den besten Orchestern der Welt gezählt werden. In diesen Tagen dirigiert Claudio Abbado die Berliner Vielharmonienicker.

picheln gehört zu den Lieblingsbeschäftigungen in Berlin: saufen. Deshalb galt auch in der DDR der Spruch: »Nich so ville pimpern und picheln, liebas mehr hammern und sicheln!«

Piefke. Gilt in Berlin nicht wie in Österreich als Gattungsbezeichnung für alle Deutschen, sondern meint nur: Dummkopf, Einfaltspinsel und unbedeutender Mensch. Wenn man es einem anderen an den Kopf wirft, muß man es in ein doppeltes »Sie« einkleiden, sonst wirkt es nicht. Also bitte immer: »Sie Piefke Sie!«

Piepe. Veraltet für Pfeife: »Dir rooch ick inne Piepe, du Feife du!« – »Det is mir piepe« (oder schnurzpiepejal) meint: gleichgültig. »Piepen« sind Geldscheine.

Piepel. Dieses Wort hört man oft im Englischen, so bei *»all people on board«*, dort aber meint es etwas anderes als bei den Berlinern der nicht ganz so gehobenen Stände, wo mit P. sowohl ein kleiner Junge als auch ein nicht eben riesiger Penis bezeichnet wird.

Piesepampel. Ist ein so schönes Wort, daß man echt bedauern muß, wie wenig es die heutige Jugend benutzt, um dem anderen mitzuteilen, er sei nichts weiter als ein Nichtskönner und Dummkopf.

Pike. Geheime Abneigung oder Groll unterstellt man mit dem Ausruf: »Der hat ma uff de Pieke!« Piekfein ist dagegen besonders vornehm.

Pinke. Stand bei älteren Berlinern generell für Geld, und zwar in der verdoppelnden Form gebraucht, also: Pinkepinke. Meinte aber beim Kartenspiel auch die Gemeinschaftskasse: »Det Jeld kommt in die Pinke rin.« *Pinkas* heißt auf hebräisch Konto, und der jüdisch-jiddische Einfluß hat ja der Berliner Kultur in Vornazizeiten erst die richtige und einzigartige Würze gegeben.

Pinkel, feiner. Mehr abwertend wie anerkennend für einen nobel gekleideten und sich vornehm gebenden männlichen Menschen gebraucht. Hat nichts mit dem Bremer Brauch der Kohl- und Pinkelfahrten zu tun, wo Pinkel ja eine fette Grützwurst meint, eher etwas mit der schriftlich schwer wiederzugebenden Warnung an einen, der sich sehr prätentiös verhält: »Mann, nu' bepinkel da ma nich!«

pinkeln steht für urinieren: »Ick jeh ma schnell pinkeln.«

Pinkelpause. Wird gemacht, wenn man als Mann Harn lassen muß. Uff echt berlinisch kann man ooch saren: »Ick jeh ma 'ne Stange Wassa in'ne Ecke stell'n.«

pisaken steht für das leichte Quälen eines anderen Menschen oder auch eines Tieres und wird heute weithin durch »mobben« oder »nerven« ersetzt.

Planetarium. Ham wa jleich zwee'e davon in Berlin, wie vielet seit die Teilung. Nummer I ist das Zeiss-Planetarium am Fuße des ↑Insulaners, Nummer II das Zeiss-Großplanetarium am Freizeitpark Ernst Thälmann. Aber auch die Sternwarten sind doppelt vorhanden: Da haben wir die ↑Archenhold-Sternwarte in Treptow (Ost) und die Wilhelm-Foerster-Sternwarte am Insulaner (West). Sie wissen doch: Doppelt hält besser. Wissenschaftlich nennt man das auch Redundanz.

Plänterwald. Ein schütterer Wald, so richtig zum Rumpläntern. Der P. ist seit jeher ein Erholungsgebiet der Berliner, an den Treptower Park anschließend und von Haupt- und Schnellstraßen umrahmt.

Plärre. Dünner, minderwertiger Kaffee.

plärren steht für heulen. »Nu' plärr' nich so!«, schreit man Kinder an.

Platte machen steht für die Aktivität eines ↑Obdachlosen, sich irgendwo auf/in/unter Dachböden, Kellern, U-Bahnhöfen und -schächten, Hauseingängen, Büschen, Balkonen oder Brücken ein Nachtlager zu suchen und dort zu schlafen, ohne zu erfrieren oder von deutschnationalen Volksreinigern erschlagen zu werden.

Plattenbauten. Sie sollen nach neuesten Erkenntnissen nicht ganz so schlimm sein wie ihr Ruf. In Ost-Berlin wurden ganze

Stadtbezirke aus P. errichtet, in denen es sich nicht schlechter und inzwischen auch nicht mehr billiger wohnt als im Märkischen Viertel. Die ersten P. wurden übrigens 1926 an der heutigen Ontarioseestraße in Friedrichsfelde aufgestellt und sind immer noch bewohnt.

Platz der Luftbrücke. (a) Station der U-Bahnlinie 6 und (b) ein Platz vor dem ↑Flughafen Tempelhof, der nicht aus allen Nähten platzt und somit Platz genug bietet für das ↑Luftbrückendenkmal. Auch der Polizeipräsident ist hier zu finden, sofern ihn jemand sucht.

Platz der Republik. Ist das große Areal vor dem Reichstagsgebäude, das ehemals (1864–1926 und 1933–48) Königsplatz hieß und von der ↑Siegessäule gekrönt wurde, bevor diese auf Weisung Hitlers an den ↑Großen Stern verpflanzt worden ist. Hier versammelten sich die West-Berliner, um für ihre Freiheit zu kämpfen, und hier sprach Ernst ↑Reuter den berühmten Satz: »Ihr Völker der Welt, schaut auf diese Stadt.«

Plaza. Ein im Krieg zerstörtes volkstümliches Varieté-Theater in den Umfassungsmauern des alten Ostbahnhofs am Küstriner Platz, der nicht mit dem heutigen (Schlesischen, Haupt-) Ostbahnhof identisch war. Heute steht dort eine Druckerei.

plemmi-plemmi meint, daß jemand nicht mehr alle Tassen im Schrank hat: »Du bist wohl plemmi-plemmi!«

Plempe. Dünner, minderwertiger Kaffee.

Plombenzieher. Volksmündliches Synonym für klebrige Sahnebonbons.

Plötze. (a) ein Weißfisch, der gern geangelt wird, (b) Bezeichnung für die Jugendstrafanstalt zwischen Plötzensee und Stadtautobahn.

Plötzensee. Eingebettet zwischen den Rehbergen im Norden, der Stadtautobahn und dem Westhafen im Süden und dem Nordufer und einigen Friedhöfen im Westen wie im Nordosten, wartet er zwar mit einem Freibad auf, läßt aber sonst eher Negatives assoziieren: Jugenstrafanstalt, Justizvollzugsanstalt für Frauen (neuerdings umgewidmet in eine solche für Männer, da partout nicht so viele Frauen straffällig werden wollten, wie man erwartet hatte) und Gedenkstätte 20. Juli, da hier im ehemaligen Strafgefängnis viele Widerstandskämpfer hingerichtet worden sind.

Plumpe. Eigentlich eine mit einem Schwengel betriebene Handpumpe, wie sie in Kleingärten früher üblich war, aber auch Bezeichnung für den Stadtteil Gesundbrunnen. So war ↑Hertha BSC immer der »Verein von der Plumpe«.

Podewil. Mehrfach umgebautes, abgebranntes und wiederaufgebautes Palais des Staatsministers von Podewil in der Klosterstraße. Sowohl zu DDR-Zeiten als auch heute ein Szene-Treff junger künstlerischer Talente.

Polizei. Berufsgruppe, die in Berlin besonders gehätschelt wird und auch bei leeren öffentlichen Kassen ständig expandiert. Sie ist wegen ihres sanften und einfühlsamen Einschreitens bei Demonstrationen besonders beliebt. Berichtenswert ist das Erlebnis eines Bonner Politikers, der nach einem unfallbedingten Stau einen Polizisten mitten auf der Kreuzung heftig onanieren sieht. Schreckensbleich fragt er, was das denn solle. Antwortet der Polizist: »Mein Vorgesetzter hat gesagt: ›Sperr ma ab!‹ – und Befehl ist nu ma Befehl.«

Polizeihistorische Sammlung. Befindet sich im Gebäude des ↑Flughafens Tempelhof am ↑Platz der Luftbrücke und ist die Zusammenfassung von Kriminal- und Polizeimuseum. Wir finden hier u. a. eine Personenmeßanlage nach Alphonse Bertillon, eine Sexkamera für Unterdemrockaufnahmen, die Schädeldekkelsammlung »Stumpfe Gewalt«, Fahnen der Berliner Unterweltvereine wie »Immertreu« und umfangreiches Material zu den Mördern und Raubmördern Karl Großmann, Max und Walter Götze, Paul Ogorzow und Bruno Lüdke sowie zu anderen spektakulären Verbrechen in Berlin und nahebei.

Polizeipräsidium. Das Berliner P. befand sich früher am Mühlendamm, später am Molkenmarkt, bevor man 1885–90 einen mächtigen Backsteinbau auf dem heutigen Parkplatz zwischen Dircksen- und Alexanderstraße errichtete. Der wurde nach Kriegszerstörungen Anfang der fünfziger Jahre abgetragen. Inzwischen besaß West-Berlin seit 1948 ein P. in der Friesenstraße, das später zum Platz der Luftbrücke umzog. In Ost-Berlin diente das Verwaltungsgebäude von Karstadt in der Keibelstraße als P., denn selbstverständlich hatte Berlin von 1948 bis 1990 zwei Polizeipräsidenten. Die ersten beiden hießen Paul Markgraf (im Osten) und Johannes Stumm (im Westen), und die Kinder spielten nicht mehr Räuber und Gendarm, sondern Stumm gegen Markgraf.

Poloplatz Frohnau. Am 15. Juni 1913 wurde hier, gesponsert vom Fürsten Donnersmarck, das erste Poloturnier veranstaltet, dann diente das weiträumige Rasengeviert der Pflege kranker Militärpferde. Erst 1925 ging es weiter, und es folgte die Blütezeit des damals auch olympischen Polosports, bis Weltwirtschaftskrise und der Haß der Nazis auf den »Plutokratenclub« der Polospieler allem ein Ende machten. In den achtziger Jahren gab es dann wieder einige Turniere, doch das Geld, Polopferde zu halten und Mannschaften zu finanzieren, hat in Berlin bald niemand mehr. Ob vielleicht die Bonner …?

Popel. Ist auch in Berlin nur verhärteter Nasenschleim. Wobei man dem Popelnden in Berlin gerne den Ratschlag erteilt: »Nimm 'n Daumen. Wenna abbricht, jib's mehr Rente.«

Portierszwiebel. Ist das am Hinterkopf kugelförmig eingedrehte und festgesteckte Haar einer Frau, kurzum: ein Dutt.

Post. Eine Institution, die in Berlin auf eine lange Tradition zurückblickt, was man ihr auch anmerkt. Zwar reformierte der preußische Generalpostmeister Heinrich von Stephan (1831 bis 1897) das deutsche Postwesen gründlich, aber seitdem ist schon wieder viel Zeit vergangen. Stephan, der Erfinder des Weltpostvereins, führte u. a. die Correspondenzkarte, das Telefon und die Rohrpost ein und ist der Vater des Postmuseums.

Potsdam. An sich ein südwestlicher Vorort Berlins mit längerer preußischer Vergangenheit und einigen Schlössern, insbesondere dem Schloß Sanssouci Friedrich des Großen (1712–1786), den man aber zur Landeshauptstadt Brandenburgs aufgeblasen hat.

Potsdamer Bahnhof. Als erster Bahnhof Berlins 1838 am ↑Potsdamer Platz eröffnet, wurde er in den Jahren 1868–72 durch ein nobles Gebäude im, wie viele Berliner Gebißträger sagen, klassizischtischen Stil ersetzt und später durch den Wannsee- wie den Ringbahnhof ergänzt (die sog. Südring-Spitzkehre). Sieht man heute Bilder vom Potsdamer Ringbahnhof aus dem Jahre 1928, dann begreift man, daß Berlin wirklich einmal eine Weltstadt war und es schwer haben wird, jemals wieder eine zu werden.

Potsdamer Platz. Da fällt einem sofort die riesige innerstädtische Brache ein, wie Wim Wenders sie im Film »Himmel über Berlin« so unnachahmlich eingefangen hat, und die Kommentare dazu, daß dies einmal der verkehrsreichste Platz Europas gewesen sei mit der ersten Lichtzeichenanlage der Welt. Bis dann alles in Schutt und Asche sank, abgetragen und planiert wurde und fast dreißig Jahre lang als Grenz- und Niemandsland friedhofsstill dalag, von einer westlichen Aussichtsplattform schaudernd bestaunt. Nach der Wende aber ging es los, und der P. P. war bis zur Eröffnung am 2. Oktober 1998 mit 4000 Arbeitern die größte Baustelle Europas. Zu Füßen des Debis-Hochhauses gibt es um den Marlene-Dietrich-Platz herum zehn Straßen und rund zwanzig Gebäude, darunter Musical-Theater, Spielbank und IMAX-Kino, ein Sony-Klotz kommt noch hinzu. Sechshundert Wohnungen sollen dafür sorgen, daß es im neuen Viertel auch so richtig menschlich wird – und der Potsdamer Postkutscher hier wieder seinen Potsdamer Postkutschkasten putzt (alte Berliner Zungenbrecherübung). (↑Info-Box)

Potsdamer Straße, auch Potse. Nach dem andernorts als Radler oder Alsterwasser bekannten Mischgetränk Potsdamer benannter Straßenzug, ehemals zwischen Potsdamer Platz und dem alten Botanischen Garten am Kleistpark gelegen. Im Rahmen von Abriß- und Baumaßnahmen unterbrochen, verändert und im nördlichen Teil noch nicht wieder auffindbar. Die Straße repräsentierte lange Zeit den heruntergekommenen Charme der Nachkriegszeit, der sich inzwischen abgenutzt hat und voraussichtlich auch durch nichts ersetzt wird, was Charme besitzt.

präpeln, prepeln bedeutet: genußvoll essen.

Prater. Auch in dieser Hinsicht ist Berlin nicht auf Wien angewiesen: Es hat einen eigenen P. Der Saal mit angeschlossenem Garten steht seit 1857 in der Kastanienallee nahe der Eberswalder Straße und hat schon für so ziemlich alles herhalten müssen, was in Berlin als Kultur und Vergnügen gilt.

Prenzlberg. Nur wirklich Eingeborenen als Verkürzung von Prenzlauer Berg zustehende Bezeichnung für ihren in Mode gekommenen Stadtteil. Nicht jeder Alt-Einwohner teilt die Freude der Zugewanderten über den in Jahrzehnten vernachlässigten Zustand der Wohnbebauung, über den auch Prestige-Verschönerungen in der Gegend um den Kollwitzplatz nicht hinwegtäuschen. Dennoch wird der P. (der gleichnamige Berg liegt als kaum bemerkbare Geländeerhöhung auf einem Friedhof) einmal das Schwabing von Berlin werden. Die Mieten sind schon unterwegs dahin.

Provisorium. Berliner Baustil zwischen heimischem Barock und neuester Unsachlichkeit; im allgemeinen nicht häßlicher als für die Ewigkeit gebaut, auf jeden Fall dauerhafter.

Pulle. Bedeutet Flasche. Pülleken meint eine (nicht zu) kleine Flasche.

Puppen. Sind in Berlin nicht nur Spielzeuge und ansehnliche Mädchen (»dufte Puppen«, die man tanzen lassen kann), sondern auch die preußischen Feldherren und Kriegsminister, die man ab 1750 überlebensgroß und steinern um den ↑Großen Stern herum in den Tiergarten gepflanzt hat (u. a. Moltke und Roon). Von der Innenstadt aus brauchte man einige Zeit, um hinzukommen und sie betrachten zu können – und hatte damit eine neue Maßeinheit gewonnen, zumindest ein Gefühl für »lange«: »Mann, ick hab bis in die Puppen jeschlafen!«

Q

Quadratlatschen. Sind überdimensionale (fast einen Quadratmeter große) Schuhe mitsamt der darin steckenden Füße, die anderen im Wege sind und über die man andauernd stolpert: »Nimmste endlich mal deine Quadratlatschen da weg!«

qualstern ist ein anderes Wort für das Auswerfen von Schleim.

Quasselstrippe. Jemand, der ununterbrochen quasselt, also – medizinisch wie psychologisch gesehen – von der malignen Logorrhoe befallen ist, dem krankhaften Redefluß (mangelnde sprachliche Selbstkontrolle). In liebenswerter Form von Schauspielerinnen (vor allem Grete Weiser) und Kabarettisten (zum Beispiel Wolfgang Gruner) verkörpert.

Quatschkopp. Ein alter Q. ist einer, der andauernd Blech (Unsinn) redet, wobei das nicht so aggressiv gemeint ist, wie es klingen mag.

Quetschkartoffeln. Typisches Berliner Gericht, wobei man sie am liebsten zu einem Nest formt und in dieses »Saure Eier« tut. Bekam man als Kind von Muttan überraschend einen Nachschlag an Soße, dann konnte man dies trefflich nutzen, um zu sehen, was bei einem Dammbruch passiert und wie man dagegen ankämpfen kann. Die Rettung des Oderbruchs beim großen Hochwasser 1997 ist zweifellos auf diese frühen empirischen Erfahrungen der Einsatzkräfte aus dem Großraum Berlin zurückzuführen.

Quitzows, die. Märkisches Adelsgeschlecht, das beinahe verhindert hat, daß aus Berlin Berlin geworden ist, als nämlich die Herren Dietrich und Johann von Q. – zusammen mit Caspar Gans zu Putlitz und anderen Autochthonen wie den Bredows und den Rochows – 1412 einen Guerillakrieg gegen den Burggrafen Friedrich VI. aus Nürnberg führten (»Tand von Nürnberg«), dem Manne aus dem Hause Hohenzollern. Hätten sie gesiegt und nicht der aufgepropfte Markgraf aus dem Westen (sprich: Süden), dann wäre Berlin 1470 wohl nicht kurfürstliche Residenzstadt geworden, sondern … Sehen Sie sich mal in Nauen, Oranienburg, Strausberg oder Königs Wusterhausen um!

R

Rabatz oder Radau. Die lärmende Unruhe, die der Berliner fast so liebt wie die ↑Musike und manchmal auch damit verwechselt.

Rabitz. Name eines Berliner Bauhandwerkers, der auf die geniale Idee kam, Bretterwände mit einem Geflecht zu überziehen, das sich mit Putz bewerfen ließ. Besonders geeignet zur akustischen Trennung von bewohnten Räumen und deshalb immer wieder in Neubauten angewendet.

Radio. Im Oktober 1923 von einem Sender der Radio-Stunde AG Berlin (die im März 1924 aufgrund der Überwucherung mit fremdländischen Ausdrücken in Funk-Stunde umbenannt wurde) im Vox-Haus an der Potsdamer Straße in Betrieb genommenes Rundfunkprogramm für annähernd dreißig Hörer. Seitdem technisch vervollkommnet. In der Stadt senden inzwischen ungefähr dreißig Sender gleich und ähnlich klingende Programme für eine unbekannte Anzahl von Hörern.

Ragufeng. In einem irdenen Töpfchen überbackenes Frikassee oder Würzfleisch, das eigentlich *Ragout fine* heißt, aber selten so schmeckt.

Rathäuser. Davon hat keine deutsche Stadt mehr als Berlin mit seinen zahlreichen Bezirken und Stadtteilen. Auch früher gab es deren mehrere, die zudem gelegentlich abbrannten.

Ratte, Ratze. Nicht nur ein Nagetier, sondern das Versagen beim Kegeln (französisch *raté*). Ratzen meint auch schlafen, verratzt heißt verloren, und wer keene Puseratze mehr hat, besitzt keinen Pfennig Geld.

Rauchfangswerder. Eine Landspitze im Zeuthener See, die den südlichsten Punkt des Berliner Stadtgebietes darstellt.

Rebbach. Kommt aus dem Hebräischen und ist der große Reibach, den Geschäftsmann und -frau machen kann.

Rehberge. Volkspark im Bezirk Wedding, der auf seinen 86 Hektar viel schöne Landschaft bietet, schließlich war man vordem Düne. Zudem gibt es ein Stadion für Sport und Spiel und eine Bühne für freies Licht – häh?

Reichsmark. Ach, das waren noch Zeiten, als unsere Väter Geschichten wie diese erzählten: »Bückt sich da ein Mann, der schlecht sehen kann, um etwas von der Straße aufzuheben – und schreit los: ›Gott verdamme die Leute, die da spucken wie 'ne Reichsmark!‹«

Reichstag. Ist nicht »Reichs Tag«, benannt nach dem glorreichen Tag, an dem Wilhelm Reich (1897–1957) seine Massenpsychologie des Faschismus veröffentlicht hat, sondern das von Christo im Sommer 1995 so wunderbar ver- und leider auch wieder enthüllte Gebäude, in dem der Bundestag ab 1999 Quartier nimmt. Paul Wallot hat sich in der italienischen Hochrenaissance umgesehen und dann das Reichstagsgebäude entworfen. *It was erected* … es wurde, äh, erigiert von 1884 bis 1894, war Bismarcks Bühne und Mittelpunkt der Weimarer Republik, wurde 1933 in Brand gesteckt, von den Nazis wahrscheinlich, 1945 stark zerstört und seitdem bis heute peu à peu erneuert. Die Frage ist, ob es bei den künftigen Einsassen einen geistigen Frackzwang geben wird oder aber freies und kreatives Denken …

Reiher. Sahen ältere Berliner beim Flanieren Mitmenschen bei ganz bestimmten Verrichtungen – insbesondere in Fällen von Diarrhoe oder schwerer Trunkenheit –, so neigten sie dazu, spontan auszurufen: »Der scheißt ja wie'n Reiher!« oder »Der kotzt ja wie'n Reiher!« Nun, was kann der arme Vogel dafür? Tatsache ist aber, daß ein langgestreckter See in der Nähe von Prieros nur deswegen Hölzerner See heißt, weil der Kot der scheißenden Reiher die Belaubung der Uferbäume stellenweise weggeätzt hat.

Reime. »Reim dich – oder ich freß dich!«, heißt es. Hier eine kleine

Auswahl dessen, was die beiden Verfasser im Laufe ihres langen Lebens so zu hören bekamen:

Eene meene mopel,/wer frißt Popel,/süß und saftig,/für eine Mark und achtzig,/für eene Mark und zehn,/und du kannst jehn.

Ick bin jerührt wie Appelmus,/zerfließe wie Pomande,/ mein Herz schlägt wie een Pferdefuß/in meine linke Wade.

Ick steh uff de Brücke/und spuck in den Kahn,/da freut sich de Spucke,/det se Kahn fahren kann.

Jesus sprach zu seine Jünger:/Wer keen'n Löffel hat, der esse mit de Finger.

Siehste woll, da kimmt er,/lange Schritte nimmt er,/siehste woll, da kimmt er schon,/der versoffne Schwiejersohn.

Wenn sich Herz und Magen laben,/will de Neese ooch wat haben.

Man wird alt wie 'ne Kuh/und lernt immer noch dazu.

Wird schon wer'n mit Mutta Beern,/mit Mutta Horn is ooch jeworn,/bloß Mutta Schmidt'n, die hat jelitten,/die ham se siebenmal jeschnitten,/und denn ham se erst jemerkt, det se'n Holzbeen hat.

Biste beit Trinken, bleib ruhich dabei./De Frau zankt um zehne so jut wie um zwei.

Lieba 'n Darm varenkt/als 'n Wirt wat jeschenkt.

Häßlichkeit entstellet imma/ooch det schönste Frauenzimma.

Reinickendorf. Ist nach Köpenick der zweitgrößte der alten 23 Berliner Bezirke. Daß sich hier die Füchse gute Nacht sagen, stimmt zwar nicht ganz, aber man sieht sich selbst als den »grünen Norden Berlins« und weist mit dem welligen Tegeler Forst und der Jungfernheide auch umfangreiche Waldgebiete auf. Die Wässer von Havel, ↑Tegeler Fließ, Niederneuendorfer, Tegeler, Heiligen-, Hermsdorfer, Hubertus-, Flughafen-, Wald- und Ziegeleisee kommen noch hinzu. Zusammengeschmiedet wurde Reinickendorf 1920 aus den sechs Landgemeinden Reinickendorf, Wittenau, ↑Tegel, Heiligensee, Hermsdorf und ↑Lübars sowie den Gutsbezirken Tegel, Jungfernheide-Nord und Frohnau.

Heute kommen noch Borsigwalde, Konradshöhe, Tegelort, Waidmannslust, Saatwinkel, die Invalidensiedlung und vor allem das MV hinzu, das ↑Märkische Viertel. Highlights des Bezirks sind der Flughafen und die JVA Tegel, das ↑Humboldtschlößchen, das Humboldt-Krankenhaus, die Karl-Bonhoeffer-Nervenklinik (KBoN), die Weiße Stadt an der Aroser Allee, die Wittenauer Dorfkirche, das Rathaus Wittenau, Borsigtor und -turm (↑Borsig), die Gartenstadt Frohnau mit dem Buddhistischen Zentrum und das Reiterdorf Lübars.

Reißmichtüchtig. Großmütterberlinisch für Rheumatismus.

Renaissance-Theater. Hardenberg-, Ecke Knesebeckstraße gelegen, in einer sehr kulturschwangeren Ecke also, brilliert es manchmal erstaunlich (zum Beispiel mit Brechts »Arturo Ui« oder mit Harald Juhnke als ernsthaftem Charakterdarsteller), um dann wieder Boulevard oder pure Langweile zu bieten, immer aber bewundernswert sind seine Intarsien.

Renneritis steht für Durchfall oder, wie die legendäre Schmöckwitzer Oma des einen Verfassers immer gesagt hat: Durchmarsch. Sie überlieferte auch den ehemals stadtbekannten Reim zu diesem Thema: »Zwei Damen saßen einst in einem Coupé, und davon hatte die eine Diarrhöe. Da sagte die andere zur einen: 'Na weißte, auf der nächsten Station, da sch... schteigste aus.« Immer wieder kolportiert wurde auch eine Begebenheit, die sich auf dem Anhalter Bahnhof zugetragen haben soll. Hat da ein Mann seinen Hut verloren und der Bahnhofsvorsteher ihn gefunden. Auf dem Hutband steht der Name »Reinsch«, und so läuft der Bahnbeamte nun, den Hut in der ausgestreckten Hand haltend, an den Fenstern des noch dastehenden Zuges vorbei und ruft so laut er kann: »Ist hier jemand, der Reinsch heißt...?«

Resi. Gewesenes legendäres Ballhaus in der ↑Hasenheide, das vor allem durch seine Tischtelefone Furore gemacht hat: Wer eine potentielle Partnerin bzw. einen potentiellen Partner irgendwo im großen Saal an einem der vielen anderen Tische erspäht hatte, rief einfach an und begann die Balz.

Reuter, Ernst. Um ein Gefühl für diesen Mann zu bekommen, halten Sie sich bitte mit Daumen und Zeigefinger die Nase zu und rufen Sie mit allem filmreifen Pathos, der Ihnen möglich ist, aus: »Ihr Völker der Welt, ihr Völker in Amerika, in England, in Frankreich, in Italien! Schaut auf diese Stadt und erkennt, daß Ihr diese Stadt und dieses Volk nicht preisgeben dürft und preisgeben könnt!« Diese Sätze hat E. R. am 9. September 1948, zur Zeit der Blockade also, mit einer heute schwer vorstellbaren Leidenschaft vor 350 000 Menschen gesprochen, die sich auf dem Platz der Republik vor dem Reichstag zu einer Freiheitskundgebung versammelt hatten. Es hat geholfen, West-Berlin ist kein Teil des kommunistischen Lagers geworden, und hätte es den alten Brauch noch gegeben, die Bewohner dieses Teils der Stadt hätten ihn zu Ernst dem Großen gemacht. Mit Willy ↑Brandt zusammen ist er ihr Lokalheiliger geworden. Als E. R. am 29. September 1953 in Berlin gestorben ist, haben Hunderttausende geweint. 1889 in Apenrade geboren, hatte er ein bewegtes Leben hinter sich: Im Ersten Weltkrieg Kriegsgefangener in Rußland, erst Mitglied der KPD, dann nach Parteiausschluß Eintritt in die und Karriere in der SPD, Oberbürgermeister von Magdeburg, Mitglied des Reichstages und maßgebender Manager der Berliner Verkehrsbetriebe, zwischen 1933 und 1935 zweimal im KZ, dann in der Türkei Professor und Regierungsberater, 1947 zum Oberbürgermeister Berlins gewählt, aber durch die Sowjets am Amtsantritt gehindert, von 1950 an bis zu seinem Tode Regierender Bürgermeister von Berlin (West).

Reutter, Otto (nicht zu verwechseln mit Reuter, Ernst). Ein aus Gardelegen in der Altmark gebürtiger Humorist und Kabarettist namens Otto Pfützenreuter (1870–1931), der in den ersten Jahrzehnten des 20. Jahrhunderts als Inbegriff Berlinischen *understaments* berühmt wurde. Seine zahlreichen Couplets werden noch heute gerne kolportiert: »Der gewissenhafte Maurer«, »Nehm Se'n Alten« oder »In fuffzich Jahren is alles vorbei«.

RIAS. (a) ein kurz nach dem Krieg von den Amerikanern installierter und bis zu seinem Ende nach der Wende als Ableger der »Stimme Amerikas« kontrollierter Sender (Rundfunk im amerikanischen Sektor), (b) ein Mythos und wichtiger Faktor für den Durchhaltewillen der West-Berliner im Kalten Krieg. Die Kinder von damals haben es noch heute im Ohr: »Der Onkel Tobias vom RIAS ist da!«, und alle erinnern sich an Friedrich ↑Luft, die »Stimme der Kritik«, an die ↑Insulaner, an die »Schlager der Woche« jeden Montagabend, an die große Quiz-Sendung »Mach mit« von und mit Ivo Veit, teils aus der Waldbühne übertragen, wo man als Hauptpreis ein Pfund Lensing-Kaffee gewinnen konnte, an »Damals war's – Geschichten aus dem alten Berlin«, an die Krimi-Hörfolge »Es geschah in Berlin«, an die Monologe der Regierenden Bürgermeister unter dem Titel »Wo uns der Schuh drückt«, an die »RIAS-Schulklassengespräche«, an Werner Müller und sein RIAS-Tanzorchester, an Lord Knuds »Evergreens« am Sonnabendmorgen, an Ewald Wencks »Hallo, Fans« und an Reporter und Nachrichtensprecher wie Sammy Drechsel, Jürgen Graf, Peter Schulze und Wolfgang Behrend. Vielleicht war es im Hinblick auf die geistige Wiedervereinigung Berlins und das Kommerzielle sinnvoll, den RIAS zu zerschlagen und im DeutschlandRadio auf- bzw. untergehen zu lassen, für viele West-Berliner (wie auch etliche DDR-Bürger) ist es aber ein Mord an ihrer Seele, zumindest ein Stück Identitätsverlust und Grund einer latenten Depression. Die dreißig Sender von heute können für sie nie und nimmer den einen RIAS von damals ersetzen.

RIAS-Ente. Oft gebrauchter Begriff der DDR-Propaganda, um Meldungen des RIAS (»Aus der Zone, für die Zone«) über Mißstände im Ersten Arbeiter- und Bauernstaat auf deutschem Boden als frei erfunden, als erstunken und erlogen zu brandmarken.

Riehmersche Hofgärten. Zwischen 1881 und 1892 auf insgesamt 27 zusammenhängenden Grundstücken an der Yorckstraße errichteter Gebäudekomplex mit 220 Wohnungen. Das sehenswerte Gegenstück zu den zur gleichen Zeit entstandenen Berliner ↑Mietskasernen.

Rieselfelder. Um das unaufhaltsam wachsende Berlin nicht zu einer einzigen Kloake werden zu lassen, kam der Baurat und Kanalisationsfachmann James Hobrecht (1825–1902) auf die Idee, Fäkalien und andere Schmutzwässer vermittels radikal angelegter Druckleitungen, zwölf an der Zahl, aus der Stadt heraus auf umliegende Felder zu pumpen und dort versickern zu lassen, was natürlich nicht ohne gewisse olfaktorische Belästigungen abging, so daß es in Berlin bald sprichwörtlich hieß: »Det stinkt ja hier wie uff de Rieselfelder!« – auch wenn es sich um Küche oder Schlafzimmer handelte. Verstärkt wurde dieser Effekt dadurch, daß man auf den R. vornehmlich Weißkohl anbaute, dessen Wirkung auf die Bildung bestimmter Darmgase nicht weiter beschrieben werden muß. Das erste Rieselfeld entstand im Süden bei Osdorf/Heinersdorf und wurde vornehmlich in Zwangsarbeit von den Insassen des Erwerbs- und Obdachlosenasyls Rummelsburg angelegt. Nichts, was sich unsere Politiker heute ausdenken, um vermeintliche Sozialhilfeschmarotzer zu bekämpfen, ist also gänzlich neu. Die R. im Nordosten der Stadt sind heute weithin mit den ins Gigantische gehenden Plattenbausiedlungen Hohenschönhausen, Marzahn und Hellersdorf bebaut, fährt man aber mit offenem Wagenfenster von Spandau nach Gatow oder Kladow, kann man hinter Weinmeisterhöhe noch einiges erschnuppern.

Rikscha-Taxis. Fahren nach chinesischem Vorbild in der Gegend Unter den Linden umher.

Ringbahn. Vollring der Berliner ↑S-Bahn, die Strecke Papestraße – Papestraße.

Ring-Center: Am S- und U-Bahnhof Frankfurter Allee gelegen,

Rikscha-Taxi

ist dies ein reines Einkaufszentrum und (leider) keine zentrale Trainings- und Kampfstätte für Sumo- und andere Ringer, einschließlich derer, die mit der Tür ringen (unsere Thüringer). Und noch ein Tip für Sie: Wenn Sie statt *dem* Center *den* Center suchen, dann gehen Sie zum Basketball (↑Alba), das ist der meist 2,20 Meter und mehr messende zentrale Mann zum Erzielen von Körben und Abfangen von Bällen *(rebounds)*.

Ritze. Enge und ein wenig berüchtigte Straße, wobei die Mulackritze (↑Mulackstraße) die bekannteste ist, knapp vor der Naunynritze in Kreuzberg.

Ritzenschieber. War das arme und oft dürre Männlein, das früher mit einem schmalen Besen und einer Gießkanne umherzog und die Rillenschienen der Straßenbahn reinigte. Sowenig er verdiente und so gering sein Ansehen auch war, für die Pädagogik war er eine der zentralen Figuren, denn immer wenn man eine schlechte Schulnote nach Hause brachte, kam der Kommentar: »Mach ma so weiter, dann wirste eben Ritzenschieber oder Gullitaucher.«

Rixdorf. So hieß ↑Neukölln bis 1912, als dieser Name (von Richardsdorp, gegründet 1360) den Stadtvätern zu proletarisch erschien. Erhalten ist aber noch der Gassenhauer »In Rixdorf is Musike, da tanzte die schöne Rieke mit ihrem Bräut'gam Fritz«. Der »Rixdorfer« steht in den damaligen Charts ganz oben: »Uff den Sonntag freu ick mir, ja, dann jeht et 'raus zu ihr, feste mit verjnüchtem Sinn Pferdebus nach Rixdorf hin. Dort erwartet Rieke mir – ohne Rieke keen Pläsier!« Damals war's, in der ↑Hasenheide, die überwiegend neuköllnisch ist. Ein Deutsch und Böhmisch Rixdorf gab es einmal, und noch heute redet man, die Gegend um den Richardplatz mit seiner alten Schmiede meinend, vom böhmischem Dorf.

Rockendorf. Dort gelegen, wo schon der Waidmann seine Lust hatte, gilt es als Berlins führendes Feinschmeckerrestaurant, was die beiden Verfasser allerdings nicht beurteilen können, da ihnen, obwohl in diesem Genre recht erfahren, der Druck von Fünfhundertmarkscheinen noch immer nicht gelingen will und auch der Verleger sich anstellt (doch wer weiß, vielleicht nach diesem Buch …?).

Rohrpost. Nach einem längeren Versuchstadium im Dezember 1876 in Betrieb genommenes unterirdisches Rohrsystem zur schnellen Versendung von jährlich bis zu 26 Millionen Rohrpostbriefen und -karten innerhalb der Stadt. 1939 besaß Berlin ein Netz von 257 Kilometern R., das – zum großen Teil zerstört – nach dem Krieg nur noch wenig Bedeutung hatte und 1964 in Ost- bzw. 1969 in West-Berlin stillgelegt wurde.

Rollberge. Dicht besiedelte Anhöhe in ↑Rixdorf bzw. Neukölln, die sich von der Karl-Marx-, ehemals Bergstraße zur Hermannstraße hinaufzieht. Nach einer Kahlschlagsanierung gilt der Rollberg-Kiez heute fast als *no go area* oder, um es positiver auszudrücken, als ein Vorzeigestück Berlins. Den führenden Politikern ist klar, daß man eine Reihe von Slums schaffen muß, will man sich wirklich zum europäischen New York entwickeln.

Rollheimer. Total unbürgerliche Menschen, die in rollenden Heimen leben, sofern man sie dort leben läßt, das heißt in (Wohn-) Wagen, die sie zu Wagenburgen zusammenschieben, worauf sie von einem Stadtteil in den anderen ver- bzw. abgeschoben werden. In gutbürgerlichen Ghettos fürchtet man sie wie die Pest und benennt sie darum des öfteren nach Tieren, die als Überträger derselben gelten: »Wo Schmutz ist, da sind Ratten.«

Rosenthaler Platz. Der Platz, auf dem sich einst das Rosenthaler Tor erhob, von den Berlinern gerne zu Blasenthaler Rotz verballhornt.

Rosette. Eine Rosette ist eigentlich (a) ein Ornament mit kreisrundem Umriß und (b) das runde, oft mit reichen Schnitzereien verzierte Schalloch im Resonanzboden eines Musikinstrumentes, wird aber in den unteren, doch deftig humorvollen Berliner Volksschichten (c) auch mit dem Poloch gleichgesetzt, so daß verständlich wird, warum man jemandem bereitwillig den Weg zur Toilette zeigen sollte, der einem zuruft: »Schnell, mir ist so kackrig um die Rosette!«

Rosinenbomber. Bezeichnung für die 225 viermotorigen amerikanischen Flugzeuge vom Typ DC 4, die 8,3 Tonnen pro Flug befördern konnten, darunter auch Rosinen (getrocknete Weintrauben), wie nahezu allen Lebensmittel zwecks Gewichtsersparnis vorab das Wasser entzogen worden war, was durch das Voranstellen des Wortes »trocken« leicht erkennbar war. Am schlimmsten schmeckten die Trockenkartoffeln (POM), und hätte sie heute jemand in Mund und Schlund, würde er sofort den Giftnotruf (192 40) wählen.

Rostlaube. (a) ein dahinrostendes und schrottreifes Auto, (b) wegen seiner rostfarbenen Außenhaut so bezeichnetes Gebäude der FU in der Dahlemer Fabeckstraße.

Rotes Rathaus. Ein nicht zu übersehender Monumentalbau aus rotem Backstein, zwischen Allex und Schloßplatz gelegen. Das R. R. wurde 1861–71 am Ort des alten Berliner Rathauses errichtet und ist seit 1991 Sitz des Regierenden Bürgermeisters, der gegen die Farbe des Hauses auch nichts machen kann. Die weiträumigen gastronomischen Einrichtungen im Keller des Hauses wurden vorsichtshalber geschlossen.

Rotzbengel, -löffel, -lümmel. Meistens mit einem gedehnt und aggressiv gesprochenen »Du …« davor gesprochen, meint es einen (kleinen) schmutzigen, ungepflegten, unerzogenen und frechen Jungen.

Rotzblasen. Berliner Kinder weenen Rotzblasen und Dreierschnecken; eine Rotzbremse ist ein (schmaler) Schnurrbart, wie ihn heute wieder jeder bessere Herr trägt.

rotzfrech ist jemand, wenn er besonders frech ist, so frech und ungehobelt, daß er sich nicht scheut, auf den Gebrauch eines Taschentuches zu verzichten, sondern statt dessen seinen Nasenschleim, den Rotz, möglichst geräuschvoll vom Nasen- in den

Mundraum zieht und dann dahin spuckt bzw. rotzt, wo es nicht so sehr erwünscht ist.

Royal-Palast. Ansammlung von Kinos im ↑Europa-Center, Eingang Tauentzienstraße, deren Name nicht vom historischen Tauendenziehen der 1. gegen die 14. Grundschule Berlin-Charlottenburg herrührt, sondern von einem General Friedrich des Großen: Friedrich Bogislaw von Tauentzien, der im Siebenjährigen Krieg (1759) Breslau erfolgreich gegen die Truppen der österreichischen Kaiserin Maria Theresia verteidigt hat. (»Det interessiert doch heute keen Schwein mehr!«)

Rucksackberliner. Das waren die meisten Einwohner der Stadt oder ihre Vorfahren einmal: Leute, die mit ihrer gesamten Habe auf dem Buckel nach Berlin kamen, um innerhalb mehr oder weniger kurzer Zeit echte Berliner zu werden. Hätten damals bereits die heutigen Gesetze gegolten, besäßen unsere Kinder noch die belgische, holländische, französische, schweizerische, litauische, polnische oder tschechische Staatsangehörigkeit. Wie sagt der Berliner im Fall einer (ärgerlichen, aber auch freudigen) Überraschung: »Mein lieber Kokoschinski!«

Rudolf-Virchow-Krankenhaus (RVK). Ist ein Klinikum der FU am Augustenburger Platz im Wedding (U 9 Amrumer Straße), gemischt aus alten Pavillons, Grünanlagen und Neubauten, darunter dem Herzzentrum. Sein Namensgeber (1821–1902) ist einer der Berliner Stadtheiligen, weil er nicht nur ein hervorragender Mediziner war (Begründer der Zellularpathologie), sondern auch ein fortschrittlicher Politiker, der sich um die öffentliche Gesundheitspflege verdient gemacht hat.

Rummelsburg. Nach dem Gastwirt Rummel benannter Stadtteil an der Spree, wo die Firma ↑Bolle einst im Winter ihr Eis gewann, Spratts Hundekuchen gebacken wurde und das Berliner Arbeitshaus stand. Vom Industriestandort R. künden noch heute ein Turmaufsatz zur Herstellung von Schrotkugeln (schon Tucholsky warnte vor Kaviar-Nachahmungen aus weichgekochtem Flintenschrot!) und die ersten Betonbauten der Welt (↑ Beton). Zu DDR-Zeiten war R. ein Synonym für die an der Spree gelegene Haftanstalt, während sich die Opposition bei Blues-Messen in der Erlöser-Kirche stärkte.

S

Sammlung Berggruen. Viele sammeln nur Briefmarken und manchmal auch sich selber, Heinz Berggruen aber hat in der Charlottenburger Schloßstraße eine Menge Bilder zusammengetragen, so u. a. 69 x Picasso, 27 x Paul Klee und 2 x Cézanne. Insgesamt sind es 115 Werke von sieben Künstlern, die man (a) bewundern und (b) stehlen kann, was in der Region des Verkehrsverbundes Berlin-Brandenburg (VBB) zuletzt mit einem Werk Caspar David Friedrichs in Potsdam geschehen ist.

Sand. Darauf steht Berlin im wahrsten Sinne des Wortes. Der märkische Sand um Berlin wurde dereinst sogar für Reinigungszwecke und als Tintentrockner exportiert. Besonders gerne lagerte er sich vor den Palisaden ab, die die Stadt umgaben, so daß sich stellenweise Reiter über diese Vorläufer der Berliner Mauer hinwegsetzen konnten. Im Verlauf der Jahrhunderte ist der Sand fast überall mit einer sogenannten Kulturschicht überdeckt worden, die sich im wesentlichen aus den Abfällen und dem Kehricht der Stadt zusammensetzt.

Sass, Erich, Franz (und Max). Die Gebrüder S., Einbrecherkönige von Berlin, raubten 1929 den Tresorraum der Berliner Disconto-Gesellschaft am Wittenbergplatz durch einen Tunnel aus und wurden damit zu Stammvätern der Berliner Tunnelgangster (↑Pannewitz). Der Raub wurde Franz und Erich S. juristisch nie nachgewiesen; die Nazis ließen sie dennoch 1940 »auf der Flucht« erschießen.

Saurejurkenzeit. Abgesehen davon, daß saure Jurken »ooch 'n scheenet Jemüse« sind und »Jib ihm Sauret« eine freundliche Aufforderung darstellt, jemandem »det Jackstick« vollzuhauen, ist die S. eine Zeit, in der kein Geschäft läuft. Andreas Nachama bietet dafür eine Erklärung aus dem Hebräischen an: *zorot jerakot* – die Sorgen um die Teuerung. Wie wäre es mit jiddisch *zoredik jorzejt* – die beklagenswerte Wiederkehr des Todestages?

Saurer mit Persiko. Eine Art Kirschlikör, wie er für jedes altberliner Lokal unverzichtbar ist. Persiko meint an sich einen Extrakt aus Pfirsich- oder Bittermandelkernen mit einem Zusatz von Zitronen und Zimt.

S-Bahn. Für viele Einheimische ist die Berliner S. nicht nur ein Verkehrsmittel, sondern auch ein Mythos und ein besonderes Lebensgefühl, und ihre Benutzung keine alltägliche und höchst rationale Handlung, nämlich schnell und sicher von A nach B zu gelangen, sondern eine kultische Handlung. Ohne das Anfahrgeräusch ihrer über sechzig Jahre alten Triebwagen, dieses unnachahmliche Öööööööhhhhhh, ohne ihren spezifischen Geruch von Öl und Bremsstaub, ohne ihren noch immer und zum Glück vorhandenen nostalgischen Schmuddellook und ohne ihre Vielfalt von Wagen- und Bahnhofstypen wäre Berlin nicht Berlin. Mit ihr kann man wie mit keiner anderen Bahn deutsche Geschichte er-fahren, und sie ist ein Stück dieser Geschichte. Ab 1871 entstand sie, zuerst als Verbindung zwischen den einzelnen Fernbahnhöfen, ab 1927 begann ihre Elektrifizierung, und im Oktober 1998 zählte man 14 Linien mit 154 Bahnhöfen, und ständig kommen weitere hinzu, entweder wiedereröffnete oder neu angelegte. Rot und Ocker sind die klassischen Farben der Züge, das Rot zuerst etwas dunkler in Richtung Ochsenblut, später heller und Rubinrot genannt, das Ocker ebenso aufgehellt zum Gelben hin. Um alle Strecken nacheinander abzufahren, wäre man über 13 Stunden unterwegs. »Einsteigen bitte! Zurückbleiben.«

S-Bahnmörder. Sitzt heute noch im Zug, fährt man und vor allem frau nächstens auf den einsamen Außenstrecken der Berliner ↑S-Bahn. Seine Name: Paul Ogorzow, geboren 1912 in Ostpreußen, hingerichtet am 25. Juli 1941 im Strafgefängnis Plötzensee, nachdem er zwischen dem 3. Dezember 1940 und dem 3. Juli

1941 in der S-Bahn und ihrer Nähe acht Frauen ermordet hatte. Dazu kommen sechs Mordversuche und über dreißig Sittlichkeitsverbrechen. In der FBI-Terminologie von heute kann man ihn einen »kontrollierten« Serienmörder nennen. Als Reichsbahnbeamter konnte er sich ständig dienstlich in der S-Bahn und ihrer Nähe aufhalten, und als bürgerlich ehrbarer Gatte und Familienvater in einer angesehenen Wohngegend, Karlshorst, war er bestens getarnt. Bauernschlau war er und immer bestens informiert, so daß ihn die besten Kriminalbeamten des Reiches lange vergeblich jagten.

S-Bahnmuseum. Liegt zwar nicht mehr in Berlin, sondern am Bf. Griebnitzsee im Bundeslande Brandenburg, sollte aber von Freunden dieses Verkehrsmittel mittels der S-Bahnlinie 7 (Ahrensfelde – Potsdam Stadt) angefahren werden.

Schadow, Johann Gottfried (1764–1850). Berlins klassizistischer Hofbildhauer, dessen Marmorgruppe der Prinzessinnen Luise und Friderike beinahe so bekannt ist wie seine Quadriga auf dem ↑Brandenburger Tor. Die Dame ist – was man von unten kaum bemerkt – erstaunlicherweise größer geraten als ihre Pferde; überdies mußte ihre hintere Blöße nachträglich verhüllt werden.

schallern heißt singen und meint wohl den dabei entstehenden Schall, ebenso auch das Geräusch bei der Ohrfeige – auch Schelle oder Maulschelle genannt –, denn in Berlin kann man leicht eine geschallert kriegen.

Scharfenberg. Insel im Tegeler See mit einer Internatsschule, die sich Schulfarm nennt. Ihr Image schwankt zwischen Idylle und Eliteanstalt einer- und letzter Abiturchance für IQ-schwache Schüler mit reichen Eltern andererseits.

Schaschlik. So wird die Stahlskulptur genannt, die Hans Uhlmann 1961 geschaffen und vor der ↑Deutschen Oper Berlin in der Bismarckstraße aufgestellt hat.

Schaubühne. Von Peter Stein zum Ruhme emporgeführtes kultisches Theater im alten Erich-Mendelsohn-Bau am Lehniner Platz (oberer Kudamm) mit Stars wie Bruno Ganz, Otto Sander, Edith Clever und Jutta Lampe. War in seligen West-Berliner Inselzeiten, danach noch als S. am Halleschen Ufer, der Kulturtempel Nummer eins und das Aushängeschild der Frontstadt-Insulaner, wiegt aber von Jahr zu Jahr immer weniger (wie das Theater in Berlin ganz generell).

Schauspielhaus. Im Gegensatz zu seinem Namen das Berliner Konzerthaus am ↑Gendarmenmarkt, wiederaufgebaut aus der Ruine des im Krieg zerstörten S. von ↑Schinkel (1819–21), das wiederum auf den Grundmauern des abgebrannten Nationaltheaters von Langhans steht. Intendanten im Schauspielhaus waren u.a Leopold Jeßner und Gustaf Gründgens; das Schillerdenkmal vor dem S. stammt von Begas.

Scheese. Stammt von dem französischen Wort *chaise* (Kutsche) ab. Gemeint ist ein fahrbarer Untersatz, mit dem man sich eilig fortbewegen, also los- oder rumscheesen kann.

Schelle. Steht für Ohrfeige oder »eene jescheuert kriegen«. Eine S. ist eigentlich etwas, das man im Baumarkt zu kaufen kriegt: eine gebogene, zumeist metallene Vorrichtung zum Befestigen von Rohren (Rohrschelle), die aber auch zum Verschließen des Mundes (des Maules) verwendet werden kann und damit zur Maulschelle wird (»Hältste jetz' ma' dein dreckijet Maul, sonst kriegste 'ne Schelle!«). Mit der Zeit ist das Maul vor der S. entfallen.

Scheunenviertel. Seit etwa 1700 der Standort der 27 Berliner Scheunen auf dem sogenannten Scheunenfeld südlich des heutigen Rosa-Luxemburg-Platzes. Von den acht Straßen des Viertels blieben nach der Sanierung seit 1905 nur Reste. Der Name S. übertrug sich auf die ganze Gegend um die Hirtenstraße, wo einst der Magistrats-Kuhhirt sein Haus gehabt hatte, und wird seit 1990 mit Rücksicht auf die Touristen vereinfacht für die gesamte ↑Spandauer Vorstadt gebraucht. Das ursprüngliche S.

war vor 1900 die ärmliche Wohngegend der zugewanderten Ostjuden.

Schickse. Verächtlicher Begriff für eine junge Frau, der als etwas angestaubt angesehen werden kann, seine Renaissance in der Mobbing-Bewegung aber durchaus erleben könnte, wenn die möglichen Anwender in Erfahrung bringen sollten, daß er sich aus dem hebräischen Wort für »Gaul« herleitet.

Schiffbauerdamm. Seit 1738 Berlins Platz für den Schiffbau. Berühmt geworden durch das (Neue) Theater am S., in dem 1928 die Uraufführung von ↑Brechts »Dreigroschenoper« stattfand. In dem Theater am S. befindet sich seit 1954 das ↑Berliner Ensemble.

Schildhorn. Ist eine Zunge aus Land, die sich von Grunewaldbergen südlich der Heerstraße in die ↑Havel schiebt, bestückt mit einem Restaurant, einer Dampferanlegestelle und einem Denkmal in Form eines Baumstammes mit Schild und Kreuz. Hier soll der Sage nach der letzte Wendenfürst, Jaczo mit Namen, aus Dankbarkeit zum Christentum übergetreten sein, nachdem es ihm gelungen war, auf der Flucht vor Albrecht dem Pferd die hier seenartige Havel auf seinem Bären zu durchschwimmen. Oder umgekehrt. Der aus dem Westen der Stadt stammende der beiden Verfasser hat das alles verdrängt, weil es während der Inselzeit ein Trauma war, am offiziellen Wandertag aller Schulen immer wieder und immer wieder durch den Grunewald zu ziehen. »... und Schildhorn machen wir dann Rast.«

Schillertheater. Wird in Berlin reflexhaft mit »vom Senat geschlossen« assoziiert. Seit dem 3. Oktober 1993 ist es das und steht seither (a) für den Niedergang des Theaters zumindest in den Westbezirken und (b) für eine vom Sparzwang geprägte Kulturpolitik der Großen Koalition. Im Krieg zerstört, war es am 5. September 1951 vom Bundespräsident Theodor Heuss (bekannt wegen seines »Nun siegt mal schön!« und weniger wegen seiner Zustimmung zu Hitlers Ermächtigungsgesetzen) in einem feierlichen Fest- und Staatsakt wiedereröffnet worden und hatte unter dem Intendanten Boleslaw Barlog eine große Zeit vor sich.

Schinkel, Karl Friedrich. Ist zwar 1781 in Neuruppin geboren, aber wenigstens 1841 in Berlin gestorben, das insgesamt so häßlich ist, daß es seine Bauwerke auch nicht mehr retten können, aber man sollte sie wenigstens als ästhetische Rettungsanker nutzen. Ihm verdankt die Stadt u. a. die ↑Neue Wache (1817/18), das ↑Schauspielhaus am Gendarmenmarkt (1819–21), das ↑Humboldtschlößchen in Tegel (1822–24), das Alte Museum (1824–28) und die Friedrich-Werdersche Kirche (1824–30). Die im Krieg zerstörte Bauakademie hat man 1962 abgerissen, um ihren Wiederaufbau wird aber zur Zeit kräftig gerungen, wobei solche Ringkämpfe in Berlin Jahrzehnte in Anspruch nehmen können, denn wenn es um Filz, Kleinkariertheit, Profilierung und Bockbeinigkeit geht, ist Berlin absolute Weltspitze.

Schislaweng. Angeblich aus dem Französischen hergeleitet, bedeutet es: mit Schwung.

Schlamassel. Schwierige und verfahrene Situation. Wenn etwa das Abflußrohr verstopft und die ganze Küche überschwemmt war, kam der Ausruf: »Da ham wa den Schlamassel!«

Schleichers Buchhandlung. Findet sich in der Königin-Luise-Straße in Dahlem.

Schlenki. Name für die Ikarus-Gelenkbusse, die in Ost-Berlin bis einige Jahre nach der Wende im nicht schienengebundenen öffentlichen Personennahverkehr die anstehenden Beförderungsfälle haben abwickeln helfen, wobei schon ein Exemplar dieser Gattung ausreichend war, einen Ortsteil von der Größe Friedrichsfeldes über mehrere Stunden hinweg so zu vergiften, daß eigentlich Smog-Alarm auszulösen gewesen wäre. Das Fahrgefühl im S. können die am besten nachvollziehen, die im Krieg evakuiert waren und im Leiterwagen ihres Bauern – hölzerne Räder mit eisernen Reifen – über das friderizianische Kopfsteinpflaster der Dorfstraße gerattert sind.

Schlesischer Bahnhof. 1842 als Frankfurter Bahnhof erbauter Kopfbahnhof im Osten Berlins; später Bahnhof Berlin der Niederschlesisch-Märkischen Eisenbahn. Seit 1881 S. B. genannt, wurde er wegen der hier anreisenden (katholischen) Schlesier auch als ↑katholischer Bahnhof bezeichnet. Die ärmliche Wohngegend um den Bahnhof blieb bis nach 1945 von den Zuwanderern geprägt. Der immer wieder umgebaute Bahnhof wurde 1950 in Ostbahnhof, 1987 in Hauptbahnhof und 1998 wieder in Ostbahnhof umbenannt, gehört aber nach wie vor nicht zu den besten Adressen der Stadt.

Schlingel. »Du Schlingel du!«, riefen die Großmütter früher und meinten damit, daß ihr Enkel auf liebenswerte Weise clever sei. Anzunehmen ist, daß sich das – ebenso wie die Bezeichnung »Galgenstrick« für einen durchtriebenen, aber doch netten Kerl – von der Nähe zum Gehenktwerden ableitet, als hätte also der Schlingel schon die Schlinge um den Hals liegen.

Schlösser. Gab und gibt es entsprechend der Baulust der Hohenzollern eine ganze Menge in und um Berlin. Gänzlich verschwunden sind nur das Schloß Monbijou zwischen Oranienburger Straße und Spree und das monumentale Stadtschloß auf dem Schloßplatz, das die DDR-Regierung 1950/51 abreißen ließ. Die ältesten Teile des Stadtschlosses stammten aus dem 15. Jahrhundert. Das Portal IV des Schlosses, von dessen Balkon Karl Liebknecht am 8. November 1918 die »freie sozialistische Republik Deutschland« ausrief (nachdem Philip Scheidemann bereits von einem Fenster des Reichstags aus die Republik verkündet hatte), schmückt heute das ehemalige Staatsratsgebäude. Der Streit über den Wiederaufbau des Schlosses ist eins der Lieblingsthemen der (meist nicht aus Berlin stammenden) Experten.

Schloßfreiheit. 1951 endgültig verlorengegangene »Freiheit zwischen der Hundebrücke und der Mühle«, eine von Lasten und Abgaben freie Ansiedlung am Spreekanal. Die letzten Häuser der S. mußten 1892 dem Bau des Nationaldenkmals für Kaiser Wilhelm I. weichen, von dem heute nur noch der in den Spreekanal reichende Sockel mit umfangreichen unterirdischen Gewölben kündet.

Schloßparktheater. Steht nicht nur in Steglitz, sondern hin und wieder auch mal leer, seit man Theater in (West-) Berlin längst nicht mehr so groß schreibt wie früher und es keine staatliche Bühne mehr ist.

Schloßstraße. Mit den Highlights Forum Steglitz (Konsum-Tempel), Titania-Palast (Großkino), ↑Bierpinsel (Gastronomie), Kaufhäusern (Karstadt und Hertie), altem Rathaus (Endstation der U-Bahnlinie 9), ↑Schwarzsche Villa (Kultur), Steglitzer Kreisel, ↑Schloßparktheater und dem Kino »Adria« zieht sie sich in einer Länge von fast zwei Kilometern südwestwärts vom Walther-Schreiber-Platz, der so unbedeutend ist wie der Regierende Bürgermeister es war, nach dem er benannt worden ist, zum Hindenburgdamm und zur breiten Ausfallstraße Unter den Eichen hinunter, ohne indessen den hinunterzuziehen, der auf ihr einkauft, ganz im Gegenteil. Hier is imma wat los, und aus'm Umland wie aus die anderen Bezirke kommen se jerne hierher. Der U-Bahnhof S. ist auf Vorrat gebaut, d. h. schon doppelstökkig, um neben der Linie 9 auch noch die spätere Linie 10 aufnehmen zu können, und man kann hier durchaus ein bergsteigerisches Training aufnehmen bzw. sich wie in London fühlen.

Schmetterlingshorst. Benannt nicht nach einem Horst (Besudski oder so), der Schmetterlinge sammelt, sondern ein ehemals stadtbekanntes Ausflugslokal am Langen See gegenüber dem Strandbad Grünau, das derzeit leider verfällt, weil: Na gut, Alltagskultur ist jetzt, wenn man in ein Einkaufscenter shoppen geht, im nächstgelegenen Park grillen tut oder mit das Auto an die Mürlitz fährt, oder so, sag ich mal.

schmettern kann das gleiche bedeuten wie schallern, »een schmettan« heißt aber auch: etwas (Alkoholisches) trinken – was sonst?

Schmöckwitz. Schon 1375 im Landbuch Karl IV. als Smekewitz (slawisch: Schlangenort) erwähntes Dorf auf einer Halbinsel zwischen dem Langen, dem Seddin- und dem Zeuthener See mit einer Brücke über die Dahme, an deren einen Ende das bekannte Ausflugslokal »Zur Palme« gelegen ist. ↑Fontane adelt Schmöckwitz durch seine Aufmerksamkeit, indem er im Band IV seiner »Wanderungen durch die Mark Brandenburg« (»Spreeland«) die Geschichte des Fischers vom Kahniswall erzählt, der um die Jahrtausendwende 1799/1800 am Ende des Seddinsees ein kleines Anwesen sein eigen nannte. Und »Kahnis hatte eine junge Frau, eine Kossätentochter aus Schmöckwitz, die sehr blond und sehr hübsch war, viel hübscher als man nach ihrem Geburtsort hätte schließen sollen«. Als nun die feschen französischen Kürassiere 1806 im nahen Cöpenick Einzug halten, bekommt Kahnis Angst um die Treue seiner Hanne, erzählt ihr Schauermärchen von der Grausamkeit der Besatzer und bekommt mit diesem Trick ihre Einwilligung, gemeinsam auf eine einsame Insel mitten im See zu fliehen. »Hier gruben und pflanzten Mann und Frau wie die ersten Menschen ...« Glücklich waren beide, die »Kinder wuchsen heran, verließen Haus und Insel; endlich starb auch die Frau. Kahnis stellte den Sarg auf sein bestes Boot und fuhr quer über den See, um der Toten auf dem Schmöckwitzer Friedhof ein christliches Begräbnis zu geben.«

Schmu, Schmus. »Schmu« ist Schummel oder Betrug, »Schmus« hingegen eher eine billige Schmeichelei. Hergeleitet ist es vom jiddischen *sch'mua* (dummes Geschwätz).

schmulen meint heimlich gucken. Beim Versteckspiel sangen die bereits Gefundenen: »Bleib wo du bist und schmule nicht, der Sucher kommt und findet dich.«

schnasseln ist eines von vielen Synonymen für eine der Lieblingsbeschäftigungen des Berliners: das Trinken von Alkohol.

Schnee. Ein für die Berliner Straßenreinigung alljährlich völlig überraschend eintretendes Wetterphänomen, das auch unnötiges Geschwätz bedeuten kann.

schnieke ist dreimal so dufte wie schnafte.

schnökern ist nahe verwandt mit schmökern, meint aber eher das neugierige Herumsuchen in (fremden) Sachen, nicht in Büchern.

Schnösel. Abwertend für einen hochnäsigen Menschen.

Schöneberg. Bezirk mit über 150 000 Einwohnern, die zu sehr unterschiedlichen Milieus gehören, von gehoben bürgerlich im Bayerischen Viertel und im Stadtteil Friedenau bis hedonistisch-links und aussteigertypisch in der Gegend südlich des Nollendorfplatzes. Erwähnenswert sind die Tauentzienstraße mit dem ↑KaDeWe, die ↑Urania, die für volksnahe Kultura steht, das Landesarchiv, das alte Kammergericht (ehemals Sitz des Alliierten Kontrollrates), Dorfkirche, Rathaus und ↑Insulaner. Was asoziieren die Berlinerinnen und Berliner im allgemeinen mit dem Worte S.? 1. die Liebe, denn wie heißt es doch im berlinischen Liedgut: »Es war in Schöneberg im Monat Mai, ein kleines Mädelchen war auch dabei ...« 2. Millionenbauern, denn als S. zur Gründerzeit vom Dorf zur Großstadt mutierte, konnten einige der Landbesitzer mit dem Verkauf ihrer Äcker Millionen machen und sich an der Hauptstraße protzige Villen hinsetzen lassen. 3. Rathaus S., denn dort saßen von der Spaltung bis zur Wiedervereinigung Parlament und Regierung des westlichen Berlins, dort hing/hängt die Freiheitsglocke, und von seiner Balustrade aus wurden die großen Reden gehalten bzw. geschwungen. 4. John F. Kennedy, denn vor dem Schöneberger Rathaus sprach der amerikanische Präsident am 26. Juni 1963 jene Worte, die allen Berlinern »runterjehn wie Öl«: »Der stolzeste Satz, den man heute in der freien Welt sagen kann, heißt: Ich bin ein Berliner ...« Scheiße, wa, nu is die Mauer weg und mit unsre Ich-Identität isset jewaltig bergab jegang'n, janz wie die Knef det imma besungen hat: »Von nun an ging's bergab …«

Schote. Nicht nur die jungen Erbsen in ihrer Hülse, sondern auch etwas besonders Bemerkenswertes oder Unglaubwürdiges wird als S. bezeichnet: »Der azählt vleicht wieda Schoten!«

Schrippe. Ovales Berliner Nationalgebäck mit Längsschnitt, heute streng in bißfeste Ost- und luftige West-S. unterschieden, vom Schrippenarchitekten oder -schuster hergestellt und früher in der Schrippenkirche in der Ackerstraße an Bedürftige verteilt.

Schröder, Ernst. (West-) Berliner Schauspielerlegende, in Wanne-Eickel geboren (1915), integraler Bestandteil des ↑Schillertheaters.

Schulspeisung. Von den Besatzungsmächten im Herbst 1946 ins Leben gerufene Einrichtung, um die Berliner Schulkinder nicht verhungern zu lassen. Die Ausgabe des Essens, meist im Keller und aus großen Kübeln, war der Höhepunkt des Schultages, und jeder Schüler hatte einen Essensträger am Schulranzen hängen, oft ein Kochgeschirr der Wehrmacht oder einen umgearbeiteten Stahlhelm.

Schultheiß. Alte Berliner Biersorte mit Brauereien, die überall im Stadtgebiet verstreut waren und heute als bedeutende Brau-, äh, Baudenkmäler gelten.

Schusterjunge. Eigentlich der Schuhmacherlehrling, in Berlin ein Roggenbrötchen, das auch Salzkuchen genannt wurde. Manchmal regnet es Schusterjungs: große Tropfen, die Blasen werfen.

Schutzmächte, alliierte. In West-Berlin Bezeichnung für Amerikaner (die USA), Engländer (Großbritannien) und Franzosen, die die Bevölkerung vor den Russen (der UdSSR) und ihren Vasallen (der DDR) mit ihren Truppen, ihrer Politik und ihren Sanktionsandrohungen im Kalten Krieg nach 1945 schützten.

Ich möchte zwei Kaisersemmeln, zwei Laugenwecken, zwei Mehrkornbrötchen und zwei Minibaguettes...
Dusslige Schrippe!

Schrippe

schwoofen heißt tanzen, »uff'n Schwoof jehn« bedeutet, sich zu vergnügen.

Sechserbrücke. Bei älteren Berlinern Bezeichnung für die Brücke über die Zufahrt vom Tegeler See zum Tegeler Hafen, für deren Benutzung man früher einen kleinen Obulus entrichten mußte, einen Sechser eben (fünf Pfennige). Heute kommt man umsonst von der Greenwichpromenade zur Gabrielenstraße und zum Freizeitpark an der Malche.

Seen, Berliner. Neben dem Wann(en)-, dem Müggel- und dem ↑Tegeler See (samt, was die ersten beiden betrifft, ihren kleinen Anhängseln) zählt Berlin noch etwa fünfzig »Landseen«, mal abgesehen von den vielen Dutzend Teichen, Pfuhlen und Tümpeln, die wir hier nicht aufführen können. Kurzum, wer in dieser Stadt gern Selbstmord durch einfaches Ins-Wasser-Gehen begehen möchte, der hat reichlich Gelegenheit dazu, sofern er Nichtschwimmer ist. Nun seh'n wa ma, wat wa allet noch für Seen ham. Fangen wir mit der sog. Grunewald-Seenrinne an. Also, nicht was Sie jetzt denken, denn sagt Ihnen einer: »Komm, wir jeh'n ma an'ne Rinne!«, dann meint das nicht den Besuch der Grunewald-Seenrinne, sondern lediglich einen Ausflug nach Indien (alter Berliner Kalauer: »Die Toiletten befinden sich jenseits des Ganges«). Es handelt sich dabei um rustikale Männertoiletten ohne individuelle Pinkelbecken aus Porzellan, sondern nur mit einer geteerten Wand und einer Ablaufrinne nach draußen. Zurück aber zur Grunewald-Rinne, deren Seen nicht alle im Wald, sondern auch in den Villenkolonien an seinem Rande liegen. Es sind dies u. a.: ↑Halen-, Hubertus-, Hertha-, Koenigs-, Diana- und Hundekehlesee (mit dem großen Tennisplatz von Rot-Weiß daneben, wo Steffi Graf, bevor sie jetzt siecht, so oft gesiegt hat). Luftholen und weiter: Grunewald-, Schlachten-, Nikolas-, Teufels-, Wald-, Pech- und Barsee sowie ↑Krumme Lanke und Riemeisterfenn. Dann haben wir noch die Wannsee-Seenrinne mit dem Stölpchen-, Griebnitz-, Pohle- und

Kleinen ↑Wannsee, abgesehen vom Wilmersdorfer See, den man aber nach dem Ersten Weltkrieg weithin zugeschüttet und zum Volkspark umfunktioniert hat, so daß heute nur der schmale Fennsee auszumachen ist. Das Berliner Urstromtal um die Spree herum bietet den Lietzensee in Charlottenburg, den Jungfernheidesee in Siemensstadt und den Neuen See im Tiergarten (mal im Mietboot darauf rudern!). Auch im Berliner Norden kann man nah am Wasser bauen, ohne daß man nah am Wasser gebaut hätte (sehr larmoyant ist und immer gleich zu weinen anfängt), als da sind (neben dem Tegeler See): der Heiligen-, der Hermsdorfer und der Hubertussee (dieser in Frohnau an der Invalidensiedlung) sowie u. a. der Waldsee in Hermsdorf, an dessen Ufer Erich Kästner gewohnt hat, der Schäfersee in Reinickendorf (siehe die U-Bahnstation an der Linie 8), der Flughafensee und der Plötzensee. Was hätten wir denn noch so? In Spandau (bei Berlin) zum Beispiel den Südpark- und den Grimnitzsee, im Treptower Park den Karpfenteich (auch zum Schlittschuhlaufen geeignet), in Weißensee den Weißen See, den Oranke- und den Obersee und in Köpenick neben dem Müggel- den Langen See, die Große und die Kleine Krampe, den Dämeritz- und den Seddinsee. Bei so ville Seen, da könn'n wa wirklich se(e)lig sinn!

Seen, märkische. Gehören in dieses Berlin-Lexikon, weil sie zu uns gehören wie unsere Namensschilder an der Tür. Herrlich Boot fahren, baden, angeln und sich ersäufen kann man auf, in und an diesen Seen. Denkt man an eine Tagestour, so bieten sich da ganz besonders an (aufgezählt im Uhrzeigersinn und begonnen bei zwölf Uhr): der Lehnitzsee bei Oranienburg, wo immer wieder Weltkriegsbomben gefunden und entschärft werden, der Summter und der Mühlenbecker See gleich nördlich hinterm Berliner Ring, der Große Dölln- und der Werbellinsee in und an der Schorfheide, der Wandlitzsee neben Erichs Staatsdatsche, der Hellsee bei Bernau, der Straus- und der Bötzsee bei Strausberg, Werl-, Peetz- und Möllensee östlich von Erkner, der mondäne Scharmützelsee bei Bad Saarow-Pieskow, der Wolziger See südlich der Autobahn nach Frankfurt/Oder, die Dahme-Seen zwischen Königs Wusterhausen und Prieros, der Hölzerne See und die langgestreckte Schmölde, der Rangsdorfer und der Seddiner See nach Potsdam hin und in dessen Nähe vor allem dann der Schwielowsee. Hundert andere wären zu nennen, versteckte Kleinode, darunter etwa der Samethsee bei Eberswalde – und wer die ersten von ihnen besucht, wird bald von einer tiefen Seensucht befallen sein.

Seifenkistenrennen. Von US-Soldaten aus seligen Blockadezeiten stammt die Idee, unter Holzkisten, in denen Waschmittel gesteckt hatten, Räder zu schrauben und damit eine Rampe hinunterzurollen. 1950 gab es das erste Rennen: Am Platz der Luftbrücke ging es den Mehringdamm hinunter, und der Sieger durfte in die USA fliegen, um in Ohio an den Weltmeisterschaften teilzunehmen. Heute ist die Formel-Holz-Klasse weithin genormt und uniform.

Senat. So wird die Regierung des Bundeslandes Berlin genannt. Die tüchtigsten und kompetentesten Frauen und Männer werden vom Parlament zu Senatoren gewählt und nehmen die wichtigsten Ämter der Stadt so verantwortungs- und hingebungsvoll wahr, daß das Volk nicht nur dankbar und zufrieden ist, sondern sie auch innig liebt. Der Hervorragendste unter ihnen ist der Regierende Bürgermeister (zur Zeit Eberhard Diepgen), der im ↑Roten Rathaus rastlos seine segensreiche Arbeit verrichtet.

Sero. Die segensreiche Rohstofferfassung in der DDR noch vor Erfindung des dualen Systems, durchgeführt vom VEB Sekundärrohstoffe – kurz: S.

SEZ. Das Sport- und Erholungszentrum an der Landsberger Allee, von weniger Wohlgesonnenen auch als Sachsen-Eingewöhnungs-Zentrum bezeichnet.

SFB. Berlins kleiner und finanzschwacher Landessender, seßhaft im denkmalgeschützten Haus des Rundfunks an der Masurenallee und dem neuen Fernsehzentrum am Theodor-Heuss-Platz, ist 1954 aus dem Nordwestdeutschen Rundfunk (NWDR) hervorgegangen und hat heute mit der ↑Berliner Abendschau sein quotenstarkes Highlight. Schwer ringt man ums Überleben, seit es nach der Wende eine Wahnsinnsmenge konkurrierender Radiosender gibt und man sich mit dem letzten »Tatort« einen mächtigen Roinfall geleistet hat (Roiter hieß der Kommissar, vielleicht in Anlehnung an Ernst Reuter). SFB bedeutet: Sender Freies Berlin – oder: So feiert Berlin. Wie lange noch?

Siegessäule. Ist nicht die Säule aus Kot, mit der die Dogge Helmut 1998 beim Grand Prix de Hundeschiß auf dem Kudamm gesiegt hat, sondern ein 67 Meter hohes schornsteinartiges Bauwerk, das ein gewisser Herr Johann Heinrich Strack zum Gedenken an die ruhmreichen preußischen Feldzüge von 1864–1866 und 1870/71 im Jahre 1873 auf den Königsplatz (heute ↑Platz der Republik) gesetzt hat, von wo aus es 1938 zum ↑Großen Stern versetzt wurde, und zwar mitsamt der ihm aufgesetzten Siegesgöttin, der ↑Goldelse.

Siemensstadt. Zwischen Charlottenburg und Spandau erstreckt sich die Stadt des Werner von Siemens (1816–1892), der 1847 mit dem Mechaniker Halske zusammen eine kleine Klitsche am Anhalter Bahnhof aufgemacht hatte, um dann im Nordwesten Berlins gewaltig zu expandieren. In den dafür bestimmten Werken links und rechts der inzwischen stillgelegten Siemens-(S-)Bahn wurden und werden Dynamos, Kabel, Schalter, Meß- und Hausgeräte sowie Werners gefertigt, diese im sogenannten Wernerwerk, wo auch einer der Verfasser das Feilen, Bohren, Fräsen und Schmieden gelernt hat.

simulieren meint im Berlinerischen nicht nur das Vortäuschen (von Krankheiten), sondern auch das Nachdenken und Grübeln: »Ick simmelier schon den janzen Tach, wie ick die Leute det aklährn soll.«

Singakademie. Seit 1793 Name eines Chors, den seit 1800 Goethes Brieffreund Zelter leitete. Die S. erhielt 1827 endlich ihr eigenes Haus am Festungsgraben, gebaut nach einem Entwurf von ↑Schinkel. Seit 1952 befindet sich in dem Haus neben dem alten preußischen Finanzministerium das Maxim-Gorki-Theater.

Sobeck, Hanne. Hanne (Johannes) S. (1900–1989) ist Berlins größtes und womöglich bis heute einziges Fußballidol, also sozusagen der Fritz Walter von der Spree bzw. der Plumpe. Mit ↑Hertha BSC ist er zweimal Deutscher Meister geworden (1930 und 1931) und hat es auf zehn Länderspiele gebracht (davon zwei in seiner Zeit bei Alemannia 90). Begonnen hat er 1914 beim SC Bavaria auf dem Exer.

Soleier. Sind keine durch Solarenergie gebratene Eier, wie Ökofreaks meinen mögen, sondern schwimmen noch beschalt in einem Glas, das auf der Kneipentheke steht, wie ein Fötus im Spiritus, sind hartgekocht, in Salzlake eingelegt, sehen schlimm aus und schmecken prima.

Sonnenallee. Zieht sich vom Neuköllner ↑Hermannplatz über fast fünf Kilometer bis in den angrenzenden Bezirk Treptow, Ortsteil ↑Baumschulenweg. Anfangs hieß sie Kaiser-Friedrich-, dann Braunauer Straße. Als einer der Verfasser in den fünfziger Jahren die S. zwischen Rosegger- und Pannierstraße als Schulweg nutzte, wies sie noch vier Baumreihen auf, und auf der breiten Promenade in ihrer Mitte konnte man lustwandeln. Ab und an zuckelten die Straßenbahnzüge der Linien 94 und 95 vorüber. Die Martin-Luther-Kirche in der Fuldastraße, das Polizeipräsidium Ecke Wildenbruchstraße, der Inn-Sportplatz, der Hertzbergplatz, die Heimat des 1. FC Neukölln von 1895, die Ringbahnbrücke, die Brücke über den Neuköllner Schifffahrtskanal, das neue Hotel Estrel, das backsteinrote Arbeitsamt an der Grenzallee, der Schulenburgpark und der S-Bahnhof Köllnische Heide – das alles findet sich an der S. Und bis zur Wende gab es an ihrem südlichen Ende noch den Grenzübergang nach Ost-Berlin bzw. in die DDR.

SoSch. Ist kein Ausruf, sondern eine Buchhandlung dort, wo arrogante Intelligenzler nur noch die sprichwörtliche Neuköllner Kulturwüste vermuten: in den Gropius-Passagen an der Johannisthaler Chaussee (U 7).

Sozialhilfe. Man/frau kann vieles empfangen: Radio- und Fernsehsendungen, Pakete, Kinder, Stimmen aus dem Jenseits, aber auch Sozialhilfe, auf berlinisch: Stütze oder Staatsknete. 1996 waren 230 000 Berliner auf Sozialhilfe angewiesen. Tendenz steigend. Häufigster Grund: jahrelange Arbeitslosigkeit. Dabei gibt es arme und reiche Bezirke. Die meisten S.-Empfänger gibt es, wie auch anders, in Kreuzberg (16,1 Prozent der Bevölkerung), es folgen Tiergarten (12,0 Prozent), Wedding (11,0 Prozent) und Neukölln (10,6 Prozent). Am wenigsten S.-Empfänger sind in Zehlendorf aktenkundig geworden (2,4 Prozent), erstaunlicherweise folgen dann aber zwei Ostbezirke: Treptow und Köpenick mit je 2,7 Prozent. Der S.-Richtsatz beträgt 540 Mark. Die Stadt wird immer härter und zynischer, sagt man, vielleicht auch lakonischer: »Lieber arm dran als Arm ab.«

spack steht für dünn, mager und hinfällig, hat aber nichts mit Spackghetti (Spaghetti) zu tun – oder doch?

Spandau. Berliner Bezirk mit über 200 000 Einwohnern, von dem immer alle sagen, er läge bei Berlin und um acht Uhr abends würden auf seinen Straßen die Bürgersteige hochgeklappt. Und in der Tat hat man um St. Nikolai herum das Gefühl, irgendwo in einer märkischen Kleinstadt zu sein, weit weg von Berlin. Was fällt einem bei S. noch so ein? Natürlich ↑Zitadelle und ↑Juliusturm, das ↑Johannisstift, die Siemens AG, das Kriegsverbrechergefängnis, die Schleuse, das Kraftwerk Reuter und die Ortsteile Gartenfeld, Gatow, Hakenfelde, Haselhorst und ↑Kladow. Und nicht zu vergessen: Die ↑Havel ist es, die Spandau erst zur Spandau macht.

Spandau 04. Wird seit Jahrzehnten und ganz selbstverständlich immer wieder Deutscher Wasserballmeister, so daß man es kaum noch zur Kenntnis nimmt, wenn es wieder geschieht, 1998 schon zum 19. Mal.

Spandauer Vorstadt. Sie liegt vor dem Spandauer Tor in der Gegend um den ↑Hackeschen Markt mit der Großen Hamburger Straße, der Sophien-, Gips- und mancherlei anderen Straßen, die eher an das ältere Berlin erinnern als die kläglichen Reste im eigentlichen Berlin und Cölln.

Sperlingsgasse. Ursprünglich nur ein Durchgang von der Brüderstraße zur Spree, Spreegasse bzw. -straße genannt. 1854–56 lebte Wilhelm Raabe in der Nr. 11 und schrieb hier seine »Chronik der Sperlingsgasse«. Anläßlich seines hundertsten Geburtstags wurde die schmale Gasse in S. umgetauft, und die winzige Kneipe in der Nr. 10 hieß fortan »Raabe-Diele«. Für die Errichtung des Staatsratsgebäudes wurde dieses (schlecht erhaltene) Stück Ur-Berlin 1962 beseitigt und mit Plattenbauten bepflastert.

spillerig meint – eher abwertend gebraucht – Menschen und Bäume, die zwar hoch aufgeschossen, aber auch dürr, schmächtig und irgendwie kümmerlich sind.

Spinatwachtel. Schimpfwort für eine Frau, dem, wenn es richtig wirken soll, »alte« oder »olle« vorangestellt werden muß.

Spind. Im Militärjargon noch heute als schmaler Schrank geläufig; in Berlin für jede Art von Schrank verwendet: »Vaschwinde wie die Wurscht im Spinde.« Für Sprachwissenschaftler: Das Wort ist aus dem Mittellateinischen ins Niederdeutsche übernommen worden.

Spindlersfeld. Nach den Eigentümern der »Anstalt zur chemischen Reinigung, Wäscherei und Färberei«, den Fabrikanten Karl und Wilhelm Spindler, benannter Stadtteil an der Oberspree, in dem Berlins erste Arbeiter-Wohnsiedlung steht. Anläßlich des fünfzigjährigen Firmenjubiläums spendierten die Spindlers

1891 den Spindlerbrunnen für den Spittelmarkt, der von 1927 bis 1980 in Köpenick stand.

Spittelmarkt. Vor dem Gertraudentor befand sich einst ein Spital. Nach diesem ist der Platz auf dem Gelände der ehemaligen Bastion IV der Memhardschen Befestigungsanlagen noch heute benannt. Um die Jahrhundertwende entstand hier das Zentrum der Berliner Modeindustrie. Von der U-Bahnstation konnte man bis 1939 auf den Spreekanal blicken, dann wurden die Öffnungen in der Ufermauer aus Luftschutzgründen beseitigt. Vom ursprünglichen S. ist auch sonst nichts übriggeblieben, nur eine der beiden Spittelkolonnaden in der Leipziger Straße erinnert an den alten Festungsgraben.

Sportpalast. »Schallplatten, die du gerne hast, führt Radio-Bree am Sportpalast.« So haben es noch alle im Ohr, die mit dem ↑RIAS aufgewachsen sind. 1910 war er mit zweihundert Eiskünstlern und der Revue »Am Nordpol« in der Potsdamer Straße in Schöneberg eröffnet worden, und 1973 riß man ihn ab, weil ja Berlin eh zuviel an Historischem aufzuweisen hat und der Platz dringend für ein Menschensilo gebraucht wurde, das heute als Schwerpunkt von Verwahrlosung und Verslumung gilt. Unzählige Sechstagerennen hat er erlebt, Eishockeyspiele und Konzerte, aber auch die Goebbels-Rede vom 18. Februar 1943 mit der Frage: »Wollt Ihr den totalen Krieg?« Den hat der S. halb zerstört überlebt, und nach dem Kriege fanden Boxkämpfe, Eishockeyspiele und auch Sechstagerennen unter freiem Himmel statt, das heißt, Tribünen und Spielfläche gab es schon wieder, aber noch kein Dach.

Spree. Berlins Verbindung mit den Weltmeeren, ein an sich harmloses Flüßchen aus der Oberlausitz, das erst auf Berliner Stadtgebiet an Breite gewinnt und sich östlich der Fischerinsel in die eigentliche S. und den Spreekanal teilt, der auch linker Spreearm, Schleusengraben und im nordwestlichen Teil Kupfergraben heißt. Im Spreekanal befand sich bis zur Inbetriebnahme der Mühlendammschleuse die Berliner Stadtschleuse, die heute nur noch ein kümmerliches Bauwerk unterhalb der Jungfernbrücke darstellt. Daß die S. bei Spandau in die Havel mündet, ist ungerecht, denn eigentlich müßte umgekehrt die (kürzere) ↑Havel sich in die S. ergießen. Im übrigen ist natürlich jeder echte Berliner mit Spreewasser getauft, und ältere Berliner erinnern sich sogar daran, in dem trüben Gewässer gebadet zu haben, in dem es früher etliche Flußbadeanstalten gab.

Spreeathen. Diese Bezeichnung für Berlin stammt vermutlich von einem seiner Sinne nur bedingt mächtigen auswärtigen Besucher.

Spreemann & Co. Roman der leider in den neueren Nachschlagewerken nicht mehr vorhandenen Alice Berend, von dem der Südwestfunk Baden-Baden einst schrieb: »Hier atmet man Berliner Luft und erlebt den Berliner in seiner menschlichsten Gestalt.« Auch »Die Bräutigame der Babette Bomberling« entstammen ihrer Feder und sind allen zu empfehlen, die noch auf die alte Werbung hereinfallen wollen: »Berlin tut gut.«

Spreepark. Ist ein Rummelplatz im ↑Plänterwald.

Spritti. Ein Alkoholiker der unteren Stufen.

Sputnik. Kommt aus dem Russischen und bedeutet Erdtrabant. Nach dem Start des ersten sowjetischen Satelliten war S. die Bezeichnung für ständige Begleiter auf einer Umlaufbahn. Auf dem Außenring um (West-) Berlin herumfahrende Nahverkehrszüge hießen deshalb S.

Staatsbibliothek(en). Mit über 6,5 Millionen Bänden schon etwas mehr als eine Handbibliothek. Haus I der S. steht seit 1913 neben der Humboldt-Universität Unter den Linden, Haus II, 1967–78 von Hans Scharoun gebaut, am ↑Kulturforum in der Nähe der Potsdamer Brücke.

Staatsoper. 1741–43 von ↑Knobelsdorff erbautes Opern- und Festhaus Unter den Linden. 1843 nach einem Brand und 1952 bis 1955 nach zweimaliger Kriegszerstörung wiederaufgebaut.

Nach der Wende unter der Leitung von Daniel Barenboim in den Berliner Kampf um die Kultursubventionen verstrickt.

Stachelschweine. Ein 1949 von Rolf Ulrich und Wolfgang Gruner, der Verkörperung der »Berliner Schnauze« schlechthin, gegründetes Kabarett, das in der Besetzung Wolfgang Gruner, Inge Wolffberg, Edith Elsholtz und Achim Strietzel in den fünfziger und sechziger Jahren beim Anprangern Berliner Mißstände einsame Spitze war, insbesondere in der »Ewigen Lampe«, und vom kleinen Mann auf der Straße bis hin zum großen Kritiker geliebt und geachtet wurde, inzwischen aber, nun im ↑Europa-Center ansässig, von den gebildeten Schichten eher gemieden und als reiner »Touristenschuppen« abgestempelt wird.

Stadtautobahn. Innerstädtischer Highway, mit dessen Bau am 1. April 1956 begonnen wurde und der – immer parallel zum S-Bahnring – Berlin eines Tages ganz umschließen soll, im Augenblick aber nur von der Seestraße bis nach Neukölln reicht. Dazu kommen radiale Strecken wie die ↑Avus, die Strecke nach Steglitz und die nach Tegel zum Flughafen und weiter Richtung Hamburg. Im Augenblick wird an der Verlängerung nach Treptow gewerkelt, was die Autofreunde jubeln und die -gegner wütend aufschreien läßt, befürchtet man doch, daß immer mehr Straße immer mehr Auto schafft.

Stadtbahn. Bezeichnung für die seit 1882 betriebene S- und Fernbahnstrecke zwischen Ost- und Westkreuz, die teilweise – von Savignyplatz bis Jannowitzbrücke –, 7,964 Kilometer lang, auf 757 gemauerten Viaduktbögen verläuft und gerade grundlegend saniert worden ist. Die großen Bahnhöfe (Regional- und Fernbahn, Umsteigemöglichkeiten zur U-Bahn) sind: Charlottenburg, Zoologischer Garten, Friedrichstraße, Alexanderplatz, Jannowitzbrücke, Warschauer Straße und Ostbahnhof (auch als Haupt- und Schlesischer Bahnhof bekannt). Architektonisch am reizvollsten sind Bellevue, Hackescher Markt (früher Marx-Engels-Platz und noch früher Börse) und Lehrter Stadtbahnhof, der aber abgerissen wird, um dem neuen und riesigen Berliner Zentralbahnhof Platz zu machen. Zum Sightseeing ist die Stadtbahn das Nonplusultra.

Stadtbibliothek. Zum Teil im Alten und Neuen Marstall in der ↑Breiten Straße untergebrachte Bibliothek mit dem Zentrum für Berlin-Studien im Ribbeck-Haus. Bemerkenswert ist das Portal von Fritz Kühn mit 117 Varianten des Buchstabens A.

Stadtgericht. Ein pompöser Justizpalast an der Littenstraße, 1896–1904 von Thoemer, Mönnich und Schmalz mit ursprünglich elf Innenhöfen gebaut; 1968 im Zuge der Planierung der Stadt zum Verkehrsgelände um den Kopfbau mit den Fassadentürmen verkleinert. Sehenswert ist das Jugendstil-Treppenhaus.

Stadthaus. Da schon im Vorkriegs-Berlin nichts so gut wuchs wie die Verwaltung, riß man nach der Jahrhundertwende ein ganzes Stadtviertel ab und baute 1902–11 zur Entlastung des ↑Roten Rathauses das Alte S. mit einem 101 Meter hohen Kuppelturm. 1938 wurde das S. um das Neue S. an der Parochialstraße erweitert. Im S. tagten 1946–48 die Gesamt-Berliner Stadtverordneten.

Stadtkommandant. So einen brauchte das unruhige Berliner Völkchen von alters her. Das erste Haus Unter den Linden, dem Zeughaus gegenüber, war deswegen die Kommandantur. Nach dem Zweiten Weltkrieg hatte die Stadt gleich vier alliierte S., die erwartungsgemäß nicht gut miteinander auskamen. Die DDR ersetzte später den sowjetischen S. durch einen eigenen, dessen Aufgabengebiet weitgehend im Dunkeln lag. Daß im gegenwärtigen Senat das Amt des Innensenators von einem Ex-General wahrgenommen wird, entspricht also nicht nur preußischer Tradition. Außerdem gibt es noch einen Standort-Kommandanten der Bundeswehr. Die im Krieg zerstörte Kommandantur Unter den Linden ist noch nicht wiederaufgebaut worden.

Stadtmitte. Zwei durch einen langen Tunnel (Mäusegang, Bazillentunnel) miteinander verbundene U-Bahnhöfe, die etwa die Mitte der alten ↑Friedrichstadt markieren.

Stadtstreicher. Sind keineswegs Maler, die der Stadt einen neuen Anstrich verpassen, sondern ↑Obdachlose, wie sie offiziell und im politisch gehobenen Milieu bezeichnet werden, bzw. »die Penner«, wie sie von der Mehrheit der Bevölkerung genannt werden.

Stalinallee. 1949/50 zu Ehren des angeblichen 70. Geburtstags des angeblichen Vaters aller Werktätigen Josif Dshugaschwili (1878–1953), genannt Stalin, umgetaufter Straßenzug, an dem ab 1952 von deutschen Architekten an Moskau gemahnende Häuserblöcke mit hohem Wohnkomfort und schlecht haftenden Kacheln errichtet wurden. Die Bauarbeiter der S. lösten am 16. Juni 1953 den Volksaufstand in der DDR aus. Im November 1961 taufte die SED in einer Nacht- und Nebelaktion die S. in ↑Karl-Marx-Allee um (↑Frankfurter-Allee) und beseitigte das Denkmal des weisen Führers und Massenmörders.

Starick. Buchhandlung am Rosenthaler Platz wie in der Schmargendorfer Breite Straße.

StäV. Die ständige Vertretung der Bundesrepublik Deutschland in der DDR befand sich in der Hannoverschen Straße, Ecke Friedrichstraße, gegenüber von Wolf Biermanns Wohnung in der Chausseestraße 131. Heute ist die »StäV Rheinland-Berlin« eine Kneipe am Schiffbauerdamm, in der man sehnsüchtig den Umzug der Bonner Politiker erwartet.

Steglitz. Bezirk mit etwa 190 000 Einwohnern, dessen Image ein wenig in die Richtung bürgerlich-gediegen bis langweilig geht. Magistrale ist die ↑Schloßstraße, die Ortsteile tragen die Namen Lankwitz, Lichterfelde und Südende – und Lichterfelde hat sogar, was den Verkehr betrifft, mehrfach Weltgeschichte geschrieben: 1881 ist hier die erste öffentliche elektrische Straßenbahn der Welt gefahren (Stichwort: Siemens), 1903 die erste elektrische Vororteisenbahn Deutschlands auf der Strecke vom Potsdamer Bahnhof und 1906 am Teltowkanal die erste elektrische Treidellokomotive, die sich später der Panamakanal zum Vorbild genommen hat, vor allem aber hat sich hier Otto Lilienthal (1848–1896) für seine ersten Gleitflüge einen elf Meter hohen »Berg« aufschütten lassen (1894). Nebenan in Lankwitz liegt er auch begraben. Da Lichterfelde in Lichterfelde-West, -Ost und -Süd zerfällt, die alle auch noch einen eigenen und zudem an zwei verschiedenen Linien liegenden S-Bahnhof haben, empfindet man bei der Anreise die Sache oft als recht verfahren. Ist man behandlungsbedürftig, empfiehlt sich das Klinikum Steglitz, reicht eine normale Entspannung, besuche man den ↑Botanischen Garten, wo vieles keimt und blüht. Ach ja: Im Schloß Steglitz hat der Generalfeldmarschall von Wrangel (1784–1877) gewohnt, dessen Truppen den Revolutionsversuch von 1848 im Keime erstickt haben, so daß da an Demokratie in Berlin nichts mehr blühen konnte.

Steglitzer Kreisel. Synonym wie Symbol für Berliner Bauskandale und Berliner Filz um die Architektin Sigrid Kressmann-Zschach – und nicht nur ein dreißiggeschossiges Hochhaus am S- und U-Bahnhof Rathaus Steglitz, das lange Zeit als Investitionsruine leer gestanden hat und in dem heute die Bezirksverwaltung residiert.

Steinstücken. Ortsteil des Bezirks Zehlendorf, der zu Zeiten von DDR und Kaltem Krieg häufig Schlagzeilen machte, da er an sich als Enklave im Osten lag, aber einen schmalen Zugang zum Westen hatte. Die nun ließ sich trefflich benutzen, um die Steinstückener zu schikanieren. Immer wieder erfreuten die West-Berliner Zeitungen ihre Leserinnen und Leser mit der Nachricht, daß ein Junge nur inmitten eines Geleitzuges aus US-amerikanischen Truppenteilen der Schulbesuch ermöglicht werden konnte. Dem wurde erst mit dem Viermächteabkommen von 1972 und dem Bau einer kontrollfreien Straße ein Ende gemacht.

Steppke. (a) Kleiner Junge. Es soll sich dabei um die Diminutivbildung von Stopfen handeln und wirft die Frage auf, warum die Berliner so viele Ausdrücke haben, die den männlichen Nachwuchs verkleinern: Ist es Zärtlichkeit oder bewußte Abwertung durch die Erwachsenenwelt? (b) S., Fritz, Berliner aus Paul ↑Linckes Operette »Frau Luna«, der 1899 auf dem Mond landet.

Stern und Kreisschiffahrt. Ist eine der ältesten und die größte und bekannteste der Reedereien, die in Berlin ↑Dampfer fahren lassen.

St.Hedwigs-Kathedrale. Die Kathedrale des Bistums Berlin, 1747–73 als Kirche der katholischen Gemeinde nach Ideen von Friedrich II. und Plänen von ↑Knobelsdorff in Anlehnung an das Pantheon in Rom erbauter Kuppelbau. Die hinter der ↑Staatsoper am Bebelplatz gelegene Kirche ist nach Kriegszerstörungen verändert und modernisiert wiederaufgebaut worden.

stieke, stiekum meint lautlos, still und heimlich: »Nachdem er bei ihr im Zimmer war, hat er sich morgens stiekum weggeschlichen.«

Stiller Portier. Tableau unten im Hausflur, das Besucher über die Mietparteien in Vorder-, Hinterhaus und Seitenflügel informieren soll und den sprechenden Portier (Concierge) ersetzt. Der aber soll in Berlin gerade wieder eingeführt werden, um Kriminalität und Vandalismus in den großen Wohnanlagen minimieren zu helfen.

Stippi. Kleiner Junge: »Heh, du Stippi da, komm ma her!«

Stralau. Der Blinddarm von Berlin. Früher ein Fischerdorf auf der gleichnamigen Halbinsel am Rummelsburger See, wurde S. allmählich von der Industrie fast aufgefressen und nach der Wende als Wohngegend wiederentdeckt. Den bekannt bescheidenen Olympia-Plänen bescheidener Geister entsprechend als Standort eines Olympiaparks vorgesehen und inzwischen mit Wohnungen bebaut.

Stralauer Fischzug. Berühmt-berüchtigtes Volksfest in Stralau.

Ein anfänglich durch Fischverkauf getarntes, alljährlich um den 24. August stattfindendes Besäufnis, das mehrfach verboten wurde und 1962 zum letzten Mal stattfand.

Straßenbahn. Anfang 1930 hat es in Berlin sage und schreibe 89 Straßenbahnlinien gegeben (bei einer Streckenlänge von 1648 Kilometern und mit 3960 Fahrzeugen von außerordentlicher Typenvielfalt), nach dem Krieg aber begann ihr großes Sterben. In West-Berlin, wo man voll auf die U-Bahn und die Busse setzte, wurde 1967 die letzte Linie eingestellt, die 55 nach Spandau, und in Ost-Berlin wurde den Leuten durch die Low-tech-Rekowagen das Straßenbahnfahren so ziemlich verleidet. Nun aber geht es mit den modernisierten und sonnengelb eingefärbten Tatra-Zügen und den neuen Niederflurwagen wieder aufwärts mit der guten alten ↑Elektrischen, und auch West-Berlin hat wieder seine Straßenbahn (die Linien 23 und 24 zum Virchow-Klinikum, weitere sollen folgen). Ohnehin hat Berlin das größte Straßenbahnnetz in Bundesdeutschland, und dreißig Linien sind es derzeit, wobei einige Ziele, so Rosenthal, Buchholz, Falkenberg, Rahnsdorf, Wendenschloß und Schmöckwitz, wirklich j. w. d. sind. Um alle Strecken der Linien von 1 bis 88 abgefahren zu haben, braucht man laut Fahrplan 1997/98 wochentags genau 1222 Minuten, also gut zwanzig Stunden (durch die Staus, in denen die Straßenbahn immer wieder steckenbleibt, kommen in Wirklichkeit leider noch etliche Minuten hinzu). (↑Tram)

Straßenbäume. Hat Berlin mehr als jede andere Stadt in Europa, behandelt sie nur etwas schlechter. Resistente Arten überleben dennoch die berühmte Berliner Luft, ausdringendes Erdgas, Hunde- und Menschenurin und parkende Fahrzeuge.

Straßenfeger. Ist (a) eine angelernte Hilfskraft männlichen Geschlechts zur Reinigung öffentlicher Verkehrswege, die zumeist der besseren Sichtbarkeit wegen in ein zwei Nummern zu großes orangefarbenes Gewand gesteckt wird, und (b) eine Obdachlosenzeitschrift, die zumeist in U- und S-Bahnen von fliegenden Händlern vertrieben wird. »Der ›Straßenfeger‹ kostet zwei Mark, davon ist eine für mich, damit ich meinen Lebensunterhalt alleine bestreiten kann, und die andere zum Aufbau eines sozialen Projektes.«

Strausberger Platz. Hier befand sich der Rabenstein, der alte Berliner Gerichtsplatz, auf dem 1540 der aufmüpfige Heringsbändiger Hans Kohlhase unter dem Rad sein Leben ließ. 1954 beim Bau der Stalinallee zu einem Rondell mit zwei fünfzehngeschossigen Turmhochhäusern erweitert (ursprünglich »Haus des Kindes« und »Haus Berlin«). Auf dem S. P. steht seit 1967 ein Brunnen, der »Schwebende Ring« von Fritz Kühn, der aus variierend getriebenen Kupferplatten gefertigt ist.

Strippe, Strippen. Eine Strippe ist (a) ein Bindfaden, (b) die Telefonleitung (»Wer hängt denn da wieder so lange an der Strippe?«) und (c) ein Kümmelschnaps, der aus einem Weißbierglas getrunken wird. Strippen sind lange und unordentliche Haarsträhnen (»Dir häng'n ja wieda die Strippen in't Jesicht!«).

Stuckerpflaster. Bei Radfahrern und Fahrzeugführern aller Art besonders beliebtes Kopfsteinpflaster aus der Steinzeit des Wegebaus, das in manchen Ost-Berliner Nebenstraßen noch die Herzen höher schlagen läßt. Auf den Hauptstraßen ist das S. häufig unter einer dünnen Teerschicht verborgen.

Stube und Küche. Volkstümliche Bezeichnung des Straßenbahnwagens vom Typ T 33 U, dessen Inneres durch eine Tür in »Raucher« und »Nichtraucher« unterteilt war und damit gedankliche Verbindungen zum Schnitt kleinerer Mietwohnungen hervorrief.

Stulle. Eine zumeist mit Butter plus Wurst oder Käse, aber ersatzweise auch mit Schmalz oder Marmelade bestrichene Scheibe Brot, wobei der echte Berliner, hört er dieses Wort, sofort im Ohr hat: »Mutta, for wen schmierst'n die jroße Stulle?« – »For dir, mein Sohn.« – »Och, so kleen ...« Als spielende Kinder, zu faul um die Treppen hochzulatschen, schrien wir nach oben, zumeist vom Hinterhof aus: »Mutta, wirfste mir ma 'ne Stulle runta!« Bei Zille allerdings wird eine dieser selbstlosen Frauen aus einem anderen Grunde angelockt: »Mutta, kiek ma aus'm Fensta, Orje will nich jlooben, dette schielst.«

Stuß. »Erzähl' doch nich so'n Stuß!«, also den letzten Unsinn.

sülzen/Sülzkopp. Sülzen meint, langatmig und inhaltlos daherzureden, meist gekoppelt mit der harschen Aufforderung nach seiner Beendigung: »Hör endlich uff zu sülzen.« Wer es nicht tut, gilt als »oller Sülzkopp«.

Suppentriesel. Ökologisch hochwertige und langlebige Elektrofahrzeuge der Post, die in Ost-Berlin bis in die siebziger Jahre im Einsatz waren. Die Kantine im ↑Adlershofer Fernsehen trug übrigens den Namen »Suppenschmiede«.

T

Tacheles. Kommt aus dem Jiddischen und bedeutet Zweck oder Ziel; T. reden meint klare Worte. In Berlin ist das T. (noch) ein alternatives, zum Abriß freigegebenes Kulturzentrum besonderer Art in der ↑Oranienburger Straße. Wer das T. in der Ruine der alten Einkaufspassage nicht besucht hat, war nicht in Berlin.

Tagesspiegel, Der. In Berlin gemachte Tageszeitung *(rerum cognoscere causas)* für das gehobene Bildungsbürgertum, das sich den echten Lesegenuß nicht ohne das Kleine Latinum und Fremdwörterbuch vorstellen mag. Wer noch ostentativer zeigen möchte, daß er zu den deutschen Eliten gehört, greift allerdings zur FAZ oder zur »Süddeutschen«, mitunter auch zur »Welt«, und jeder Arsch von auswärts, der einen Berliner höflich beleidigen möchte, kommt leicht ans Ziel, wenn er sagt, Berlin habe keine überregionale Tageszeitung.

Tasmania 1900. Hat nichts mit der Insel vor der Südküste Australiens zu tun (Tasmanien), sondern war der Kultverein der Neuköllner, mehrmaliger Berliner Meister und – nach Hertha BSC und Tennis Borussia – der dritte Berliner Fußballverein, dem die Ehre zuteil geworden ist, in der Ersten Bundesliga spielen zu dürfen. In der Saison 1965/66 war das, als man für die ausgeschlossene Hertha-Elf ins kalte Wasser der Bundesliga gestoßen wurde, damit die enge Bindung Berlins an das (übrige) Bundesgebiet keinen Schaden nahm. Man wurde Tabellenletzter und stellte mit 8 : 60 Punkten einen Rekord von Ewigkeitswert auf, konnte aber dieses Abenteuer finanziell nicht verkraften und mußte Konkurs anmelden. Als Tasmania 73 neugegründet, krebst man heute in den unteren Ligen herum.

Taxifahrer. Waren noch vor zwei Jahrzehnten zu hohen Prozentanteilen alte Muffelköppe und/oder faschistoide Typen, rekrutieren sich jedoch heute weithin aus den Scharen studierender jun-

Taxifahrer

ger Menschen, arbeitsloser Akademiker, kommunikationsfreudiger Aussteiger und autobesessener Ausländer. Es macht also Spaß, mit ihnen innerstädtisch zu reisen. Da es in Berlin viele tausend Straßen gibt und natürlich nicht jeder jede kennen kann, geht es mitunter nicht ohne Irrfahrt ab, und Sie sollten sich sicherheitshalber vor Antritt ihrer Fahrt anhand eines Stadtplanes selber eine gewisse Orientierung verschaffen, denn steigen Sie am Allex in die Taxe ein und sagen leichthin nur »Kastanienallee«, dann kann es einmal in den Prenzlberg gehen, vergleichsweise nebenan gelegen, zum anderen aber nach Westend, und das sind dann schon viele, viele Kilometer. Alle Betreiber stöhnen, daß es zu viele Taxen gäbe, doch bestellen Sie per Funk eine solche, können Sie, bis sie unten steht, schnell noch dieses Buch zu Ende lesen, und steigen Sie in den Ostbezirken spätabends aus der S-Bahn aus, steht keine da, und Sie haben jede Menge Zeit, an den Warteplätzen nach Gestalten Ausschau zu halten, die Sie schnell mal eben überfallen wollen. Es müssen ja nicht immer die T. selber sein.

taz. Die »Tageszeitung« ist ein typisches Berliner Produkt: aus der Szene – für die Szene. Die Zeiten, wo der »Säzzer« noch Anmerkungen in den Text einfügen konnte, sind vorbei, doch noch immer ist die taz nicht ausgewogen, sondern kraß parteiisch und für die bürgerliche Seite dort angesiedelt, wo das beginnt, was man als »abweichendes Verhalten« bezeichnet.

Technische Universität. Mit über 30 000 Studenten im Dreieck zwischen Marchstraße, Landwehrkanal, Zoo, Hardenbergstraße und Ernst-Reuter-Platz leicht zu finden, durchschnitten von der Straße des 17. Juni, der alten Ost-West-Achse, dient die TUB bevorzugt der Ausbildung von Ingenieuren, Informatikern, Architekten und anderen Angehörigen der naturwissenschaftlichen Intelligenzia, aber auch staatlich anerkannter Geisteswissenschaftler kann man hier werden, Psychologe beispielsweise, wobei ihre Absolventen, obwohl bei Partys sehr begehrt, keine TUBper-Ware sind.

Tegel. Hören sie T., denken die Berliner zuerst an zweierlei: den Flughafen »Otto Lilienthal« und den Knast an der Seidelstraße, der Europas größter sein soll, was der Airport nicht von sich behaupten kann. Dem Bildungsbürger allerdings schießt es gleich zweifach durch den Kopf: »Faust« und »Humboldt«. Goethe, der nur einmal in seinem Leben in Berlin war (1778), dichtete nach einem Besuch in Tegel: »Das Teufelspack, es fragt nach keiner Regel. Wir sind so klug, und dennoch spukt's in Tegel.« (Faust I, 4160/61) Im Tegeler Schlößchen des alten Majors von Humboldt befruchteten die Söhne Alexander (1769–1859) und Wilhelm (1767–1835) die deutsche Kultur – der eine mehr natur-, der andere mehr geisteswissenschaftlich (↑Humboldt-Universität,↑Humboldthain, ↑Humboldtschlößchen). Wer T. sagt, muß aber auch an ↑Borsig denken, von dessen Fabrikanlage aber nur noch das zinnengeschmückte und von zwei Rundtürmen flankierte Werkstor zu berücksichtigen ist. Freunde moderner Architektur finden postmoderne IBA-Bauten am Tegeler Hafen, und allen, die schwärmen für rrrussische Seele, sei der Russische Friedhof anempfohlen, wo liegt Komponist (nicht: Kommunist) Michael Glinka begraben und steht Kapelle, welches ist der Basiliuskathedrale in Moskau nachgebildet. Sie aber nun sind vorgebildet genug, um es mit T. zu wagen.

Tegeler Fließ. Im Gegensatz zum Goldenen Vlies, dem Fell des Widders, das Jason und seine Argonauten aus Kolchis, der womöglich ersten Kolchose des Altertums zurückgeholt hat, fließt dieses hier tatsächlich in Bachesbreite, wenn auch nicht durch, sondern aus dem märkischen Umland nach Tegel und bildet zwischendurch den Hermsdorfer See, auf dem sich gut Schlittschuh laufen läßt, allerdings nur, wenn er zugefroren ist. Wer kein Unternehmer ist, aber dennoch einmal etwas unternehmen möchte, tue dies mit einem Spaziergang am T. F. entlang, beginnend etwa an der alten Humboldtmühle in Tegel (Endstation der U 6 und Bahnhof der S 25), jetzt ein Hotel, und endend in

↑Lübars. Übrigens: Jason ist nicht mit Jaron, dem Verleger dieses Buches und Inhaber des gleichnamigen Verlages, zu verwechseln.

Tegeler Kriminacht. Eine von Peter Hüne und dem Reinickendorfer Bezirksamt alljährlich je nach Wetterlage auf der Tegeler Insel oder in der nahe gelegenen Humboldt-Bibliothek organisierte Veranstaltung mit Lesungen, Musik und Auftritten von SchauspielerInnen aus dem Spannungsgewerbe. Besonders an Open-air-Abenden gibt es Besucherzahlen (dreihundert bis vierhundert), die für das Genre Rekorde darstellen. Durch die vielen Mücken ringsum ist das Ganze dann auch wirklich eine blutige Sache.

Tegeler See. Liegt nicht etwa in England, wie die an seinem Ufer verlaufende »Greenwichpromenade« vermuten läßt, sondern westlich des Ortes. Vier Kilometer lang und ein Kilometer breit ist er und mit sieben Inseln reich bestückt, darunter Scharfenberg mit seiner Internatsschule. In die Schlagzeilen hat ihn auch seine Phosphateliminierungsanlage gebracht, vor allem aber seine Verwendung im Deutschunterricht, wenn es um Schüttelreime geht: »Auf dem Tegeler See kocht ein Segler Tee.« Achten Sie mal darauf, wenn Sie mit dem Dampfer von Tegel nach Heiligensee oder gar Oranienburg fahren.

Telefon. Erstaunlicherweise ist die Quasselstrippe nicht in Berlin erfunden, wohl aber zuerst verwendet worden. 14 Tage nach Heinrich von Stephans (↑Post) ersten Sprechversuchen mittels Bellscher Telefone wurde die Telegrafenbetriebsstelle Friedrichsberg bei Berlin am 12. November 1877 mit einem T. ausgerüstet. Das Haus in der Jungstraße, Ecke Frankfurter Allee steht noch. Im Jahr 1889 besaß Berlin das größte Telefonnetz der Welt, wogegen die Ost-Berliner Post selbst hundert Jahre später noch erfolgreich kämpfte. 1952 unterbrach die DDR das Berliner Telefonnetz, und bis 1971 waren innerstädtische Gespräche nur über Frankfurt am Main oder das Ausland möglich.

Telegraf, Der. Von Arno Scholz geprägt, war er bei Kriegsende die offiziöse Zeitung der SPD in Groß-Berlin. Mit der Spaltung durfte er in Ost-Berlin und dem Berliner Umland nicht mehr erscheinen und bekam damit seinen ersten Knacks weg. Als Folge einer stümperhaften Pressepolitik der Parteioberen mußte er am 30. Juni 1972 sein Erscheinen einstellen und den Springerblättern wie dem »Tagesspiegel« das Berliner Feld überlassen.

Teltowkanal. 37,8 Kilometer lange Wasserstraße zwischen Spree und Havel, die im Südwesten bei Kohlhasenbrück das Stadtgebiet erreicht und es im Osten bei Grünau wieder verläßt. »Der Teltow« ist ein Plateau südlich Berlins, bekannt durch seine Rübchen, dann gibt es noch die Stadt Teltow, die bis 1961 per S-Bahn mit Berlin verbunden war, und früher existierte sogar ein eigener Kreis Teltow, zu dem bis 1920 auch etliche Stadtteile der Hauptstadt gehört haben, vor allem jene, durch die sich der vom Kreis Teltow gebaute Kanal zieht. Am 2. Juni 1906 durchschnitt die kaiserliche Yacht »Alexandria« zur Eröffnung das rot-weiße Band an der Kanaleinfahrt am Babelsberger Schloß. Sang man früher: »Wir haben den Kanal, wir haben den Kanal noch lange nicht voll«, so hat sich das heute erübrigt, denn er ist so randvoll mit Dreck und Schadstoffen, daß das Baden auch für Schwimmer letal zu enden droht.

Tempelhof. Gilt mit seinen rund 190 000 Einwohnern als der langweiligste der (West-) Berliner Bezirke, obwohl auf seiner Gemarkung der ↑Flughafen Tempelhof und die ↑Trabrennbahn Mariendorf zu finden sind. Die Tempelritter konnten ja nicht ständig rotten, nämlich die Feinde des Christentums aus, sondern mußten auch einmal roden, was sie dann im Lichten taten, in Lichtenrade. Daneben gab es im 13. Jahrhundert die Dörfer T., Mariendorf und Marienfelde, und das aktuelle Bezirkswappen zeigt folgerichtig das rote Kreuz des Templerordens. Auf dem »Tempelhofer Feld«, wo sich heute Start- und Landebahnen befinden, ließen die Preußen ab 1722 ihre Soldaten exerzieren und paradieren, woran der U-Bahnhof Paradestraße (Linie 6) erinnert. Wer T. sagt, meint aber auch das ↑Luftbrückendenkmal, das Kriminal- und Polizeimuseum, den Tempelhofer Damm, das Ullsteinhaus am Teltowkanal, das Gaswerk Mariendorf und die wunderschönen Dorfkirchen der alten Dörfer.

Tempodrom. Kultstätte für Konzerte sowie Klein- und Zirkuskünste und lange Zeit im Tiergarten ansässig, wo früher große Gartenlokale zu finden waren (»in den Zelten«). Neuerdings ist das T. auf dem Gelände des alten ↑Anhalter Bahnhofs angesiedelt.

Tennis Borussia (TeBe). Berliner Fußballverein, der Wert darauf legt, für den gehobenen Bürger zu spielen. Wegen der lilaweißen Vereinsfarben waren die Tennis Borussen früher die Charlottenburger Veilchen, im Gegensatz zu Wacker 04, den Reinickendorfer Veilchen. Man kickte im noblen Eichkamp und zwar in einem Stadion, das nicht etwa nach einem ruhmbekränzten TeBe-Fußballer benannt ist – Hanne Berndt beispielsweise –, sondern nach keinem Geringeren als dem deutschen Historiker Theodor Mommsen (1817–1903), dessen Hauptwerk »Corpus inscriptionum Latinarum« ist. Obwohl man viele Feinde und Neider hat – wegen der vielen eingesackten Sponsorenmillionen und weil man eine echte Multikultimannschaft mit kaum einem Deutschen auf dem Spielerbogen ist – und auch die Schiedsrichter manchmal sehr merkwürdig zu pfeifen scheinen, hat man sich im Augenblick in die Zweite Bundesliga hochgekämpft, war aber auch schon mal in der obersten Klasse (1974/1975 und 1975/76).

Teufelsberg. Ist nicht etwa der Berg des Kommunarden Fritz Teufel, dem wir teuflisch hintersinnige Frage verdanken (z. B. ob es wirklich der Wahrheitsfindung dient, wenn wir uns vor Gericht erheben), sondern eine aus 25 Millionen Kubikmeter Trümmerschutt künstlich geformte Anhöhe im Westen der Stadt. Was Sie aus der Ferne auf dem 115 Meter hohen Gipfel sehen, ist auch keine Moschee, sondern eine übriggebliebene Radarstation der

US-Truppen, im Kalten Krieg das weit nach Osten vorgeschobene Ohr des Westens. Unter den Trümmern des Trümmerberges liegen zertrümmert die Bauten der Wehrtechnischen Fakultät, mit deren Hilfe der Gröfaz ganz besonders siegen wollte. Drachenflieger sieht man hier, und es hat sogar ein Slalom-Weltcuprennen an einem der Hänge gegeben. Doch nicht nur das, von einer Skisprungschanze aus konnte man bis rund 45 Meter weit springen. Alter Berliner Brauch ist es, in der Silvesternacht auf den T. zu steigen und dort mit herrlichem Blick auf die Stadt ins neue Jahr hineinzufeiern. Zum kateraustreibenden Spaziergang am nächsten Morgen finden sich Teufelssee (mit Ökowerk) und Teufelsfenn gleich in der Nähe.

Thälmannpark. Eine Plattensiedlung, die in den achtziger Jahren auf dem Gelände des alten Gaswerks an der Danziger Straße mit Thälmannkopf und einem modernen Groß-Planetarium errichtet wurde.

Theater des Westens. Sieht aus wie Disneyland, liegt aber an der Kantstraße und in der Nähe des Zoos. Aber nicht deswegen hat man »Ein Käfig voller Narren« hier gespielt. Der Architekt war Bernhard Sehring, und erbaut worden ist es 1896. Früher hat man vor allem Operetten hier gegeben, heute sind es Musicals. »My fair Lady« war in den sechziger Jahren ein solcher Erfolg, daß man noch heute davon zehrt, doch der jetzige Intendant Helmut Baumann hat es immer schwerer mit der Gunst der Kritiker.

Theatertreffen. Ist keine Zielübung des Senats, wenn es um die Schließung von Theatern geht (»wen wird's diesmal treffen?«), sondern eine Einrichtung aus der Zeit des Kalten Krieges, um das Überleben West-Berlins zu sichern. Alljährlich werden von einer überregionalen Kritikerjury die besten zehn deutschsprachigen Inszenierungen ausgesucht, und die auserwählten Häuser kommen dann mit allem Drum und Dran nach Berlin gereist, um auf den hiesigen Bühnen zu zeigen, was sie an Hochkultur zu bieten haben.

Tiergarten. Man kann *in* Tiergarten wohnen (als ganz normaler Bürger), aber auch *im* Tiergarten (als Stadtstreicher und Amsel beispielsweise). Was lehrt (berlinisch: lernt) uns das? Daß T. (a) ein Stadtbezirk und (b) ein Park ist. Da der Bezirk mit knapp 100 000 Einwohnern angeblich zu klein ist, wird er bald von anderen geschluckt, d. h. mit Kreuzberg und Mitte zusammengelegt (↑ Bezirksgebietsreform). Dabei bietet er Highlights wie den ↑Zoologischen Garten, das ↑Aquarium, das Bauhaus-Archiv, die Gedenkstätte Deutscher Widerstand, das ↑Kulturforum mit Philharmonie, den Kammermusiksaal, die ↑Staatsbibliothek (Haus II), das Musikinstrumenten- und Kunstgewerbemuseum (das Gunstgewerbe von der Straße des 17. Juni hat leider noch keines), das Sowjetische Ehrenmal, den ↑Platz der Republik, das Reichstagsgebäude, die ↑Kongreßhalle, die ↑Siegessäule, das Schloß ↑Bellevue, das ↑Hansaviertel, das Hansa-Theater (die Berliner Ohnsorg-Variante), das Kriminalgericht ↑Moabit, den ↑Hamburger Bahnhof und den Westhafen. Wenn dit nüscht is, wa!? Und nicht zu vergessen den T. als solchen, der drei Kilometer lang und ein Kilometer breit ist und im 16. Jahrhundert ein Spreeauenwald gewesen ist, in dem die Kurfürsten ein Wildgehege hatten. Und wer hat ihn als Garten gestaltet? Eine Frage, auf die es in Berlin nur eine Antwort gibt. Richtig: Peter Joseph Lenné (1789–1866). Nach Kriegsende wurde der T. total abjeholzt und allet vafeuert. Uff kleenen einjezäunten Stücken ham die Berliner dann ihr Jemüse und ihre Kartoffeln anjepflanzt. Wer heute inmitten üppigsten Grüns im »Café am Neuen See« sitzt, mag das kaum noch glauben.

Tierpark. Nicht einfach ein Ost-Berliner Zoo, sondern ein weitläufiger T. mit Dickhäuter-, Brehm- und Schlangenhaus, seit 1954 im Schloßpark Friedrichsfelde eingerichtet. Vor dem Brehm-Haus befinden sich übrigens die Löwen aus der Menagerie um das Kaiser-Wilhelm-Denkmal (↑Schloßfreiheit).

tigern sieht man die Tiger im Alfred-Brehm-Haus des Tierparks.

In Berlin tigern auch die Menschen: Sie laufen mit langen Schritten.

Tinnef. Ist eine Ware von schlechter Qualität, was sich vom hebräischen Wort *tinuf* (Dreck) herleitet: »Das ist aber auch der letzte Tinnef!«

tip. Berliner Stadtmagazin (»14 Tage volles Programm«) mit Rubriken wie Kultur-Highlights, Film A-Z, Theater A-Z, Ausstellungen, Kunst, Gastro, Musik und Kleinanzeigen und Kontakte, das als Zielgruppe die anpeilt, die auf entsprechenden Fragebögen überdurchschnittlich oft ein Kreuz machen würde, wo es Kästchen gibt für: bin jung, dynamisch, schrill, schräg, cool, unbürgerlich, lustbetont, sinnenfroh, Multikulti bejahend, links, alternativ, autonom, anarchistisch, Kinogänger, Haschraucher, Vegetarier, Demobesucher, Radfahrer, für Schwule und Lesben, für die Love Parade, für Transvestiten, für Hausbesetzer, für Radfahrer, für Hanfanbauer, für alles, was öko ist usw. – gegen Atomenergie, gegen den Wehrdienst, gegen öffentliche Gelöbnisse der Bundeswehr, gegen Anzug, Schlips und Kragen, gegen dumpfmeiernde Polizisten, gegen den *mainstream*, wo immer er auch auszumachen ist, wobei man inzwischen, was die Szene betrifft, selber *mainstream* ist. Der »tip« steht – zusammen mit der ↑»zitty« – für das alternative Berlin, für die Gegenwelt zu den geschniegelten und gebügelten, den stocksteifen Funktionseliten aus Politik und Wirtschaft: Was Diepgen, Kohl, Schröder und Herzog da labern, das geht uns glatt am Arsch vorbei, wir leben unser eigenes Leben – und Berlin ist viel mehr unsere Hauptstadt als eure!

Tore. Hatte Berlin wie jede ordentliche Stadt ringsum. Mit der Ausdehnung der Stadt rückten die T. weiter nach außen. Die bis auf das Brandenburger Tor heute nur noch als Namen erhaltenen T. waren die offiziellen Kontrollstellen in der Zollmauer, die erst 1868 aufgehoben wurden: das Neue Tor, das Oranienburger, Hamburger, Rosenthaler, Schönhauser, Prenzlauer, Königstor, Landsberger, Frankfurter, Stralauer, Schlesische, Kottbusser, Hallesche, Potsdamer und Brandenburger Tor. Das neuere und pompöse Tiergartentor an der Charlottenburger Brücke verzeichnet nicht einmal der Baedeker.

Torstraße. Straßenzug zwischen Prenzlauer und Oranienburger Tor mit der in Berlin üblichen komplizierten Benennungsgeschichte. Von 1873 bis 1951 hieß die T. Elsasser und Lothringer Straße, danach Wilhelm-Pieck-Straße, bis sie 1994 ihren heutigen Namen erhielt.

Trabrennbahn Mariendorf. »Ja, wo laufen sie denn?« Seit 1913 jeden Mittwoch und Sonntag am Mariendorfer Damm. Und alle Jahre wieder gibt es hier das deutsche Traberderby. Mariendorf war die erste Trabrennbahn Deutschlands mit Flutlichtanlage und »Bänderstart«. Das sind andere Bänder als die, die bei den Fußballern immer reißen. Auf die Tribünen passen 800 Pferde, und in den Ställen stehen 4600 Zuschauer. Nein, umgekehrt. Es gibt Sieg-, Platz-, Zweier- und Dreierwetten, am meisten stutzt der Laie aber, wenn er das Wort »Einlaufwette« hört. Gehört die zum »Großen Preis der Berliner Krankenhäuser«? Muß ich nach meinem Einlauf eher nach der Pfanne rufen als du? Nein, das ist damit nicht gemeint, sondern daß man die Reihenfolge der ersten drei Pferde richtig getippt hat (»125 für 10«): »Siebtes Rennen: ›Mauerblümchen‹ vor ›Lustmolch‹ und ›Unverzagt‹.« Und Reiter wie in ↑Hoppegarten gibt es hier nicht, sondern Fahrer. Die sitzen in kleinen Wägelchen, Sulkys genannt, die aussehen, als seien sie durch schnellen Umbau mitgebrachter Fahrräder entstanden, und sich von den Hottehüs über die Aschenbahn ziehen lassen.

Tram. Vom englischen *to tram(p)* (wandern) abgeleitet und durch teilweise Verballhornung wie Latinisierung entstanden: *to go per tram* meint, sich eine Stadt durch Benutzung der Straßenbahn sportlich zu erwandern (im Londoner Cockney-Dialekt heißt es *tramsport* statt *transport*). T. ist eine in Berlin selten bis nie gebrauchte und sehr unglückliche Bezeichnung für ↑Straßenbahn und ↑Elektrische, die sich bestenfalls in unteren Schulklassen fürs »Teekesselraten« eignet: (a) »Mein Teekessel ist ein Sportgerät, auf dem man hüpfen und springen kann«, (b) »Mein Teekessel ist eine Frau aus einem Lande jenseits der Oder, die immer nur Straßenbahn fährt«. Und hier die Lösung: Ein/eine Trampolin. Bleibt die Frage, welcher *Tram*pel den Berlinern diesen Begriff aufzwingen will?

Tran. Mancher Berliner gleicht einem Wal: »Kleene Ooren und imma im Tran« – also besoffen. Davon abgeleitet ist die Bezeichnung Trantute, die einen langweiligen oder begriffstutzigen Menschen meint.

Tränenpalast. Ein blauer Blasenfortsatz am Bahnhof Friedrichstraße, von den DDR-Behörden als Ausreisehalle aus dem Arbeiter- und Mauernstaat errichtet, in (später vor) dem die Angehörigen tränenreichen Abschied nehmen durften. Der einstige Grenzkontrollpunkt wird seit 1990 als kultureller Szenetreff genutzt.

Traute. »Haste keene Traute nich?« ist keine Frage nach einer nichtvorhandenen Freundin namens Waltraud, sondern die nach dem Mut des Befragten (sich trauen). Daß es in der Obentrautstraße so viele Kneipen gibt, daß Vata sich nach deren Besuch nicht mehr nach »oben traut«, ist eine besonders schöne Erfindung von Kurt Pomplun.

Trebe. Auf T. ist jemand, der (obdachlos) unterwegs ist.

Treptow. Besonders langgezogener und unübersichtlicher Bezirk im Berliner Südosten, der demnächst mit dem auf dem anderen Spreeufer gelegenen Köpenick fusionieren soll. An der Spree liegen der Treptower Park mit der ↑Archenhold-Sternwarte und der ↑Plänterwald. Bis zum Bau der Elsenbrücke war Treptow durch den »Tausendfüßler«, eine Notbrücke auf zahlreichen Holzpfählen, mit dem anderen Ufer verbunden. Seit neuestem bestimmen die »Treptowers«, Bürohochhäuser an der Elsenbrücke, die Skyline des einstigen Industriestandorts zwischen Spree und Schlesischem Busch.

Trilli. Bezeichnet einen kleinen, albern aussehenden Hut.

Trockenwohner. In den Gründerjahren des 19. Jahrhunderts und bis zum Ersten Weltkrieg weitverbreitete und besonders ungesunde Lebensform in Berlin. Die T. wohnten für ein halbes Jahr mietfrei oder zu ermäßigter Miete in den gerade fertiggestellten putzfeuchten Neubauten und zogen dann mit der so erworbenen Tuberkulose weiter in den nächsten Bau.

Trottoir. Auch »Trittwar« oder »Trittoar« genannt, meint der Begriff auf echt franzeeserisch den Bürgersteig, von dem herunter man auf den ↑Damm tritt.

Tucholsky, Kurt (1890–1935). Zeitweise in Stettin aufgewachsener Berliner Schriftsteller, Dichter und Publizist, der die Stadt besser kannte als fast jeder andere und sie vielleicht deswegen 1924 verließ. Von ihm stammen die besten Verse und die klarsichtigsten Gedichte, Chansons und Texte über seine Landsleute, deren Dialekt er auch in der Schriftsprache vollendet beherrschte.

tücksch ist jemand, der verärgert oder wütend ist.

Tunnel. Von den Berlinern auch »Tunnéll« gesprochen, bezeichnet der Begriff jedes größere Loch im Berliner Untergrund. Spree und Landwehrkanal werden von mehreren U- und S-Bahntunneln unterquert. Selbst Unter den Linden führen (neben der Staatsoper) zwei ehemalige Straßenbahn-Tunnel hindurch. In den letzten Jahren wurden weitere Tunnelbauten im Tiergarten entdeckt und zugunsten neuer gewaltiger T. beseitigt und die Zugänge zum 1895–99 gebauten Straßenbahntunnel zwischen Treptow und Stralau ausgegraben.

Tunneleule. Keine Unterart der Gattung »Echte Eulen« *(Strigidae)*, die sich – an Darwin orientiert – auf das Jagen der in den U-Bahnschächten reichlich vertretenen Mäuse spezialisiert hat, sondern die volkstümliche Bezeichnung für die B1- und B2-Triebwagen der Berliner U-Bahn, die durch zwei ovale Stirnfenster in der Tat ein eulenartiges Aussehen besaßen. Von 1924 bis 1969 hat es rund 150 Tunneleulen (Trieb- und Beiwagen) im Berliner U-Bahnnetz gegeben. Heute lassen sie sich nur noch Einzelexemplare im Museum bewundern, ausgestopft mit Erinnerungen älterer Berliner.

Tussi. Eine weibliche Person.

Tüten-Paula. Eigentlich Irma Wienandt, saß sie jahrelang auf dem Kurfürstendamm inmitten ihrer unzähligen blauen Müllsäcke und ihrer Plastiktüten, in denen alles steckte, was sie besaß. Sie war eine Berliner Institution, und man war bei ihrem Anblick irgendwie erschrocken, weil man dachte: »Gott, wenn ich da so sitzen würde …«, andererseits aber schien sie einem so geborgen zu sein, anheimelnd und gemütlich wie eine Glucke im Nest oder ein Urlauber in seiner Strandburg. Jetzt soll sie in ihre Heimat zurückgegangen sein, nach Halberstadt.

tütern tun die Berliner jerne een: wieder nur ein anderes Wort für den Genuß alkoholischer Getränke.

U

U-Bahn. Metro (Paris) oder Tunnelbana (Stockholm) hört sich schöner an, doch auch so ist die Berliner mit ihren (im Oktober 1998) 169 Bahnhöfen und einer Streckenlänge von 143 Kilometern eine Institution. Bereits 1902, als andere deutsche Großstädte sich noch ihrer Pferdebahn erfreuten, ist hier der erste Zug gerollt. Ob das »U« für Untergrund oder Unterpflaster steht, ist nicht ganz geklärt, auch fährt die U. nicht immer da, wohin sie ihr Name verweist, nämlich *unten* im Tunnel, sondern ab und an auch im Einschnitt (vor allem auf der U 1 zwischen Podbielskiallee und Krumme Lanke), im Hoch auf stählernen Stützen (↑Hochbahn) und auf dem ↑Damm (auf der U 6 zwischen Kurt-Schumacher-Platz und Borsigwerke sowie auf der U 2 am Endbahnhof Ruhleben). Die Faszination der U. habe, so sagt man, tiefe Wurzeln in unserer Seele, und man bräuchte nicht viel Phantasie, um die Parallelen zum sexuellen Erleben zu sehen: der Zug als Phallus, der Tunnel als Öffnung, die Fahrt als lustvolle Bewegung. Weniger lustvoll allerdings ist das Warten auf die Züge, denn die ↑BVG, der U-Bahn-Betreiber, bekommt vom Senat mehr Quer- als Zuschüsse und muß die Fahrpläne immer weiter ausdünnen. Sollte aber einmal eine ganze Stunde lang kein Zug durch die Röhre angeröhrt kommen, bedeutet dies keineswegs die völlige Einstellung des Betriebes, sondern nur, daß wieder einmal eine Leiche von den Gleisen geborgen werden mußte, denn die U. avanciert immer mehr zum beliebtesten Selbstmordmittel der Stadt.

überbraten hat nichts mit der Zubereitung von Speisen zu tun, sondern etwas mit Gewalt und Niederlage: »Paß uff, sonst kriegste een'n überjebraten!« beinhaltet die Androhung eines Schlages – uff'n Kopp oder imma in die Fresse rin –, kann sich aber auch vergleichsweise harmlos auf einen Coup beim Kartenspiel beziehen, etwa den Versuch, einen Grand ohne Vier zu spielen.

Ufa-Fabrik. Da, wo die Universalfilm AG früher ihre Lichtspiele produzierten, in der Tempelhofer Viktoriastraße, befindet sich heute das kulturelle Zentrum der Berliner Alternativszene mit Zirkuszelt, Kabarett und eigener Brotbäckerei.

Umland. Ist das, wohin immer mehr Berliner ziehen (flüchten), also das brandenburgische Territorium gleich jenseits der Stadtgrenze, der Speckgürtel, wo man keine Kriminalität vorfindet (einmal abgesehen von den rechtsradikalen Schlägern und Totschlägern) und wo die Kinder noch in Ruhe auf der Straße spielen können (sofern es schon eine gibt).

Umzug. »Zweemal umjezoren is schlimma wie eenmal abjebrannt«, sagt der Berliner. Früher zog man in der Stadt noch häufiger um als heute (↑Trockenwohner) – wahrscheinlich immer dann, wenn die Mietschulden das Höchstmaß erreicht hatten.

unegal steht für ungeschickt: »Faß det mit deine unejalen Finga bloß nich an!«

Unibuch. Ist die Berliner Universitätsbuchhandlung am Alex, Karl-Liebknecht-, Ecke Spandauer Straße.

Unke. Ist an sich (a) ein Frosch, wird aber in Berlin (b) in Zusammenhang mit einer stark angetrunkenen Person gebraucht (»Der is ja besoffen wie 'ne Unke«) und soll (c) eine Schwarzseherin als solche brandmarken (»Olle Unke du!«).

Unter den Linden. Berlins Prachtboulevard zwischen Schloßbrücke und ↑Pariser Platz, einst ein abgesperrter Reitweg zwischen Hundebrücke und dem Quarré , von dem aus der Kurfürst mit seiner Meute in die Jagdgründe des Tiergartens ritt. Die Linden- und Nußbaumanpflanzung wurde 1647 auf Anordnung des Großen Kurfürsten angelegt und elf Jahre später zum großen Teil wieder abgeholzt. Später begannen die Linden erst am nachträglich aufgestellten Reiterstandbild Friedrichs II. Die Straße hat zumindest auf den ersten fünfhundert Metern etwas vom Glanz vergangener Jahrhunderte wiedergewonnen. Der Blick auf Schloßbrücke, ↑Zeughaus, ↑Neue Wache, ↑Singakademie und ↑Humboldt-Universität auf der Nordseite sowie Altes Palais, ↑Kommode, ↑Staatsoper, ↑St.Hedwigskathedrale, Opern- und Kronprinzenpalais und die Denkmäler preußischer Größen auf der Südseite wird nur durch den starken Verkehr beeinträchtigt. Am besten besichtigt man den Prachtboulevard an frühen Sommermorgen, wenn die ohnehin kaum vorhandenen gastronomischen Einrichtungen noch schlafen.

Urania. Ist eine seit 1888 existiende Einrichtung zur Erwachsenenbildung – und auch noch an der Kleiststraße gelegen. Schlimm, möchte man meinen, doch bei den meisten und insbesondere den älteren Berlinerinnen und Berlinern löst die Bemerkung »Ich gehe heute in die Urania« ein lautes »Oh!« aus, vor allem dann, wenn hier Nobelpreisträger und andere hervorragende Kulturschaffende ihre Erkenntnisse volksnah verbreiten, etwa zum Thema »Der junge Theodor Fontane vor und nach seiner flüchtigen Begegnung mit Willibald Alexis im Seebad Koserow«.

urst ist wie ↑»jetze« ein Wort, das in West-Berlin so unbekannt ist, daß man mitunter zu hören bekommt, es stamme wohl aus Ursbekistan. Nein, es ist in den siebziger Jahren in Ost-Berlin entstanden und bedeutet: sehr gut, vortrefflich. »Union, det is 'ne urste Truppe!«

V

Velodrom. Ist eine Bahn, auf der man mit einem Velo (Fahr- und Rennrad) immer »drom herum« fährt. Ganz früher hatten die Berliner ihren »Nudeltopp« im Treptower Park, dann gab es Radrennbahnen in Mitte, Neukölln, Weißensee und Schöneberg, wovon nur die letzte noch so dahin dämmert. Der Radrennsport auf der Bahn, der in Berlin eine große Tradition hat, konzentriert sich jetzt im neuen V. an der Landsberger Allee (mit direktem Zugang von der S-Bahn und 5615 Sitzplätzen), dem eine Heilige Kuh der Ost-Berliner weichen mußte: die Werner-Seelenbinder-Halle.

veraasen, verbraten, verleppern, verludern, verplempern, verschludern (natürlich immer »va« gesprochen) meint: vergeuden.

veräppeln, verarschen, verhohnepiepeln, verkackeiern, verkohlen bedeutet: verhöhnen oder verspotten.

verbiestert, vergnatzt oder verjniddert ist ein übelgelaunter Mensch.

verduften, auch sich verfügen, sich verfatzen, verkrümeln, verschütt jehn, sich verziehn oder türmen heißen einige Möglichkeiten, sich (unauffällig) zu entfernen.

Vereine. »Hoch das Bein für den Verein!« hat man in Berlin schon immer ausgerufen und für den Nachwuchs zünftig gereimt: »Hänschen klein/jing allein/in Berliner Turnverein,/turnt an Reck/fiel in Dreck,/bums, da war die Nase weg!/Kam der Doktor Hampelmann,/klebt die Nas mit Spucke an./Allet jut, allet jut,/Hänschen kricht 'n Zuckerhut.« Mit dem Turn- und Sportverein geht es also los, auch was die Damen betrifft: »Zwei Damen turnten eins an einem Reck,/die eine kühn, die andere keck./Da sprach die Kühne zu der Kecken:/›Du kannst mich mal am A …. am Abend besuchen.‹« Bis auf die Spar- und Ringvereine der Weimarer Zeit, die kriminelle Vereinigungen waren und Typen wie »Muskel-Adolf« an der Spitze sahen, sind die V. natürlich fest in bürgerlicher Hand. Sie ersetzen in gewisser Weise die abhanden gekommene Großfamilie, erfüllen spezielle Bedürfnisse (seit es in Berlin kaum noch öffentliche Bedürfnisanstalten gibt, tut das dringend not) und legen ein dichtes Netz von *face-to-face*-Kontakten über die Stadt: »Ick kenn' da eenen, der ...« Jezählt ham wa se nich, alle unsre Berliner V., dazu war det Honorar nu doch allzu mickrig und die Zeit zu knapp.

verknusen heißt vertragen oder mögen: »Wenn eener eene jerne hat und kann se jut vaknusen,/dann kann se ooch 'n Buckel ham – er schwört, et is der Busen.« (frei nach Otto ↑Reutter)

verquast ist ein höchst verquaster Ausdruck, unklar nämlich, wie das Wort schon sagt.

Vertiko(w). Einst ein Berliner Standardmöbel, halbhoher Zierschrank mit Aufsatz; angeblich nach seinem ersten Hersteller, dem Berliner Tischler Vertikow benannt.

Voigtland. 1751 auf Befehl Friedrichs II. vor dem Hamburger und Rosenthaler Tor angelegte Wohnkolonie für die auswärtigen Bauarbeiter, war sie eine der Keimzellen für die späteren Mietskasernen der Stadt an der Berg-, Acker- und Gartenstraße.

Völkerkundemuseum. Liegt in Dahlem und wird von Berlinern immer dann besucht, wenn die Brut an langen Novemberwochenenden überhaupt nicht mehr aufhört, einen zu nerven: »Vati, was machen wir'n heute?« und man alles andere – von Aquarium bis Zoo – schon abgeklappert hat. Anfangs können die lieben Kleinen auf einem Südsee-Katamaran herumklettern, das geht ja noch, dann aber folgt eine Holz- und Tonfigur nach der anderen, und sie lernen, wie langweilig das Exotische doch sein kann, wenn es nicht per Film oder Video-Clip ins Haus gelangt: »Kind, Bildung ist nun mal nicht das, was du unter einer La-Ola-Welle verstehst.«

Volksbühne. Berlins erster moderner Theaterbau, 1913/14 für die sozialdemokratische Theaterorganisation ↑»Freie Volksbühne«

auf dem Areal des ehemaligen ↑Scheunenviertels errichtet, 1943 ausgebrannt und 1952–54 vereinfacht wiederaufgebaut. Nach Jahrzehnten friedlichen Dahindümpelns in den letzten Jahren vom Regisseur und Intendanten Frank Castorf zu ungeahnter Blüte getrieben.

Vollring. 1877 vollendete Verbindungsbahn zwischen den Gemeinden und Stadtteilen, die damals den Rand der Reichshauptstadt bildeten: Moabit, Wedding, Gesundbrunnen, Prenzlauer Berg, Weißensee, Friedrichsberg, Boxhagen-Rummelsburg, Treptow, Rixdorf, Tempelhof, Wilmersdorf-Friedenau, Schmargendorf, Halensee, Charlottenburg und Westend. 37,01 Kilometer betrug die Streckenlänge, und 57,25 Minuten war man unterwegs. Für unsere Vorfahren war eine Fahrt auf dem V. eine beliebte Sightseeing-Tour und für Liebespaare die Chance, sich näher zu kommen. Eingeweihte unterscheiden den Süd- und den Nordring, jeweils von West- und ↑Ostkreuz aus gerechnet. Mit dem Mauerbau im Jahr 1961 hatte es sich ausgeringt, zwischen Schönhauser Allee und Gesundbrunnen bzw. Treptower Park und Sonnenallee wurden die Gleise abgetragen. Der Lückenschluß zwischen den beiden letzten Stationen (1,75 Kilometer waren zu rekonstruieren) hat nach der Wende begonnen und bis Ende 1997 gedauert, und zwischen Gesundbrunnen und Schönhauser Allee (2,5 Kilometer) wird immer noch gebaut (↑Nordkreuz). Noch zögert aber das Guinnessbuch der Rekorde, dem Gemeinschaftsantrag von Senat und Bahn stattzugeben und dies als größte Volksverarschung aller Zeiten in sich aufzunehmen. Es gibt viele Gründe, warum die Berliner so viel aggressiver sind als die Menschen anderswo, dies hier ist einer. Wenn er um die Jahrtausendwende endlich wieder voll in Betrieb genommen worden ist, wird den V., die S 4, auch die heutige Jugend »voll gut« finden.

W

Wackelpeter. Sagt ein Berliner Kind, wenn es ihm nach Götterspeise – rot oder grün – gelüstet.

Wald. Akzeptiert man Kiefern als Bäume, hat Berlin davon mehr als jede andere Metropole: 17 500 Hektar bedecken 19 Prozent der Stadtfläche. Obwohl die Stadt sich immer mehr ausbreitet, sind im Westen der Tegeler Forst, der Spandauer Forst und der Grunewald große Waldgebiete, im Südosten bieten Treptower Park und Plänterwald, die Wuhlheide und der Berliner Stadtforst um Rahnsdorf, Müggelheim und Grünau ausreichend Gelegenheit, in't Jrüne zu fahren.

Waldbühne. Steht eigentlich gar nicht so recht im (Grune-) Wald, denn der ist nördlich der Heerstraße so ziemlich abgeholzt, doch die angrenzende Murellenschlucht (61 Meter) ist immerhin noch von einigen Bäumen bestanden. Anläßlich der Olympischen Spiele in Berlin 1936 von Werner March zu turnerischen Übungen errichtet, ist die grandiose Freilichtbühne heute eine Kultstätte für Film- und Musikfreaks. Wer noch nie – mit 19 999 anderen Menschen zusammen – hier gesessen und sein Sein genossen hat, war recht eigentlich noch gar nicht in Berlin.

Waldoff, Claire (1884–1957). Die berlinischste Kabarettistin und Disseuse, aus Gelsenkirchen gebürtig und seit 1906 nicht aus dem Berliner Kabarett wegzudenken. »Wer schmeißt denn da mit Lehm?«, »Warum soll er nicht mir ihr« und vor allem ihr unnachahmliches »Hermann heeßt er« brachten ihr die Liebe der Berliner und die Ungnade der Nazis ein, die den Hermann auf den dicken Göring bezogen.

Wampe. Dicker, fetter, herabhängender Bauch. Man(n) haut sich rauf, freut sich am Klatschen und sagt: »Kiek dir ma' meine Wampe an.«

Wannsee. Cornelia Froboess, die kleine Conny, hat ihn mit ihrem

Liedchen bundesweit bekannt gemacht: »Pack die Badehose ein, nimm dein kleines Schwesterlein, und dann nischt wie raus zum Wannsee ...« Gemeint ist der Große W. Es gibt auch einen Kleinen W., der jedoch nur die Breite eines Flusses hat und eine Art Wurmfortsatz des ersten ist. Eine »Landhauskolonie« mit Namen W. kommt noch hinzu. Der »Wannensee« (O-Schrieb Fontane) mißt 260 Hektar und steht einmal im Jahr in Flammen. Das Strandbad Wannsee gilt mit seinem 1275 Meter langen Sandstrand als das größte Binnenseebad Europas und gefällt nicht nur, sondern zerfällt auch zunehmend, was seine gelben Klinkerbauten betrifft.

Wasserklops. Volkstümliche Bezeichnung für den »Weltkugelbrunnen«, der seit 1983 vor dem ↑Europa-Center auf dem Breitscheidplatz steht und an heißen Sommertagen häufig zur Kühlung von Schweißfüßen (berlinisch: Keesebeene) mißbraucht wird.

Wasserturm. Wassertürme wurden ab 1875 rings um Berlin errichtet. Der dickste davon, Baujahr 1877, steht auf dem ehemaligen Windmühlenberg an der Belforter Straße und dient seit 1952 ausschließlich als Wohnhaus. Daneben steht der Standrohrturm der ersten Berliner Wasserversorgungsanlage von 1856, und darunter befinden sich riesige, jetzt für kulturelle Zwecke genutzte ehemalige Wasserspeicher.

Wedding, zu deutsch Hochzeit. Aber ob es dazu gekommen ist und sich der Kindersegen eingestellt hat, erscheint uns fraglich, denn Ingo Insterburg sang ja immer nur: »Ich liebte ein Mädchen im Wedding, das wollte immer nur Petting.« 1251 gab es ein Dorf mit Namen W., das allerdings wüst wurde, d. h. verlassen von allen. Heute leben im Stadtbezirk über 150 000 Menschen, viele von der Sozialhilfe, die meisten aber mit einem ganz besonderen Wir-Gefühl (»Wedding vorn«). Was hat man zu bieten? Die Firma Schering beispielsweise, die Nazarethkirche von Meister Schinkel, das Rathaus am ↑Leopoldplatz, den Volkspark

↑Rehberge, den ↑Plötzensee, an dessen Militär-Schwimmanstalt der Hauptmann Wilhelm Vogt anno 1906 seinen historischen Ausflug nach Köpenick begann, das Quartier Napoleon, wo die französische Besatzungs- bzw. Schutzmacht zu Hause war, das ↑Universitätsklinikum Rudolf Virchow (FU), den ↑Humboldthain und den U-, S- und künftigen Fernbahnhof ↑Gesundbrunnen, wo kürzlich eines jener beliebten Einkaufcenter gebaut worden ist, die überall gleich aussehen und auch kerngesunde Menschen fürchten lassen, an Alzheimer zu leiden (»Helga, wo bin ich hier?«). ↑Müller-, Bad-, See- und Brunnenstraße heißen die Magistralen des Bezirks. Also: Auf zum W. – und sei es nur zum … siehe oben.

wegbleiben meint: in Ohnmacht fallen, kurzzeitig bewußtlos sein.

Weihnachtsgans. Wenn einer beim Kartenspiel ständig verliert, jammert er später: »Mir ham se ausjenommen wie ’ne Weihnachtsjans.«

Weihnachtsmann. Ein Ausruf wie »Du alter Weihnachtsmann du!« bezieht sich nicht auf die überaus positiv besetzte Gestalt, die uns am Heiligen Abend die guten Gaben bringt, sondern meint ganz im Gegenteil: Nichtskönner, Trottel, seniler alter Sack.

weimern steht für jammern und klagen: »Hör endlich auf zu weimern!«

Wein. In Berlin immer noch ein Getränk der Zugewanderten oder eins für bessere Gelegenheiten. Bevor im kalten Winter 1740 die meisten Berliner Weinstöcke erfroren, gab es in der Stadt 75 (!) Weinberge und mindestens 25 Weingärten, an die heute nur noch Straßennamen wie Weinbergsweg erinnern. Auf dem Kreuzberg wird auch heute noch W. gezogen. Glaßbrenner charakterisierte »diese intressante Feuchtigkeit« u. a. als »Fahnenwein«: »Wenn man davon een eenzijes Achtel über die Fahne jießt, so zieht sich det janze Rejement zusammen.« Er empfahl für Mas-

Weihnachtsmann

kenbälle den »Maskenwein«, »indem man solche Jesichter danach schneid't, deß einen keen Mensch erkennen kann.« Prost!

Weiße Flotte. In der DDR bezeichnete man als W. F. die Motorschiffe, mit denen man von der Anlegestelle am Bahnhof Treptower Park stets in die einzige Richtung fahren konnte. Dennoch war die W. F. nicht weniger populär als die Stern- und Kreisschiffahrt.

Weißensee. Ein Berliner Bezirk rund um den gleichnamigen See. Bekannt geworden ist W. durch eine Radrennbahn, den Jüdischen Friedhof sowie durch den Kaufmann Leberecht Pistorius, der aus den hier angebauten Kartoffeln Spiritus brannte. In den Weißenseer Ateliers entstand 1920 der berühmte expressionistische Stummfilm »Das Kabinett des Dr. Caligari«.

Welt, Die. Tageszeitung mit lesenswertem Berliner Teil, die es aber schwer hat, denn die denkende Linke trägt ihr immer noch ihre Springer-Herkunft nach, und Rechtsintellektuelle gibt es per Definition vielleicht gar nicht, aber auch praktisch an Spree und Havel nicht in übermäßig großen Zahlen. Man hofft auf die Bonner und die Freischwebenden.

Wendenschloß. Kein Schloß der alten wendischen Einwohner, sondern eine 1892 am Ufer der Dahme gegründete Villenkolonie, wo im Juni 1945 der Alliierte Kontrollrat seine Tätigkeit aufnahm.

Westhafen. Hat nichts mit Ost und West im politischen Sinne zu tun, sondern ist schon 1927 im Stadtteil Moabit in Betrieb genommen worden. Er wird von der Behala (Berliner Hafen- und Lagerhaus AG) verwaltet und gilt als zweitgrößter deutscher Binnenhafen.

Westkreuz. Ist keine Gedenkstätte für das Kreuz, daß die Ossis mit dem Westen haben, und auch kein Stadtteil, sondern nichts weiter als der Turmbahnhof der Berliner S-Bahn, auf dem sich Ring- und Stadtbahn kreuzen. Wer hier nicht um-, sondern aussteigt, wird das alsbald bitterlich bereuen, denn ringsum gibt es nur das Autobahn-Dreieck Funkturm, das eine regelrechte Autoachterbahn ist, sowie ödes Bahnbetriebsgelände und einen Friedhof.

Wilhelm. Name preußischer Könige und deutscher Kaiser, soweit sie nicht Friedrich genannt wurden, obwohl fast alle Friedrich Wilhelm hießen. W. ist beinahe ebensooft wie ↑Friedrich Namensbestandteil von Berliner Straßen, Plätzen und Ortsteilen. Gibt jemand an, so markiert er »'n dicken Willem«; auch der falsche Zopf der Damen hieß Willem.

Wilhelmstraße. Ab 1721 unter der persönlichen Aufsicht und den Stockhieben des Soldatenkönigs Friedrich Wilhelm I. mit Adelspalästen bebaute Straße, in denen sich später das Auswärtige Amt, das Reichspräsidentenpalais, das Justizministerium, das Reichskanzlerpalais, das Reichsamt des Inneren und zahlreiche andere Regierungsbauten befanden. Die W. galt deshalb als Synonym für die Reichsregierung. Nachdem die Straße im Zweiten Weltkrieg fast vollständig zerstört wurde, sind die sogenannten Ministergärten ein beliebter Zankapfel im Bebauungsroulette der Hauptstadt.

Wilmersdorf. Ein Bezirk, der bei den bürgerlichen Kräften noch als Hort der Seligen gilt, von Teilen der linken Szene aber pauschal verspottet bis gehaßt wird (↑Wilmersdorfer Witwen). Die Schutzleute, wie sie früher hießen (heute sind es die KOBs, kurz für Kontaktbereichsbeamte), tun hier in »Schutzmannsruh« gern ihren Dienst. Rund 150 000 Einwohner hat W. und läßt die Eingeborenen – neben den Witwen – an folgendes denken: Zuerst natürlich an das Krematorium, wo aber nicht nur die verblichenen Ehemänner besagter Witwen eingeäschert werden, sondern alle Berliner eine Chance haben, sofern sie nicht im ↑Wedding oder in Baumschulenweg in die Urne kommen. Denken wir positiver und damit an den Wilmersdorfer Volkspark, der sich vom Rathaus Schöneberg über zwei Kilometer bis zum Autobahnkreuz Wilmersdorf erstreckt, wo die drei Schornsteine eines Spitzenlastkraftwerks wie Raketen in den Himmel ragen, und neben vielen Rasenflächen, Sport- und Spielplätzen auch den Fennsee zu bieten hat. Ganz in der Nähe gibt es den Dorfanger mit der Auenkirche und das St.-Getrauden-Krankenhaus. Einmalig auf der Welt ist die Autobahnüberbauung Schlangenbader Straße, wo man einen riesigen Baukomplex mit 2000 Wohnungen über die Autobahn nach Steglitz gesetzt hat. Dies 1976–81, also zu Zeiten, wo im eingemauerten West-Berlin der Baugrund immer knapper wurde. Nicht zu vergessen ist auch die Moschee in der Brienner Straße, schon in den Jahren 1924–27 erbaut. Das Zentrum von W. ist der Fehrbelliner Platz, der dieselbe Naziarchitektur aufweist wie der Platz der Luftbrücke. Hier steht das bezirkliche Rathaus, und hier residieren erhebliche Teile der Innenverwaltung, was den Berliner zu folgendem Witz veranlaßt hat: »Welches ist der größte Friedhof Berlins?« – »???« – »Na, der Fehrbelliner Platz: Hier ruhen 3000 Beamte.« Zu W. gehören auch das behagliche Schmargendorf (der oftmalige Fußball-Stadtmeister BSV 92 kam von hierher aus dem Stadion am Lochowdamm) und die Villenkolonie Grunewald sowie der gesamte nördliche ↑Grunewald einschließlich des ↑Teufelsbergs.

Wilmersdorfer Witwen. Entstammen dem Musical ↑»Linie 1« und sind inzwischen zum Synonym für schwer konservative bis faschistoide und klunkerbehangene ältere Damen der höheren Schichten geworden, die jeden Linken und alle Kids reflexartig zum Kotzen anregen, gleichviel, ob sie nun von deren Steuergeldern subventioniert werden oder nicht. Sie stehen auch für »Klasse gegen Klasse«, d. h. den irgendwie immer noch sehr latenten (Klassen-) Kampf zwischen Kreuzberg, Tiergarten, Neukölln, Wedding und Prenzlberg auf der einen und den bürgerlichen Bezirken auf der anderen, wie ja auch im Song die Zehlendorfer, Dahlemer, Steglitzer, Lichterfelder und Grunewalder Witwen in denselben Topf geworfen werden. »Ja wir

Wilmersdorfer Witwen/verteidigen Berlin,/sonst wär' n wir längst schon russisch/chaotisch – und grün./Was nach uns kommt ist Schiete,/denn wir sind die Elite.«

Wintergarten. Früher Berlins renommiertestes Varieté, seit 1887 im Central-Hotel in der Dorotheenstraße. Im Zweiten Weltkrieg zerstört und in der Potsdamer Straße wiederauferstanden.

Wittenbergplatz. Ist das Einfallstor zum Alten Westen und wird beherrscht vom neoklassizistischen U-Bahngebäude, das Alfred Grenander entworfen hat (die Linien 1, 15 und 2 treffen sich hier auf einer Ebene). Zum ↑KaDeWe ist hier auszusteigen, zur ↑Urania und zum DGB.

Woltersdorfer Schleuse. Woltersdorf gehört schon nicht mehr zu Berlin, sondern zum brandenburgischen Landkreis Oder-Spree, liegt aber direkt hinter der Stadtgrenze. Nun soll uns hier kein berlinischer Imperialismus unterstellt werden, zumal ja die Märker sei eh und eh von der Angst befallen sind, von der Hauptstadt wie von einem Schwarzen Loch verschluckt zu werden, siehe ihr Nein zur Länderfusion, doch ein Ausflug zur Woltersdorfer Schleuse, wo Kalk- und Flakensee mit einem Fließ zusammenfinden, ist nun einmal ein urberlinisches Vergnügen, am besten mit dem Dampfer oder der Straßenbahn zu realisieren (Linie 87 ab Rahnsdorf, wobei eine eigenständige Gesellschaft schöne alte Wagen bietet). Und, Cineasten aufgepaßt: Es gab Zeiten, da Woltersdorf einmal Hollywood war. Joe May hat hier die Filme »Die Herrin der Welt« und »Das indische Grabmal« gedreht, in den Hauptrollen: Mia May. Die Rüdersdorfer Heide wurde zuerst in einen afrikanischen Urwald verwandelt, dann schmückte der Palast des Fürsten von Eschnapur die Ufer des Kalksee. Reste lassen sich noch heute entdecken.

Wonneproppen. Ist eigentlich ein dickes und pumperlgesundes Kleinkind, kann aber auch auf eine mollige und dabei sehr adrette Frauensperson bezogen werden.

Wucht. Meint eine Tracht Prügel, auch Keile, Kloppe oder Senge genannt. »Det is ’ne Wucht« ist allerdings eine Form höchster Anerkennung.

Wuhle. Ein reißendes Bächlein im Osten der Stadt, durchfließt das Wuhletal am Krankenhaus Wuhlgarten und mündet am östlichen Rand der Wuhlheide in die Spree.

Wühlmäuse, Die. Kabarett an der Lietzenburger Straße, wo insbesondere Dieter Hallervorden (»Didi«) seine Schau abzieht (»Nonstop Nonsens«), aber auch Martin Buchholz und andere ihre Auf- und Abgänge haben. Für die Berliner Tiefsinnsschickeria geht es hier meist zu flach zu, aber andere, insbesondere die Touries, amüsieren sich dafür um so köstlicher (»wie Bolle uff’m Milchwagen«).

Wumme. Pistole. Kommt wahrscheinlich vom »Wumm!« im Comic oder ähnlich infantilen Lautmalereien in Landserromanen wie dem »Stahlgewitter« und anderen, wo auch laufend die Maschinengewehre wummern.

Wunschbuch. Ist nicht das Buch, das man sich zu Weihnachten wünscht, sondern der Name einer Buchhandlung am Adenauerplatz.

Wuppdich. Ist ein kräftiger Schwung, aber ebenso aus der Mode gekommen wie der Schißlaweng.

wuschig soll heißen, daß jemand nervös und chaotisch ist: »Nu sei ma’ nich so wuschig!«

X

X-Beene. In Berlin auch zu »Icksen« abgekürzte Beinform.

Y

Yorckstraße. Breiter, wenn auch nur kurzer Straßenzug in Kreuzberg und Schöneberg, der sich von der Goebenstraße zum Mehringdamm erstreckt, aber allerlei bietet: An seinem westlichen Ende finden wir die Yorckbrücken, eine Ansammlung von fast zwei Dutzend Eisenbahnüberführungen, entstanden durch die hier beginnenden Gleisharfen des Potsdamer und des Anhalter Bahnhofs, unter denen es trotz des stark flutenden Autoverkehrs immer ein wenig gruselig ist. Zwei getrennte S-Bahnhöfe und einen U-Bahnhof desselben Namens finden wir hier: einen für die S 1, der früher Großgörschenstraße hieß, einen für die S 2 und die S 25 und einen unterirdischen für die U 7. Auf der östlichen Seite gibt es einen Blick die Großbeerenstraße hinauf zu den Wasserfällen auf dem Kreuzberg, das Kreuzberger Rathaus, die mächtige Kirche St. Bonifatuis, ↑Riehmers Hofgarten, eine geschlossene Wohnanlage mit herrlichen Gründerzeitfassaden, und eine alte Zeitungsverkäuferin, die am frühen Samstagabend immer von Wohnungssuchenden umlagert ist, weil sie die »Berliner Morgenpost« mit ihren vielen Anzeigen ganz besonders früh feilzubieten hat.

Z

Z ist ein Buchstabe, den der echte Berliner als Doppel-S ausspricht, sofern es sich nicht um das C in Center handelt – da sagt er Zenter.

zach sind die Berliner von Natur aus: zaghaft oder zurückhaltend.

Zausel. Ein oller Z. ist ein (zänkischer) alter Mann.

Zehlendorf. Bezirk im Südwesten Berlins mit nahezu 100 000 Einwohnern, viel Villen, Wald und Wasser, den wenigsten Sozialhilfeempfängern und einer Massierung von Hochkultur in ↑Dahlem (FU und etlichen Museen). Andere Ortsteile sind das eigentliche Zehlendorf an S-Bahnhof und Teltower Damm, Schönow, ↑Düppel, Kohlhasenbrück, ↑Steinstücken sowie ↑Wannsee, Schlachtensee und Nikolassee, alle drei nach lieblichen Gewässern benannt, zu denen noch ↑Krumme Lanke, Pohlesee, Stölpchensee und die Hälfte des Griebnitzsees hinzukommen. An herausragenden Straßen finden wir in Z. ↑Avus, Potsdamer Chaussee und Königstraße, Clayallee und Teltower Damm, aber auch die Alleen Argentiniens und Spaniens. Mit Wilmerssteilt sich Z. den ↑Grunewald, und zwischen Königstraße und Griebnitzsee – gleich neben einer berüchtigten Mülldeponie – werden im ↑Hahn-Meitner-Institut Kerne erforscht, allerdings keine Pflaumen-, Kirsch- und Apfelkerne (wie die gewisse Nähe zum regionalen Hauptobstanbaugebiet Werder dies vermuten ließe), sondern solche des Atoms.

Zenner. Seit 1821 eine beliebte Ausflugsgaststätte im Treptower Park gegenüber der Abtei-Insel. Ursprünglich von Langhans erbaut, wurde das Lokal 1955/56 wiedererrichtet und wird jetzt als zweite »Eierschale« (Jazzlokal) genutzt.

Zentral-. Beliebte Vorsilbe zur Erhöhung der Bedeutung besonders zentral gelegener Einrichtungen, z. B. »Zentralflughafen« – weit im Südosten und außerhalb der Stadtgemarkung gelegener

Flugplatz; »Zentralfriedhof« – weit im Osten gelegener Begräbnisplatz; »Zentralkomitee« – sehr weit vom Berliner Leben entfernter Ältestenrat einer dahingegangenen Partei, die auf keinen Rat hören wollte; »Zentralmarkthalle« – ehemals wahrhaftig zentral am Allex gelegene Großeinkaufsstätte mit eigenem Bahnanschluß, im Zuge zentraler Modernisierungsmaßnahmen abgerissen; ebenso der im NO gelegene einstige »Zentralviehhof«. Zentral- ist sprachlich heute weitgehend durch ↑Center ersetzt.

Zeughaus. Nicht etwa das Gebäude, in das sich Berliner Paare zur Zeugung ihres Nachwuchses zurückziehen, sondern der 1706 vollendete eindrucksvollste Barockbau der Stadt. Bis 1944 barg es die größte Waffensammlung Europas, seit 1990 firmiert es als Deutsches Historisches Museum. Die 22 »Masken sterbender Krieger« im Schlüterhof muß man gesehen haben, um zu wissen, wie süß und ehrenvoll es ist, fürs Vaterland zu sterben.

Zicke. Neben dem unter ↑Zimtzicke genannten Bedeutungen auch die Zehn im Kartenspiel: »Raus mit de Zicke anne Frühlingsluft!«

Zickenschulze. Durch Fredy Sieg (»Und denn saß ick mit de Emma uff de Banke«) bekannt gewordener Ziegenbesitzer aus Bernau, dessen vierte Hochzeit in einem launigen Couplet beschrieben wird.

Zille, Heinrich (1858–1929). »Pinselheinrich«, Berlins einmaliger Zeichner und Graphiker, aus Radeburg in Sachsen gebürtig. Eine Z. ist aber auch ein Äppelkahn auf der Spree.

Zimtzicke. Abwertend für eine ebenso garstige wie häßliche, aber auffällig herausgeputzte Frau: »Die alte Zimtzicke die!« Zicke steht für Ziege, Zimt für Parfüm und bräunliche Schminke, mit dem die Ziege kaschiert worden ist.

Zinken. Eine bemerkenswerte Nase. Im Rotwelsch der Gauner heißt zinken etwas verraten.

Zirkus. Zirkus-Unternehmen gab es in Berlin bis weit in das 20.

Jahrhundert hinein: Renz, Schumann, Busch und Barlay sind Berliner Zirkusnamen, deren Besitzer ihre Unternehmen in mehr oder weniger festen Häusern um den Bahnhof Friedrichstraße herum betrieben.

Zirkus Karajani. Volkstümliche Bezeichnung der ↑Philharmonie als spöttische Hommage für den Stardirigenten Herbert von Karajan (1908–1989), der dort seit 1955 seiner Berufung nachging.

Zitadelle. Festung in Spandau, auf der östlichen Havelseite gelegen, die auf eine Wasserburg der Askanier zurückgeht, dem Geschlecht, das weit vor den Hohenzollern in der Mark Brandenburg geherrscht hat. Albrecht der Bär (um 1100–1170) wurde mit der Nordmark belehnt und sicherte sich das Havelland mit Brandenburg und Spandau, und Waldemar (der falsche Waldemar oder der Große), der von 1281 bis 1319 oder bis 1355 lebte (worüber sich die Kenner noch heute streiten), war der letzte Askanier. Mit den Bastionen König, Königin, Kronprinz und Brandenburg, dem Juliusturm, dem Palas, dem Kommandantenhaus, den Kasematten und dem Pulverturm ist die Zitadelle ein imposantes Ensemble und beweist, was man aus rotem Backstein allet so machen kann. Nicht zu vergessen: Eine mittelalterliche Schenke gibt es auch.

zitty. Illustrierte Stadtzeitung mit den Abteilungen: Titel, Magazin, Standards (u. a. Kommentar, Berlin-Mix, Highlights, BühneRegister, KunstRegister, FilmRegister, Sport, Comics) und Rubriken (Bühne, Bücher, Medien, Kunst, Kinder, Musik, Kino). Über Zielgruppe und Funktion: ↑»tip« (die Reihung ist eine rein alphabetische), über Unterschiede und Gemeinsamkeiten siehe die inzwischen als Buch vorliegende Dissertation von K. Bandi im Abbau Verlag Berlin, Titel: »Blätterteig aus zit und Tippi und seine Zubereitung«, das in manchen Schuhgeschäften auch als Kochbuch angeboten wird.

Zoff. Ärger oder Streit, also etwas, das es in Berlin fast nie nich jibt: »Mach bloß keen Zoff, sonst jibt's een' uff'n Nischel!«

Zoo, Zoologischer Garten. Wie es die Lachse alljährlich zu ihren festen Laichstätten zieht, so den echten Berliner in seinen Z. Kaum aus der Entbindungsstation entlassen, werden die Babys schon durch den Z. gekarrt, um sich, wenn sie laufen können, im »Kinderzoo« von irgendwelchem Getier ablecken zu lassen. Am Schicksal von Pandabären oder Nilpferden nimmt man mehr Anteil als an dem der eigenen Verwandten, und in nicht wenigen Testamenten gutbetuchter Witwen steht der Satz: »Alles, was ich habe, soll nach meinem Tode dem Zoo gehören.« Vorher spendet man noch eine Bank mit Namensschild auf der Lehne. Gegründet 1841, war der Berliner der erste Z. in Deutschland, und er gilt heute mit seinen 11 000 Tieren und 1575 Arten als die Nummer eins der Welt. Kommt man von der S-Bahn herunter oder aus dem U-Bahnschacht nach oben, stolpert man am Hardenbergplatz direkt in den Haupteingang hinein und kann sofort Elefanten und Nashörner bestaunen. Affen, Löwen, Tiger, Robben, Eisbären und Flußpferde sind die weiteren Highlights. Obwohl man den hohlen Zahn der Gedächtniskirche immer im Blickfeld hat, also mitten in Berlin ist, fällt man alsbald aus der Zeit. Besser als in den Bärenzwinger. »Ich bin ja zoo froh, Frau Schniepelschnurz, daß Jette wieder frißt.«

Zoo-Palast. Großkino an der Hardenbergstraße, schräg gegenüber der Gedächtniskirche.

Zosse. Kein Einwohner der Stadt Zossen ist gemeint, sondern ein altes Pferd.

Zu den Autoren

Horst Bosetzky (alias -ky),
geboren 1938 in Berlin, Soziologieprofessor an der Hochschule für Verwaltung und Rechtspflege in Berlin, ist einer der erfolgreichsten deutschen Krimiautoren. Er ist auch Verfasser von Jugendbüchern und Romanen (wie »Brennholz für Kartoffelschalen«, 1995) sowie Fernseh- und Hörspielen. Im Jaron-Verlag sind bisher erschienen: »Noch jemand ohne Fahrschein?«, »Einsteigen bitte, Türen schließen« und »Mord und Totschlag bei Fontane«.

Jan Eik (eigentlich Helmut Eikermann),
geboren 1940 in Berlin, Diplomingenieur für Informationstechnik; Kriminalschriftsteller und Herausgeber des »Secret Service«, des Informationsblattes des Syndikats. Gründungsmitglied der Sektion Kriminalliteratur im Schriftstellerverband der DDR. Neben Kriminalromanen (zuletzt »Der Geist des Hauses«, 1998) schrieb er auch Reportagen und Feuilletons und arbeitete für den Rundfunk.

Erich Rauschenbach,
geboren 1944, seit 1953 in Berlin lebend, ist einer der bekanntesten Cartoonisten Deutschlands. Neben zahlreichen Cartoonbüchern (zuletzt »Männer sind wie Gänseblümchen«) veröffentlicht er auch Kinderbücher und arbeitet für das Fernsehen. Neuerdings hat er sich auch der Malerei zugewandt (Ausstellung und Buch: »Alle meine Mädels«, 1998).

Literatur

ADAC Reiseführer Berlin. 2. Auflage München 1998

Arenhövel, Alfons, Arena der Leidenschaften. Der Berliner Sportpalast und seine Veranstaltungen 1910–1973. Berlin 1990

Arnold, Dietmar u. Ingmar/Salm, Frieder, Dunkle Welten. Berlin 1998

Aust/Stark, Die städtebauliche Entwicklung Berlins seit 1650 in Karten, Berlin 1987 und 1992

Berger, Joachim, Berlin freiheitlich & rebellisch. Berlin o. J. (1987)

Berlin. Biographisches Lexikon. Berlin 1993

Berlinische Monatsschrift, Berlin 1992 ff.

Boberg/Fichter/Gillen, Berliner Industriekultur im 19. und im 20. Jahrhundert. München 1984

Böhl, Erich, Alt-Berliner Ansichten. Berlin 1964

Bosetzky, Horst, Brennholz für Kartoffelschalen. Berlin 1995

Bosetzky, Horst, Einsteigen bitte, Türen schließen! S-Bahn-Erinnerungen. Berlin 1997

Bosetzky, Horst/Gottwaldt, Alfred, Noch jemand ohne Fahrschein? Straßenbahn-Erinnerungen. Berlin 1997

Brandt, Walther, Vom feurigen Elias und der sanften Else. Die Privatbahnen und Kleinbahnen der Mark Brandenburg und Berlins. Düsseldorf 1968

Demps, Laurenz, Einführung zu »Umständliche Beschreibung der beiden neuerbauten Thürme …«. Berlin o. J.

Demps, Laurenz, Historisches Berlin Lexikon. Berlin o. J.

Der große Baedeker Berlin. Ostfildern-Kemnat und München 1992

Der richtige Berliner. 10. Auflage München 1966

Deutsches Filmmuseum, Zwischen Gestern und Morgen. Westdeutscher Nachkriegsfilm 1946–1962. Frankfurt am Main 1989

Die Bau- und Kunstdenkmale in der DDR, Hauptstadt Berlin I und II. Berlin 1983 und 1987

Die Chronik Berlins. Dortmund 1986

Duden TB, Bd. 24, Jiddisches Wörterbuch. Mannheim 1992
Dunkel war's, der Mond schien helle. Verwunderliche Drolerien. Berlin 1987
Eene meene mopel. Berliner Kinderreime. Berlin 1986
Eichelberger, Ursula (Hrsg.), Berlin. Du mein Spree-Athen … Berlin 1994
Eik, Jan, Der Geist des Hauses. Ein Friedrichstadtpalastkrimi. Berlin 1998
Fontane, Theodor, Wanderungen durch die Mark Brandenburg. Band V: Fünf Schlösser. München 1968
Franke, Wilhelm, So red't der Berliner. Berlin 1957
Frey, Hermann, Immer an der Wand lang. Berlin 1943
Fritsche, Horst, Wegweiser zu Berlins Straßennamen Mitte. Berlin 1995
Fromm/Mende (Hrsg.), Die Ehrenbürger von Berlin. Berlin 1993
Gartenstadt Frohnau, hrsgg. von b + r hildebrandt und Christiane Knop. Berlin 1985
Gottwaldt, Alfred B., Berlin – Bahnhof Zoo, Düsseldorf 1988
Gottwaldt, Alfred B., Eisenbahn-Zentrum Berlin 1920–1939. Berlin 1997
Groggert, Kurt, Die Personenschiffahrt im Raum Berlin im Jahre 1997. In: Berliner Verkehrsblätter, 45. Jahrgang, Nr. 5 (526) – Mai 1998
Günther, Horst, Berlin bei Nacht. Schmiden bei Stuttgart 1961
Harndt, Ewald, Französisch im Berliner Jargon. Berlin 1977
Hilkenbach, Sigurd/Kramer, Wolfgang/Jeanmaire, Claude, Berliner Straßenbahnen. Die Geschichte der Berliner Straßenbahn-Gesellschaften seit 1865. Villingen (Schweiz) 1973
Hugenotten in Berlin. Berlin 1988
100 Jahre Karlshorst. Berlin 1995
Karasek, Hellmuth, Mein Kino. Die 100 schönsten Filme. Hamburg 1994
Knobloch, Heinz, Berlins alte Mitte. Rund um den Lustgarten. Berlin 1996
Knobloch, Heinz, Geisterbahnhöfe. Westlinien unter Ostberlin. Berlin 1992
Könner, Alfred, Der Plumpsack. Berliner Kinderreime. Berlin 1976

Koschka, Emil, Berliner Rekorde und Superlative. 2. Aufl., Berlin 1983
Kulturhandbuch Berlin. Berlin 1998
Küpper, Heinz, dtv-Wörterbuch der deutschen Alltagssprache, Bd. 1 und 2. München 1971
–ky (d. i. Horst Bosetzky), Wie ein Tier. Der Berliner S-Bahnmörder. Berlin 1995
Landmann, Salcia, Jiddisch. Das Abenteuer einer Sprache. 6. Auflage Berlin 1997
Lange, Annemarie, Berlin zur Zeit Bebels und Bismarcks. Berlin 1980
Lange, Annemarie, Das Wilhelminische Berlin. Berlin 1980
Lemke, Ulrich, und Poppel, Uwe, Berliner U-Bahn. Düsseldorf 1992
Ludwig, Hans, Altberliner Bilderbogen. Berlin 1985
Meyer, Karen, Die Flutung des Berliner S-Bahn-Tunnels. Berlin 1992
Meyer-Kronthaler, Jürgen, Berlins U-Bahnhöfe. Die ersten hundert Jahre. Berlin 1995
Meyers großes Taschenlexikon in 24 Bänden, 4. Aufl. 1992
Meyer's Konversations Lexikon, Bd. 1–16, Hildburghausen 1871
Meyers Neues Lexikon Bd. 1–15, Leipzig 1972 ff.
Missmann, Max, Alt-Berlin. Historische Fotografien. Leipzig und Weimar 1987.
Müller, Adriaan von, Edelmann, Bürger, Bauer, Bettelmann. Berlin 1979
Nachama, Andreas, Jiddisch im Berliner Jargon. Berlin 1994
Nicolai, Friedrich, Beschreibung der königlichen Residenzstadt Berlin. Leipzig 1987
Otto, Rainer und Rösler, Walter, Kabarettgeschichte. Berlin 1977
Pharus-Stadtplan. Berlin 1902
Pomplun Kurt, Berlin – und kein Ende. Berlin 1977
Pomplun Kurt, Berliner Allerlei. Berlin 1975
Pomplun Kurt, Berlinisch' Kraut und märkische Rüben. Berlin 1976
Pomplun Kurt, Kutte kennt sich aus. Berlin 1971
Pragal, Peter, Fünf Wochen im Juli. In: Berliner Zeitung, Magazin, 20./21. Juni 1998
Rach, Hans-Jürgen, Die Dörfer in Berlin. Berlin 1988
Ramm, Georg, Als Woltersdorf noch Hollywood war. Woltersdorf 1993

Reichardt, Hans D., Berliner Omnibusse. Düsseldorf 1975
Reutter, Otto, Kleine Leckerbissen. 4. Auflage Mühlhausen 1943
Richter, Lukas (Hrsg.), Mutter, der Mann mit dem Koks ist da. Berliner Gassenhauer. 2. Auflage Leipzig 1980
Rixdorf, Werner, Klaus Speer. Eine Legende. Berlin 1995
Robinson, Eintritt gestattet. Berlin 1976
Schneider, Wolfgang, Berlin. Eine Kulturgeschichte in Bildern und Dokumenten. Leipzig und Weimar 1980
Schweer, Thomas, u. a. (Hrsg.), Berlin zwischen Sekt und Selters. Cadolzburg 1990/1991
Simon, Hermann, Die Neue Synagoge Berlin. Berlin o. J.
Steltzer, Marianne, Berlin wie es schreibt & ißt. Berlin 1967
Straube-Führer Berlin und Umgebung. Berlin 1925
Theater Lexikon. Henschel, Berlin 1995
Theiselmann, Christiane, Theaterführer. 1000 x Bühnenkunst in Berlin. Berlin kompakt, Berlin 1998
Thiel, Paul, Lokal-Termin in Alt-Berlin. Berlin 1987
Töteberg, Michael (Hrsg.), Metzler Film Lexikon. Stuttgart u. Weimar 1995
Uhlemann, Hans-Joachim, Berlin und die märkischen Wasserstraßen. Berlin 1987
Wahrig, Gerhard, Deutsches Wörterbuch. Gütersloh/München 1991
Wasserzieher, Ernst, Kleines etymologisches Wörterbuch. Leipzig 1975
Wiese, Joachim, Berliner Wörter & Wendungen. Berlin 1987
Wiese, Joachim, Kleines Brandenburg-Berliner Wörterbuch. Leipzig 1996
Wille, Klaus-Dieter, 41 Spaziergänge in Reinickendorf und Wedding. Berlin 1979
Wille, Klaus-Dieter, Berliner Landseen I. Vom Halensee bis zu den Rudower Pfuhlen.Berlin 1974
Wille, Klaus-Dieter, Berliner Landseen II. Vom Heiligensee zur Krummen Laake. Berlin 1974
Worm, Hardy, Rund um den Alexanderplatz. Berlin 1981
Zehm, Karl-Hermann, Geschichte des Vox-Hauses. Berlin 1982
Zille, Heinrich, Das graphische Werk. Berlin 1984.

Namenregister